思想政治教育前沿问题研究

（第三辑）

李辽宁　王瑕莉◎主编

四川大学出版社
SICHUAN UNIVERSITY PRESS

图书在版编目（CIP）数据

思想政治教育前沿问题研究．第三辑 / 李辽宁，王瑕莉主编．— 成都：四川大学出版社，2023.6

ISBN 978-7-5690-6093-5

Ⅰ．①思… Ⅱ．①李… ②王… Ⅲ．①思想政治教育—研究—中国 Ⅳ．①D64

中国国家版本馆 CIP 数据核字（2023）第 076982 号

书　　名：思想政治教育前沿问题研究（第三辑）
Sixiang Zhengzhi Jiaoyu Qianyan Wenti Yanjiu（Di-san Ji）

主　　编：李辽宁　王瑕莉

选题策划：梁　平
责任编辑：陈克坚
责任校对：傅　奕
装帧设计：裴菊红
责任印制：王　炜

出版发行：四川大学出版社有限责任公司
地址：成都市一环路南一段 24 号（610065）
电话：（028）85408311（发行部）、85400276（总编室）
电子邮箱：scupress@vip.163.com
网址：https://press.scu.edu.cn
印前制作：四川胜翔数码印务设计有限公司
印刷装订：成都新恒川印务有限公司

成品尺寸：170mm×240mm
印　　张：14.75
字　　数：270 千字

版　　次：2023 年 7 月 第 1 版
印　　次：2023 年 7 月 第 1 次印刷
定　　价：73.00 元

扫码获取数字资源

四川大学出版社
微信公众号

推动新时代思想政治教育前沿问题研究
（代序）

为进一步学习贯彻党的十九届六中全会精神和习近平总书记“3·18”重要讲话精神，更好地将党的十九届六中全会精神融入高校思想政治理论课（以下简称“高校思政课”），2022年3月19日，由《社会主义核心价值观研究》编辑部、《思想政治教育研究》编辑部、四川大学马克思主义学院主办，并由四川大学马克思主义学院承办的“学习贯彻党的十九届六中全会精神暨思想政治教育前沿问题研究”高峰论坛在四川大学召开。会议以线上和线下相结合的方式进行。来自全国各地的专家学者围绕思想政治教育基础理论与实践的前沿、党的十九届六中全会精神研究阐释、新时代高校思政课创新以及党的十九届六中全会精神融入高校思政课等问题进行了深入探讨。这些研讨对于推动党的十九届六中全会精神融入高校思政课具有积极意义。

一、夯实党的十九届六中全会精神融入高校思政课的学科理论基础

党的十九届六中全会精神融入高校思政课，是当前思想政治教育学的一项实践课题。对这一课题的有效解答，离不开对新时代思想政治教育学科基础理论的深入探索。

（一）厘清思想政治教育学科基础理论中的概念和范畴

华中师范大学张耀灿教授在《思想政治教育原理研究的审视与期盼》报告中指出，《中共中央关于党的百年奋斗重大成就和历史经验的决议》（以下简称《决议》）强调的“两个确立”具有决定性意义。“两个确立”决定性作用的发挥，需要通过思想政治工作宣传、教育、传播和贯彻来武装人们的头脑，需要发挥思想政治工作的“生命线”作用。为此，思想政治

教育学科建设要完善和优化思想政治教育的概念定义，正确认识思想政治教育的本质，进一步优化和拓展思想政治教育学科的理论体系、理论结构、内涵外延，正确认识和表述思想政治教育规律，加强对思想政治教育学的范畴，特别是基本范畴的研究和完善，关注思想政治教育学的研究范式。

西南大学罗洪铁教授在题为《思想政治教育学基本概念评析》的发言中指出，目前思想政治教育基础理论研究相对薄弱，我们需要加强对思想政治教育学科中思想政治教育相关概念的辨析。例如，在学科发展中，有必要对“思想政治教育”这一核心概念的表述进行完善和发展。他从不同时期、不同学者对思想政治教育概念的界定入手，分析每个概念界定中的优点与不足，并从中国共产党、党领导的各级各类组织和社会团体、承担具体教育任务的教育者三个层次的教育主体出发理解思想政治教育，以中国共产党为教育主体对思想政治教育进行了界定。

思想政治教育载体也是一个重要的基本概念。浙江理工大学陈卓教授指出，实体性是思想政治教育载体的基本属性。当前思想政治教育载体研究需要解决的核心问题是根据符号与载体的关系，区分“源初载体”“介质载体”与“本原载体”，在把握不同载体各自特点及彼此关系的基础上，根据具体的教育目标、教育对象，有针对性地选择、运用和开发各种载体。

（二）加强新时代思想政治教育理论与实践的创新研究

西南大学周琪教授探讨了新时代思想政治教育守正创新之道。她认为，第一，要理解新时代思想政治教育的对象，即新时代的新青年。第二，思想政治教育需要做到“守理”与“转化”，即做到把一般方法变成具体方法，把专业话语、理论话语与学术话语转变成“中国话”和青年学生的话，把知识观转化为价值观；在教育中注意主导性与主体性，在教育内容上注意广泛性与专业性，在教育形态上注意“看得见”与“看不见”相结合。第三，要聚焦大思政、大中小思政课一体化以及思政课程与课程思政的问题。第四，要在比较视野下，学习借鉴不同国家相关课程的经验。

国防科技大学吴穹副教授认为数据驱动的网络思想政治教育要以整体思维优化教育主体，以动态化思维优化教育评价，以开放性思维优化教育方式。除此之外，学者们探讨了新时代背景下，思想政治教育运用互联网、大数据、智媒体、人工智能技术进行创新的问题。论坛上，四川大学博士研究生李丹琪以人大复印报刊资料 G2《思想政治教育》为例，对党的十九大以来思想政治教育前沿问题进行了分析总结。中国民用航空飞行学院杨杰基于中国知网（CNKI）核心数据库文献的可视化分析了21世纪以来国内网络思想政治教育研究的现状、热点及趋势。这些研究为新时代背景下进行思想政治教育理论与实践的创新研究提供了参考。

（三）提高政治站位，抓好高校思想政治教育的组织保障和人才培养

筑牢党的十九届六中全会精神融入高校思政课的学科理论基础，需要有力的组织保障和大量的人才队伍。四川省教育厅宣传思想与统战工作处处长李大鹏指出，思政课建设要提高政治站位，抓好组织保障，同时要抓好后继有人这一根本问题。要切实加强马克思主义学院建设和大思政格局的构建，提高站位、落实责任，抓方向、抓内容、抓队伍、抓保障、抓激励，不断增强办好思政课的自觉性、主动性和创造性；要贯彻落实好关于加强新时代马克思主义学院建设的意见和国家“十四五”时期哲学社会科学发展规划，并以此为契机，把思想和行动统一到中央和省委的决策部署上来，为马克思主义学院建设提供有力的保障。

华中师范大学万美容教授做了题为《思想政治教育学科如何更好地服务于高校立德树人》的发言。他指出，一是要总结经验，回顾专业建设历程，发现规律，更好地推进思政学科高质量发展；二是要明确培养目标，优化培养方案，强化专业训练，提高政治站位；三是学科研究应该倡导百花齐放，允许不同的学科点、不同的学者根据自己的兴趣和优势去凝练研究方向，在理论研究的深度、学术研究的高度以及研究成果实践作用方面下功夫、出成果，更加强化学科研究的服务功能。

二、加强对党的十九届六中全会精神的理论研究阐释

对党的十九届六中全会精神进行理论研究阐释，是将其融入高校思政课的前提。高校思政课不仅要帮助学生了解十九届六中全会的内容和通过的《决议》内容，更要帮助学生理解十九届六中全会的精神。这就需要加强对会议和《决议》内容的理论研究阐释，凝练会议精神。

（一）研究阐释中国共产党为人民服务的根本宗旨

为人民服务是中国共产党的根本宗旨，是中国共产党始终如一的价值观坚持。清华大学吴潜涛教授在题为《中国共产党坚持为人民服务价值观的思考》的报告中指出，从新民主主义革命时期中国共产党人崇高的革命品

格，到社会主义革命和建设时期中国共产党人和中国人民艰苦奋斗、甘于奉献的价值追求的道德风貌，从改革开放社会主义现代化建设新时期中国特色社会主义现代化的价值取向到中国特色社会主义进入新时代国家治理现代化价值遵循的历史发展，为人民服务是“中国共产党为什么能”的根本答案，也是共产党人必须长期坚持的价值追求。在这四个阶段，中国共产党把意识形态、理论诉求渗透在国家制度建设中，并以制度为保障开展为人民服务价值观教育。教育延续强大的精神力量，为中华民族站起来、富起来到强起来，提供了强大的精神力量支撑。

（二）研究阐释中国共产党坚持人民至上的百年奋斗基本经验

武汉大学骆郁廷教授在题为《中国共产党百年奋斗精神的核心价值》的报告中指出，中国共产党百年奋斗精神源远流长，内含着党的精神谱系。党的精神谱系源于伟大建党精神，伟大建党精神又源于中国共产党和先进知识分子的百年奋斗实践。其中，人民至上是中国共产党奋斗精神的核心价值。具体而言，人民至上是中国共产党百年奋斗的核心价值，是中国共产党建党精神的核心价值，是中国共产党精神谱系的核心价值。新时代，培育和弘扬人民至上的核心价值要坚持人民为本、以人民为中心的发展思想，团结带领人民逐步实现共同富裕，坚持人民最大，把人民的利益放在第一位。

（三）研究阐释“两个结合”的理论观点

安徽师范大学王习胜教授根据“两个结合”的理论，对中华优秀传统文化的创造性转化与创新性发展问题进行了研究。他指出，优秀传统文化的传承方式包括阐发意义、教育普及、发掘考证、引用论证等进路。对中华优秀传统文化的“双创”面临着诸如生产方式的变革，社会结构、体制、机制的本质差异，社会关系的变化等生存环境变化的疑难。在新时代解开这些疑难的钥匙在于中华优秀传统文化中蕴含的价值观。

（四）研究阐释“伟大的历史主动精神”

浙江大学代玉启教授指出，历史主动精神是政党、组织、个体在崇高使命的引领下，在遵循理论规律、总结历史经验、研判现实境遇的基础上，对复杂多样的形势能作出精确判断，进而精准施策，主动担当历史使命，勇于开辟未来的精神品质。这一精神是中国共产党百年奋斗历程中的一条主线。它是引领青年自信自强的重要动力，是破解青年发展难题的重要法宝。引领青年涵养历史主动精神，要帮助他们学习经典著作，掌握理论本领，在社会实践中化理论为德性；学习百年党史，树立“大历史观”，在总结历史经验的基础上审视发展走向；涵养精神气节，坚守初心使命，以崇高的使命担当锚定人生方向；明确发展定位，砥砺奋进之志，主动参与国家治理和社会建设。

（五）研究阐释以“伟大建党精神”为源头的中国共产党的精神谱系

中央财经大学任国征研究员认为，要以雷锋精神助推中国共产党精神谱系话语权传播。他阐释了雷锋精神对传播中国共产党精神谱系的意义，并从内容、载体、系统多个层面探讨了雷锋精神如何助推中国共产党精神谱系话语权传播。中国人民大学博士研究生徐昕总结了中国共产党百年来践行伟大建党精神的历程、基本经验以及时代启示。四川大学博士研究生罗俊梅分析了将伟大建党精神融入新时代大学生理想信念教育的内在机理、价值指向和路径选择等问题。四川大学博士研究生魏倩倩探讨了中国共产党在百年历程中所体现的胸怀天下的情怀，论述了党的天下情怀的内涵、由来、当代实践以及时代价值等问题。

三、优化党的十九届六中全会精神融入高校思政课的实施方略

党的十九届六中全会精神融入高校思政课，除了需要理论指导，也需要讲究实施方略，提高融入效果。

（一）围绕原文原意将党的十九届六中全会精神中的理论讲清楚讲透彻

理论要说服人，就必须要透彻。中央马克思主义理论和研究建设工程首席专家、教育部高校思政课教学指导委员会咨询委员张磊教授指出，把党的十九届六中全会精神更好地融入思政课，首先要联系中国共产党历史上的另外两个历史决议，充分认识《决议》的历史意义；要结合新时代背景理解《决议》的时代意义，结合目前我国面临的国际国内环境理解《决议》的现实意义。将党的十九届六中全会精神融入教学设计时，要围绕原文原意来讲，要读原文读原著。在此基础上，把理论问题讲透彻。另外，要深入思考将《决议》融入教材建设的长期要求。云南大学马克思主义学院李秀指出，引导大学生坚定走中国道路的信心和决心，要讲清楚中国道路的内涵和实

质，厘清中国人民进行道路探索的历史主线和理论成果，展示中国道路取得的重大成就和带来的历史巨变，分析中国道路的独特优势和奥秘，阐明坚定走中国道路的重要性，总结中国道路的历史经验和重要启示。

（二）思政课程与课程思政协同发力，增强会议精神融入高校思政课的效果

高校思政课自身质量的提升是党的十九届六中全会精神融入课程的保障。四川大学党委常务副书记、马克思主义学院院长曹萍教授认为，提升高校思想政治教育实效，要用好红色资源、讲好红色故事。四川大学阎钢教授在分享实证调查数据后指出，新时代进一步深化高校思政课建设，必须注意高校学生对高校思政课的基本认知、高校学生在高中学段学习思政课的基本状况、高校学生对高校思政课改革的预期、高校思政课教师对大中小学“螺旋上升开设思政课”的基本认知、高校思政课教师对现阶段思政课教学状况的认知等问题。

将党的十九届六中全会精神融入高校思政课，要在思政课程与课程思政的协同发力中强化教育效果。西华师范大学张晓明教授认为，课程思政的作用在于提高教学质量、人才培养质量，在课程中“见人”“见思想”。只有在专业课教学中适时融入党的十九届六中全会精神，才能在课程中“见思想”，同时也能够强化学生对思政课程中所讲会议精神的理解，增强会议精神融入高校思政课的效果。

（三）促进党的十九届六中全会精神政治话语向教学话语的转化

在传播主流意识形态时，我们需要对话语进行转换，帮助受众理解理论。四川省教育厅宣传思想与统战工作处李大鹏处长指出，专家学者要对会议精神进行深入研究阐释，推动政治话语学理化、学术话语大众化、中国话语国际化。因此，将党的十九届六中全会精神融入高校思政课教学，需要将政治话语转化为学术话语后，按照贴近学生学习和生活实际的要求再转化为教学话语。

广西民族大学马克思主义学院梁罡副教授探讨了媒体融合发展背景下主流意识形态话语的建构逻辑和传播策略，并指出新时代背景下，必须要注重思考如何利用新媒体技术将意识形态话语传播做好、做强，做到以人民群众喜闻乐见的方式进行有效的主流意识形态话语传播。合肥工业大学博士研究生龚迎迎从传播的角度，探讨了算法推荐视域下的主流意识形态话语传播的

遮蔽与解弊问题，指出要进行话语创新，创新传播话语。

此次会议在习近平总书记发表“3·18”重要讲话三周年之际召开，不仅有助于学习贯彻党的十九届六中全会精神和习近平总书记“3·18”重要讲话精神，而且将助推党的十九届六中全会精神融入高校思想政治理论课。会议邀请到众多思想政治教育专家以线上线下相结合的方式进行理论交流与思想碰撞，共同成就了一场丰富多彩的学术盛宴。思想政治教育意义重大，相关问题常论常新。期待广大学术同仁再聚一堂，共同探讨思想政治教育的前沿问题。

编　者

目　录

专题一　思想政治教育基础理论与实践研究

专题二　思想政治理论课教学改革创新研究

专题三　学习贯彻党的十九届六中全会精神研究

专题一　思想政治教育基础理论与实践研究

筑牢“躺平”大学生理想信念的主体向度①

李　伟②
（天津大学马克思主义学院　天津　300350）

［**摘　要**］近年来，在错误思潮渗透、网络媒体营销以及自身阅历和成长环境等多种因素相互叠加的作用下，部分大学校园出现了以“躺平主义”“躺平族”“躺平学”为代表的“躺平”话语符号及其价值理念，这误导了大学生的理想信念与人生追求。我们可以通过重塑价值认知，化解“躺平”大学生理想信念的虚无化、娱乐化和极端化问题；注重态度引导，培育“躺平”大学生的进取心、奋发情和效能感；涵养奋斗精神，增强“躺平”大学生的拼劲、干劲和韧劲；丰富活动形式，提升“躺平”大学生理想信念的针对性、可行性和现实性，夯实“躺平”大学生理想信念的实践基石，进而重构“躺平”大学生理想信念的认知基础、情感基调以及意志支撑和行动根基，使实现中华民族伟大复兴的理想信念在大学生群体中得以不断澄明和牢固。

［**关键词**］“躺平”；大学生理想信念；价值认知；情感态度；精神意志；实践行动

党的十八大以来，习近平总书记高度重视青年人的理想信念教育，在多个场合都强调要在坚定理想信念上下功夫，不仅提出“青年的理想信念关乎国家未来”[1]6，还进一步要求青年“人生的扣子从一开始就要扣好”[2]、补足“精神之钙”和奋力投身中国梦伟大实践。然而在网络媒介以及青年亚文化和社会现实的多重作用下，“躺平”话语及其价值理念渗入大学校

① 本文系国家社科基金青年项目“新媒体时代社会主义核心价值观引领大学生社会心态的实证与对策研究”（17CKS046）的阶段性成果。

② 李伟，天津大学马克思主义学院副教授、博士生导师。

园，导致出现了所谓的“躺平”大学生。从“躺平”大学生的基本特征来看，有的表现为日常生活中情绪心态层面的焦虑倦怠、戏谑宣泄、畏难偷懒，有的把安于现状、犹疑观望以及畏难情绪[3]作为其基本的生活态度和价值选择。从大学生“躺平”的基本形态来看，既有口头式的“躺平”，也不乏行动派的“躺平”。但不管是何种类型的“躺平”，一些大学生的思想动态与行为倾向在深层次上都存在理想信念弱化甚至是信仰危机的隐忧。与此同时，就话语背后潜藏的消极无为和逃避退却而言，近年来先后出现的“神马都是浮云”“小确幸”“葛优躺”“丧”“锦鲤”“佛系青年”等词，都与伴随“内卷”的喧嚣而引爆舆论的“躺平”有着高度的一致性。由此我们不能仅仅将“躺平”视为一个当下流行的网络热词，而要看到其话语谱系演变背后精神内核的延续以及对大学生理想信念的冲击。坚定理想信念是一项系统工程，离不开大学生主体自身的努力。从价值认知、态度情感、精神意志和实践行动等层面，探讨筑牢“躺平”大学生理想信念的主体向度，对于大学生的成长成才以及理想信念教育都具有重要的现实意义。本文所提的理想信念主要是指“确立在中国共产党领导下走中国特色社会主义道路、实现中华民族伟大复兴的共同理想和坚定信念”[4]。

一、祛除认知迷惘，重塑“躺平”大学生理想信念的价值基础

思想观念是实践行动的先导。作为群体情绪的“躺平”心态与生活理念层面的“躺平”人生都内蕴着特定的价值认知，因而激发“躺平”大学生理想信念的首要问题是要重塑“躺平”大学生对于理想信念的认知和看法。

（一）用科学理论破解“躺平”大学生理想信念的虚无化

话语是一定思想观念和价值追求的表达载体，某种话语的流行意味着特定价值观的广泛传播。而价值观要想实现自身的影响力，也需要契合特定群体的话语表达。从舆论导向和理想信念教育的角度来看，不论是作为青年人用于自嘲或调侃的“躺平”亚文化，还是不愿被“唯 GPA（平均学分绩点）”捆绑青春而无奈选择的“躺平”生活，融合了价值虚无主义和物质主义的“躺平”话语，都需要引起我们的高度重视。如果放任无欲无求、随遇而安以及拒斥崇高等话语符号充斥大学校园，那么大学生的蓬勃朝气以及

理想信念的超越性、指向性便会在无形之中遭到遮蔽。因而，面对全媒体时代消费主义、享乐主义以及极端个人主义对于人生意义的魅惑和侵蚀，“家国情怀”“民族复兴”“时代使命”的理想信念叙事，存在着被“小确幸”“佛系人生”的个体价值选择逐步解构的风险。崇高理想信念和正确人生选择的形成有赖于科学理论的指引。一方面，我们可以通过批判错误社会思潮，破解“躺平”大学生“有没有”理想信念的问题。近十年来，“佛系”“丧”“躺平”话语的更新换代及其内在理念的一脉相承，凸显了加强舆论导向的紧迫性。因此，我们要旗帜鲜明地驳斥价值虚无主义、解构主义等思潮否定和矮化人生意义的谬论，在坚持正确舆论导向的基础上，不断强化“躺平”大学生对于理想信念的尊崇和追求。另一方面，切实推动马克思主义理论入脑入心，回答“躺平”大学生关于理想信念“是什么”的问题。处理个人与社会的关系既是理想信念的核心内容，也是马克思主义人生理论的基本问题。“躺平”生活从根本上颠倒了个人理想与社会发展的关系，因而，提升大学生的马克思主义理论素养，努力“把理想信念建立在对科学理论的理性认同上，建立在对历史规律的正确认识上”[5]，能够为摆脱“躺平”话语符号的干扰奠定思想前提。

（二）用正确观念应对“躺平”大学生理想信念的娱乐化

娱乐似乎成为当今社会文化信息消费的唯一目标。伴随着网络媒介与文化资本的深度融合，一个显著的变化就是“所有的内容都以娱乐的方式表现出来”[6]，并且进一步助推泛娱乐化叙事风格在青年群体中广泛流行。以反讽、戏谑和恶搞的方式解构主流意识形态话语包括理想信念及其价值内核，就成为Z世代青年人面对社会现实压力特有的文化实践和言说路径，而这也是“躺平”话语符号在大学生群体中得以不断衍生和更迭的内在缘由。一定的话语观念能够引发青年群体的热议甚至是认同，必然是在某种程度上真实地抓住和反映了青年人特定的思想心理。在“一切皆可佛”等话语制造与网络狂欢中，远大理想与崇高信念沦为娱乐调侃的对象。这一现象反映了一些大学生价值观念的严重错位。全方位、多角度地提升社会主义核心价值观对大学生群体的引导力，增强大学生群体的价值判断和选择能力，成为防范和化解“躺平”大学生理想信念娱乐化的关键环节。基于此，一方面我们要将核心价值观的精神实质进行创造性的话语转换和现实阐释，不断扩大主流价值话语对于青年亚文化的影响力。应对理想信念的娱乐化叙事，需要提升主流意识形态在网络空间的话语权。针对大学生群体普遍关注的热点话题，我们需要强化理想信念话语的生活气息和青春色彩以确保主流价值的“在场”。与此同时，要加强网络空间平台的导向监管和主流价值赋能，着力扭转媒介信息传播过度娱乐化的不良倾向。面对“新闻客户端和各类社交媒体成为很多干部群众特别是年轻人的第一信息源”[7]的情况，我们要把传播主旋律和正能量作为监管网络媒体的基本要求，营造风清气正的网络环境，扼制娱乐化风气的泛滥。

（三）用辩证思维消除“躺平”大学生理想信念的极端化

理想源于现实又高于现实，“躺平”大学生用现实否定理想进而以消极抵抗的姿态面对和处理社会现实压力，根本在于其理解和把握社会现实的思维方式存在偏差。身处媒介信息和算法推荐编织的网络拟态环境里，高房价、生活节奏快以及社会竞争激烈和公平正义等相关话题，往往能迅速调动和点燃大学生群体的参与热情。然而由于受“青年人阅历不广，容易从自身角度、从理想状态的角度来认识和理解世界”[1]13的局限，以及经过诸多商业和社交媒体的信息过滤和情绪渲染，一些大学生对于上述问题的认识，更多地表现为一种“主观现实”或者是“容易陷入‘阶层固化’的假想怪圈”[8]。对当下现实社会生活的过度想象、对未来不确定性的恐慌和焦虑，容易使部分大学生追逐人生目标和实现自我价值的积极性遭到伤害，进而陷入拒斥崇高以及拥抱颓废的极端境地无法自拔。一定的思维方式制约着人们的思想认识。首先，坚持用客观全面的思维审视大学生的社会处境。作为一些大学生选择“躺平”的重要情感支撑，类似“一二线城市容不下肉身，三四线城市装不下灵魂”等论调背后的感受和体验，既是一些现实的真实反映，也存在着不够客观全面的问题。应对这个问题，根本上需要理性分析社会变革给个体带来的机遇和挑战以及全面把握二者的辩证关系。其次，坚持用系统发展的思维看待现实生活压力。最近，在豆瓣平台引发讨论的“打工人”“小镇做题家”，从乡镇农村以高分考入各大名牌高校后却陷入自我放逐和无力奋斗的“躺平”境地，较为集中地体现了其系统思维和发展眼光的匮乏。“得其大者可以兼其小”[9]，因学业、社交、消费以及就业等方面的压力而放弃人生拼搏，实际上完全是忽视了现实生活与理想信念的辩证统一关系。

二、注重情感引导，矫正“躺平”大学生理想信念的态度基调

用情动人，以情入理。没有积极正面的情感态度，任何有关理想信念的科学理论和正确观念都无法深入人心。要通过加强对“躺平”大学生的情感疏通和引导，为理想信念的生成奠定正向情感基调。

（一）建设校园文化，点燃“躺平”大学生的进取心

良好的校园文化是推动大学生自强不息、奋发进取的重要精神动力。透过“世上无难事，只要肯放弃”“有时候你不努力一下，不知道什么叫绝望”之类的“丧”语录可以看到，对于个人成长发展拥有积极的情感态度，是唤醒“躺平”大学生理想信念的重要心理条件。我们可以从以下几个方面着手点燃“躺平”大学生的进取心。其一，加强校园榜样文化建设。“榜样的力量是无穷的”[10]46。榜样文化一直以来都是校园文化建设的重要组成部分，同时也是大学生理想信念生成的主要精神养分。榜样的选取不仅要关注社会各领域的杰出人物和先进分子，更要重视大学生朋辈群体中的优秀代表。大学生集体式的生活方式决定了朋辈之间的交往和互动是相对频繁的，要不断挖掘和宣传大学生身边朋辈榜样的成长奋斗经历，尽可能展现不同志趣爱好的大学生在青春舞台上的多彩人生，以此来疏导和改善“躺平”大学生对于社会现实以及自我发展的消极悲观情绪。对于大学生榜样人物的理解可以从多个维度进行，要注重个体德智体美劳的全面发展。其二，加强校园圈群文化建设。从群体互动的角度来看，大学生的校园生活不论是以班级、社团以及宿舍为单位的集体组织，还是在移动信息技术和智能电子终端设备支撑下基于特定缘由而结成的网络社群，都具有相当明显的圈群化特征。尤其是在诸多自发形成的网络聚合空间里，相对封闭和排他的圈群结构、共同的话题内容、便捷的信息交流以及圈群成员高度的同质性等要素的结合，有助于群内个体形成强烈的情感共鸣和较为一致的身份认同。这也是诸多网络圈群得以组建的实践逻辑。“网络圈群代表着当代青年的群体生活方式，同样也体现着青年群体的社会文化。”[11]因而，要积极塑造“躺平”大学生圈群的文化底蕴和价值内核，通过培育意见领袖和加强议题设置，不断推进线下线上圈群的联动，进而实现主流话语的有效嵌入，尽力扭转圈群内部负面价值认知和消极情感态度。

（二）加强现实关照，唤起“躺平”大学生的奋发情

一些大学生提倡“佛系”，拥抱“丧”文化，其中最为核心的情感指向是批判现实社会不公以及自我认知的弱势定位。因而，加强对社会现实的回应和关照，是化解“躺平”认知与情感的根本途径。一是要用事实替代想象。随着社会主要矛盾的转化，人们对于物质文化生活以及公平正义的要求日益增长。然而信息社会里，众多商业及自媒体资讯平台将吸引眼球和获取流量奉为圭臬，特别擅长运用巨大反差和极端个案的手法，制造贫富差距与阶层固化等话题刺激社会大众。一方面使得缺乏阅历的大学生对社会的认识脱离实际，同时也从心理情感层面挫伤了“躺平”大学生的奋发进取之心。因而，加强对国家大力解决住房、医疗、教育以及就业等民生问题的宣传教育，以无可辩驳的事实和客观真实的数据展示中国经济发展水平与社会建设的伟大成就，夯实大学生对于实现民族复兴情感认同的实践基础。二是要用制度温暖人心。对于理想信念的奋力追逐离不开相应社会条件的支持和保证，因而为大学生的逐梦之路创设良好的社会环境也是十分重要的。当前社会改革发展过程中出现的结构性矛盾，确实给大学生的成长进步造成了一定困难。这也是“躺平”大学生对未来前途丧失信心的现实根源。基于此，依靠制度的力量保障大学生的成长底气和发展自信就显得必要而迫切。对于各级政府部门及高校而言，要切实加强对大学生的人文关怀和政策支持，“始终关心和爱护学生成长，为他们放飞青春梦想、实现人生出彩搭建舞台”[12]；从思想政治工作的角度来看，要不断加强理想信念教育以及高校教师队伍的制度化建设。既通过制定和完善规章制度确保理想信念教育的科学发展，同时也要充分调动广大教师的积极性，使其努力成为“青年朋友的知心人、青年工作的热心人、青年群众的引路人”[13]。

（三）强化目标导向，激发“躺平”大学生的效能感

从个人发展的角度来看，一些大学生热衷“佛系”或“丧”以及高喊“躺平”的背后，既是缘于获得感的减少和相对剥夺感的增加，也是对人生目标的无视和物化，最终影响了理想信念对于自身成长的引导作用。为此，对“躺平”大学生进行理想信念教育，要强化目标导向。第一，强调人生目标的重要性和发展方向的正确性。不可否认，高等教育走向大众化的直接后果就是高校毕业生人数屡创新高，而每逢毕业季似乎都会上演的“史上最难就业年”，使得“读书无用”“学历贬值”等论调颇具迷惑性和影响力。

一些大学生向往“佛系人生”以及鼓吹“只想躺平”，主要是试图通过解构人生目标和降低社会预期，达到躲避就业压力或缓解成就感弱化的目的。把职业和收入作为人生拼搏奋斗的最高目标，是对个人理想与社会理想辩证关系的根本偏离。历史和现实一再表明，个人利益或自我价值只有融入推动经济社会发展过程中才能得到实现，这也是“躺平”大学生确立人生目标和价值追求所需要的根本考量。第二，强调人生目标的整体性和基本内容的层次性。“躺平”大学生借口理想信念过于宏大和抽象而将人生目标主要局限在个人物质利益层面，也就是以个人的利弊得失作为树立理想信念的首要准则。但是精神文化境界的制约以及社会理想的缺失，必然又会导致个人目标的实现因视野狭隘或动力不足而难以为继，最终由于无法找到自我存在的意义而深陷价值虚无和情感倦怠的漩涡。实际上国家富强、民族复兴和人民幸福的理想信念具备深厚的现实基础，同时在内容方面也蕴含着明确的层次性要求。为此，可以通过理论教育和实践参与的形式开阔“躺平”大学生的思想格局和人生视野，解决其理想信念过度物化和虚无化等片面化的问题；与此同时，依据大学生成长成才的规律循序渐进地设置相应的阶段性人生目标，帮助“躺平”大学生在不断实现自我价值和提升效能感的基础上，逐步实现个人理想与社会发展的有机统一。

三、涵养精神意志，增强“躺平”大学生理想信念的奋斗基因

习近平总书记在全国教育大会上强调“要在培养奋斗精神上下功夫”“要让青少年明白，无论任何时候奋斗精神都不能丢”[14]。“躺平”的流行必然伴随着奋斗精神的萎缩，而远大理想的实现则需要坚持不懈的努力奋斗。

（一）以勇于奋斗磨炼“躺平”大学生的拼劲

历史地看，自我放逐式的“佛系”生活或“躺平”人生，既不是中国革命、建设和改革进程中大学生人生追求的主流选择，也不符合新时代中国社会发展进步对大学生的基本要求。回顾中国共产党成立以来大学生成长成才的百年历史可知，在理想信念的指引下为国家富强、民族独立和人民幸福而勇敢奋斗，一直以来都是不同历史时期大学生最为可贵的精神品质。对于“00后”大学生而言，人生的成长发展进程与党和国家的第二个百年奋斗目

标高度吻合。因而作为全面建设社会主义现代化强国的主要参与者，大学生具有坚定的理想信念和精神意志，对于新时代坚持和发展中国特色社会主义至关重要。把有幸能够为实现中华民族伟大复兴贡献力量，作为焕发“躺平”大学生胆识和勇气的重要契机，引导“躺平”大学生在把握民族复兴的时代际遇和机缘中放飞青春梦想。“中华民族伟大复兴，绝不是轻轻松松、敲锣打鼓就能实现的”[15]15这一理论判断，深刻表明进入新时代继续强调大学生勇于奋斗的必要性。推进全面建设社会主义现代化国家的新征程，需要大学生将人生目标和价值追求紧扣服务国家重大战略规划与促进社会全面进步，以百折不挠的拼搏、舍我其谁的担当替代自我放逐和随波逐流，不断夯实自身坚定理想信念的意志根基。事实上，从“躺平”意愿生成的主体根源来看，促进自我价值的实现进而弥合人生目标期望与现实社会处境之间的落差，是“躺平”大学生树立理想信念的内在动力。而“只有奋斗的人生才称得上幸福的人生”和“幸福都是奋斗出来的”[16]这些科学论断，则揭示了人生价值实现的根本途径。因此沉浸在顺其自然、无欲无求幻境中的“躺平”大学生，需要通过敢闯敢拼的努力奋斗为人生价值的实现提供新的可能。

（二）接力奋斗延续“躺平”大学生的干劲

一个时代有一个时代的问题，一代人有一代人的使命。历史的创造是每一代人努力解决问题和完成使命的过程，但“并不是在他们自己选定的条件下创造，而是在直接碰到的、既定的、从过去承继下来的条件下创造”[17]。尽管时代的差异使得每一代人的任务和使命不尽相同，但是任何历史伟业和光辉事业的铸就，都离不开一代又一代青年人的接力奋斗和埋头苦干。“今天，我们比历史上任何时期都更接近、更有信心和能力实现中华民族伟大复兴的目标”[15]15，这是一代代青年人在民族复兴目标引领之下前仆后继的结果，也要求新时代青年在秉承先辈志向的基础上继续前行奋进。中国青年永久奋斗的优良传统和新时代建功立业的历史机遇，客观上给“00后”大学生群体的接力奋斗提供了精神支撑和实践动力，给在人生选择进退之间挣扎和纠结的“躺平”大学生提供了重要的实践参照。从大学生成长成才的角度来看，大学绝不是人生奋斗的终点站，而只是通往更广阔天地的起点。因而大学生活的核心要素和关键环节就是要在理想信念的指引下继续奋斗。借口社会结构性压力以及圆梦大学的事实而放弃对于理想信念的坚持和追求，既是“躺平”大学生奋斗精神萎靡的基本表征，也是强调新时代大学生需要接力奋斗的重要切入点。无数历史和现实表明，大到国家民族伟业的创造，小到集体个人成就的获得，无一不是通过持之以恒的努力奋斗实现的。尤其是处于“拔节孕穗”期的大学生，为理想信念而奋斗的实践自觉是成长成才的内在需要。诸多“躺平”大学生唯有在正确处理个人理想和社会理想关系的基础上，坚定不移地朝着实现个体发展和社会进步的目标方向走下去，才能真正化解其选择自我麻痹、逃避遁世之后带来的内心空虚和悔恨。

（三）以顽强奋斗锻造“躺平”大学生的韧劲

就“躺平”话语在大学生群体中生成和传播的语境来看，生活中面对的困境和难题是贯穿其间的一根主线。事实上，“青年在成长和奋斗中，会收获成功和喜悦，也会面临困难和压力。要正确对待一时的成败得失，处优而不养尊，受挫而不短志”[18]。人生成长道路上遭遇挫折和失败是常态，追寻理想信念的过程更是如此。“佛系”“躺平”话语以率性超脱的形象，对身处压力之下的无所作为进行了文化价值内核的重塑，为部分青年人的“躺平”生活提供了貌似合理的解释和说明。但是理想信念的“无所谓”与日常生活方式的“都可以”不可相提并论，在理想信念层面强调顽强奋斗与日常生活中的随遇而安并不矛盾。这正是“躺平”大学生迫切需要解决的认识问题。实际上，只有在实现理想信念过程中坚韧不拔和顽强拼搏，才能真正锻造出自由美好的生活以及气定神闲的人生姿态。理想信念的树立和实现是一个从自在走向自为的过程，个体的社会实践在其中发挥着决定性的作用。我们之所以要警惕和防范“躺平”话语在大学校园里的渗透，就是因为它会潜移默化地消解大学生的实践意志和奋斗精神，最终影响大学生对于正确人生方向的把握。“躺平”话语在大学生群体中影响力的日益扩大，也是因为它契合并放大了大学生自身成长的某些特征。一方面，社会经历的相对不足让大学生的社会感知和人生规划很容易流于表面；另一方面，物质丰裕条件下成长起来的大学生，遇到困难和挫折时思想意志不免带有摇摆性和退缩性。因而，要提升“躺平”大学生的人生格局和抗压能力，唯有让其在社会生活实践中不断历练和丰富自我，“在奋斗中摸爬滚打，体察世间冷暖、民众忧乐、现实矛盾，从中找到人生真谛、生命价值、事业方向”[1]11。

四、丰富行动形式，夯实“躺平”大学生理想信念的实践基石

理想信念不仅仅是一个理论问题，也具有显著的实践性。积极开展形式多样的实践活动，调动“躺平”大学生深度参与社会实践，有助于破除其关于社会现实的负面想象和理想信念弱化的问题。

（一）通过社会调查提升“躺平”大学生理想信念的针对性

随着移动网络信息技术深度介入大学生日常生活，由人工智能和个性化信息分发机制催生的“信息茧房”与“过滤气泡”，产生了束缚和误导Z世代大学生对于社会的感知及认识的负面作用。剖析“躺平”话语影响大学生群体的社会文化根源可以发现，一些“网络媒体在营销过程中，为了获取点击量、赢得粉丝，不断放大青年对社会环境和个人发展的忧虑，疯狂贩卖焦虑”[19]，由此造成“当下青年对社会环境和个人发展的担心有意无意被人为地夸大了”[20]。因而，这个意义上的“躺平”价值理念的盛行，实际上也是人们主观认识脱离客观实际的产物。基于此，积极引导大学生关注社会民生，利用寒暑假围绕社会现实问题进行实践调研，用事实解构大学生被网络舆论包装出来的社会认识，是帮助大学生走出“躺平人生”幻境进而提升理想信念针对性的根本途径。譬如，天津大学多年来组织学生在全国范围内，尤其是边远地区开展实地调查研究，有针对性地考察乡村振兴背景下中西部经济社会的现实状况及发展前景，以此为基础不断深化大学生对世情、国情、党情与民情的系统了解和全面把握。这在很大程度上能够有效弥补和应对“躺平”大学生理想信念缺失的问题，从而为其理想信念的自觉生成提供实践动力和发展方向。

（二）利用专业学习孕育“躺平”大学生理想信念的可行性

强调理想信念的可行性，最为根本的是要指明理想信念的实现路径。理想信念要想避免停留在思想漫游或坐而论道的层面，就需要明确承载理想信念的物质实践载体和相应的能力素质。鉴于大学生社会实践相对匮乏和单一的现实情况，只有依靠学习专业技术知识进而扎根服务社会实践，大学生的理想信念才能行稳致远。这也恰恰是“躺平”大学生最为欠缺和需要不断充实的。大学生一味地沉湎于消极无为、云淡风轻的生活状态，不仅仅会导

致专业学习和社会实践能力止步不前，同时也将会抽离和消解理想信念的实践根基。专业知识技能提升是大学生坚定理想信念的基本保证，“青年人正处于学习的黄金时期，应该把学习作为首要任务，作为一种责任、一种精神追求、一种生活方式，树立梦想从学习开始、事业靠本领成就的观念，让勤奋学习成为青春远航的动力，让增长本领成为青春搏击的能量”[10]51。因而“广大青年要坚持面向现代化、面向世界、面向未来，增强知识更新的紧迫感，如饥似渴学习，既扎实打牢基础知识又及时更新知识，既刻苦钻研理论又积极掌握技能，不断提高与时代发展和事业要求相适应的素质和能力”[10]51。唯有如此，大学生才能在日常学习生活中真正找到打开理想信念的钥匙。大学生要通过不断加强专业学习以及积极投身社会实践，将专业发展与个人的理想信念以及国家社会的进步融为一体，以扎实的专业能力和健全的身心素质夯实理想信念的实现基础，为化解部分大学生的发展焦虑和人生迷茫进而走出“躺平”困境提供可能。

（三）开展志愿服务强化“躺平”大学生理想信念的现实性

面对社会快速发展带来的挑战和个体成长过程中遭遇的压力，用负面社会想象和消极回避态度取代个体积极行动，构成了大学生“躺平”生活的基本实践图景。由于社会实践参与的不足，“躺平”大学生理想信念和实践精神的生成缺乏现实根据，因而需要将大学生的个人成长奋斗融入新时代中国特色社会主义鲜活实践，不断提升“躺平”大学生理想信念的现实性。基于此，积极参与各类形式的志愿服务活动，既是大学生走出校园真正意义上感知和了解社会的重要渠道，也是大学生通过现实生活孕育和孵化远大理想与信仰的重要途径。推动“躺平”大学生的人生理想从“迷茫而不知”到“清醒且自觉”的转变，根本上需要发挥社会实践的引导和激活作用。“社会实践、社会活动以及校内各类学生社团活动是学生的第二课堂，对拓展学生眼界和能力、充实学生社会体验和丰富学生生活十分有益。”[21]55紧密结合大学生专业知识技能而开展的形式多样的志愿服务活动，对于大学生正确把握个人发展与社会进步的关系以及确立人生发展方向具有重要的实践价值。相关机构部门要高度重视“高校学生支教、送知识下乡、志愿者行动等活动”[21]55的组织和实施，“许多学生正是在这样的社会实践和社会活动中树立了对人民的感情、对社会的责任、对国家的忠诚”[21]55-56，同时对于理想信念的意义和践行也有了更为深刻的理解。

“躺平”是新近出现的网络热词以及社会现象，人们关于它的内涵及其存在状况仍然持有不同看法。从青年人目前生存和生活压力来看，大学生“躺平”的难度与其他青年群体相比小了很多，因此大学生群体中的“躺平”现象就不会仅仅停留在“口嗨”式的话语生产和传播层面。事实表明，一些人对家庭社会和国家责任的放弃是显而易见的[22]。习近平总书记在庆祝中国共产党成立100周年大会上的讲话中指出：“新时代的中国青年要以实现中华民族伟大复兴为己任，增强做中国人的志气、骨气、底气……”[23]坚定的理想信念既是涵养大学生使命担当和精神气节的核心因素，也是大学生应对错误思潮和思想观念的有效武器。囿于社会舆论和网络亚文化的影响以及自身社会阅历的不足，大学生理想信念的树立任重而道远，需要协同社会各方面的力量久久为功。

参考文献：

[1] 习近平．在纪念五四运动100周年大会上的讲话［M］．北京：人民出版社，2019.

[2] 习近平．青年要自觉践行社会主义核心价值观——在北京大学师生座谈会上的讲话［M］．北京：人民出版社，2014：9.

[3] 关铭闻．躺平不可取——建功新时代系列评论之一［N/OL］．光明日报，2021－12－27［2022－12－05］．https://epaper.gmbs.cn/gmrb/html/2021－12/27/nbs.D110000gmrb_201.htm.

[4] 教育部思想政治工作司．加强和改进大学生思想政治教育重要文献选编（1978—2014）［M］．北京：知识产权出版社，2015：266.

[5] 中共中央文献研究室．十八大以来重要文献选编：上［M］．北京：中央文献出版社，2014：278.

[6] 波兹曼．娱乐至死［M］．章艳，译．北京：中信出版社，2015：106.

[7] 习近平．习近平谈治国理政：第3卷［M］．北京：外文出版社，2020：316.

[8] 蒋建国，李颖．“佛系”亚文化的动向、样态与社会观照［J］．探索与争鸣，2018（4）：131.

[9] 习近平给北京大学学生回信勉励当代青年——勇做走在时代前面的奋进者开拓者奉献者［N/OL］．光明日报，2013－05－05［2022－12－05］．https://epaper.gmw.cn/gmrb/html/2013－05/05/nw.D1100 00gmrb_20130505_3－01.htm?div=－1.

[10] 习近平．习近平谈治国理政：第1卷［M］．北京：外文出版社，2018.

[11] 王阳，张攀．个体化存在与圈群化生活：青年群体的网络社交与圈群现象研究［J］．中国青年研究，2018（2）：87.
[12] 中共中央文献研究室．十八大以来重要文献选编：中［M］．北京：中央文献出版社，2016：9.
[13] 习近平．在庆祝中国共产党成立95周年大会上的讲话［M］．北京：人民出版社，2016：27.
[14] 习近平．论党的宣传思想工作［M］．北京：中央文献出版社，2020：348.
[15] 习近平．决胜全面建成小康社会　夺取新时代中国特色社会主义伟大胜利——在中国共产党第十九次全国代表大会上的报告［M］．北京：人民出版社，2017.
[16] 习近平．在2018年春节团拜会上的讲话［EB/OL］．（2018-02-14）［2022-12-12］. http://www.gov.cn/xinwen/2018-02/14/content_5266872.htm.
[17] 中共中央马克思恩格斯列宁斯大林著作编译局．马克思恩格斯文集：第2卷［M］．北京：人民出版社，2009：470-471.
[18] 王晔，李学仁．习近平在中国政法大学考察时强调：立德树人德法兼修抓好法治人才培养　励志勤学刻苦磨炼促进青年成长进步［N/OL］．人民日报，2017-05-04［2022-12-05］．http://182.150.59.104：8888/http/77726476706e69737468656265737421f4f6559d69206d5f6e048ce29b5a2e7b74a4/rmrb/20170504/1.
[19] 吴朝进，张金荣．“佛系”与“杠精”：社会变迁下的青年心态困境［J］．思想教育研究，2021（6）：115.
[20] 陈赛金，陈超俊．当代青年“佛系”现象的成因与对策［J］．思想理论教育，2018（7）：109.
[21] 中共中央文献研究室．习近平关于青少年和共青团工作论述摘编［M］．北京：中央文献出版社，2017.
[22] 孙桂香，刘鹤．“躺平的佛系青年”——互联网时代解构主义思潮的符号嬉戏［J］．思想教育研究，2022（1）：105.
[23] 习近平．习近平谈治国理政：第4卷［M］．北京：外文出版社，2022：14.

数据驱动的网络思想政治教育思维理念优化①

吴　穹　栾纪文②
（国防科技大学军政基础教育学院　长沙　410073）

［**摘　要**］数据驱动的网络思想政治教育为优化教育理念提供了全新视角和崭新途径，要紧扣大数据带来的技术优势和理念变革机遇，由关注局部的片面性思维转向统筹全局的整体性思维，全面把握和促进多主体共存合作的生态建设；由相对保守的封闭性思维转向兼收并蓄的开放性思维，积极适用和推进教育方法提质增效的生动实践；由注重结果的静态性思维转向注重过程的动态性思维，深入研究和探索全过程教育评价体系的变革路径，全面提高大数据时代背景下网络思想政治教育的实效性。

［**关键词**］数据驱动；网络思想政治教育；教育理念；教育方法；教育评价

思维理念是人们在长期实践中形成的思维定式。网络思想政治教育思维理念的优化就是随着时代发展、技术更迭而因时而进、因事而化、因势而新，对网络思想政治教育过程中不符合时代条件、不适应技术要求的部分主动扬弃的过程。数据驱动的网络思想政治教育为优化教育理念提供了全新视角和崭新途径，要紧扣大数据的整体性思维、动态性思维、开放性思维，在不断深化对网络思想政治教育特点规律与本质内涵认知理解的基础上实现守正创新。

---

①　本文系2022年度国家社科基金一般项目“全媒体场景下高校思想教育优化研究”（22BKS114）的阶段性成果。

②　吴穹，国防科技大学军政基础教育学院军队政治工作系副教授、硕士生导师；栾纪文，国防科技大学军政基础教育学院博士研究生。

一、由关注局部的片面性思维转向统筹全局的整体性思维

大数据带来了“样本 = 总体”的数据模式和研究视角，强调对场景或事件的整体性把握和系统性感知。网络思想政治教育是一项覆盖面广、渗透力强的实践活动，只有具备整体性思维，才能避免挂一漏万。网络环境下，传统思想政治教育“主体—客体”的单向度关系发生了根本性变化，客体地位日益主体化。借助于网络的便捷性，多主体间建立了繁复交织的作用关系，这是优化网络思想政治教育主体时必须加以关照的关键环节，也是树牢整体性思维的内在指向。

（一）着眼多主体并存，推动全面优化

网络空间赋予思想政治教育全新的空间关系和实践逻辑，形成了全新的认识论和方法论。网络思想政治教育各要素及其相互关系也产生了新的逻辑，经过长时间的发展探索，演化为“主体间性”，即在实践过程中主体与主体间相互联系，共同对客体产生作用，从而形成的一种关系属性[1]。各主体间的关系是相互联系又对立统一的，因此不能割裂地看待，而是要作为一个整体进行通盘考量。

1. 主体身份动态变换

网络多中心的结构特点致使信息的生产、传递具有平等性、广延性特征，促使传统教育客体也能够成为信息传播的中心和交汇的节点，具备了传统教育主体的信息诠释功能。另外，传统教育主体也受到网络空间数据信息的影响和干预，具备了传统教育客体信息接受功能。如此，传统思想政治教育主客体在网络空间发生身份动态变换，呈现出泛在交融趋势。这要求网络思想政治教育主体在承认信息平等地位的基础上坚持主体权威，实现多主体并存互动新局面。

2. 主体样态多元共生

从网络思想政治教育视角分析，无论特定个人或组织的性质如何，都可以根据其在网络思想政治教育中发挥的作用来划分其主客体身份。骆郁廷认为，凡是主动履行网络思想政治教育职能，自觉实施和开展网络思想政治教育的，就是网络思想政治教育的主体；反之，就是客体[2]。根据这一划分标准，目前在网络空间主动持续发声的官媒、出版社、新闻机构、高校等社

会组织以及部分自媒体等，都因为对外传导和灌输无产阶级政党的阶级意志和价值观念，可以被认定为网络思想政治教育主体。与此同时，热衷在网络空间对特定事件进行评价或转发的个人及其行为，由于不具有固定的价值导向，不能作为网络思想政治教育主体来看待。

3. 主体职能分层合作

依照陈宗章等根据职能作用划分思想政治教育主体的标准，可以将网络思想政治教育主体划分为管理主体、实施主体、支持主体和自我教育主体[3]。管理主体是网络思想政治教育活动的管理者和监督者，主要负责对实施主体的信息传播行为、支持主体的技术保障行为进行监督引导，对教育客体的思想情况进行监测评估并引导其开展自我教育，发挥主体作用；实施主体是网络空间意识形态和价值观念等信息的生产者和传播者，主要由各类媒体、专家学者及其组织构成；支持主体是为网络思想政治教育活动提供技术保障的组织或个人，主要以互联网公司的形式存在，能够提供前沿技术支持和信息传播平台等服务。自我教育主体是根据个人学习意愿和认知水平，自主选择并开展网络思想政治教育的组织或个体，在教育活动中表现为主体和客体身份的重叠。大数据在结构化和非结构化数据处理方面的技术优势，不仅可实现多主体间文本、图片、音频、视频等数据共享融合，还可实现多主体对教育客体思想动态、关联关系、社群聚类和发展趋势的整体把握和预测预警，在较高发展阶段还能够依靠数据实现多主体合作运行的决策指挥，最终促成官方主导、社会参与、个体跟进的协同共育局面。

（二）着眼多向度互动，推动实时优化

网络思想政治教育多主体间基于信息技术和平台支持，形成了一定的信息互动基础，运用大数据整体性思维能够优化多主体互动方式，实现多样态主体横向互动、多职能主体纵向互动、主客体辐射互动的良性环境。

1. 以主体横向互动实现有效联通

多主体在开放网络空间开展宣传教育活动的过程中，共同致力于社会主义核心价值观和中华传统社会道德风尚传播的同时，在各自领域存在有特色的表达方式和观点立场。这种多主体间横向信息互动有助于从整体视角明确统一目标，在面对社会敏感事件时达成意见共识，形成思想政治教育引导合力，确保教育实践活动的方向性。由于网络空间信息透明、扩散迅速，在组织教育资源数据采集和加工时，要破除单要素视角局限性，注重多元数据的

一次采集、多模存储，促进多主体间资源互动共享，确保教育实践活动的时效性。提高网络思想政治教育效果还需要多主体间观念呼应、话语配合，协同发挥主导性作用，在更大范围塑造教育引导力和行动力，确保教育实践活动的引领性。

2. 以主体纵向互动实现有序融通

网络数据互传的“平等性”特点使得多职能主体间的层级关系呈现交叉互动结构，需要从整体上把握主体间的协同关系。管理主体对其他主体的管理监督和引导约束呈现扁平化特点，一对多的作用链更加复杂，需要在立法立规基础上利用数据技术进行综合分析预判。实施主体在支持主体帮助下极大增强了与客体间的信息交互，在发挥更强价值引导力的同时，也更容易陷入流量思维陷阱，在内容产出和技术应用中更加有能力与管理主体进行博弈，同时也容易受到技术异化裹挟，在与其他主体互动过程中，需要时刻注意掌握平衡。支持主体发挥不可替代的革新作用，推动资本和技术进入网络思想政治教育领域，促成了实施主体和接受主体的无碍互动和粘性增强，对管理主体提出更多新的发展要求，在一定程度上是其他主体关系发生质变的直接推动者。自我教育主体几乎实现了对其他主体的全渗透，既包括个体身份渗透也包括思想立场渗透。个体发声的低成本特点导致其极易受到价值诱导，在与其他主体互动中既能实现双向成就，也易被利用。为了保证网络思想政治教育健康有序发展，势必需要从全局视角整体把握各主体间的互动关系，以整体向上发展为目标，不断尝试探索和协调优化。

3. 以主体网系互动实现有力贯通

网络思想政治教育主客体划分标准由“身份”转向“行动”，使得主客体之间形成“多中心”的网系结构，这种“多对多”关系由于主体主导性强弱不同显得尤为复杂。利用大数据从整体视角展开分析，能够帮助主体有效拓展辐射广度，加强与客体间的情感连接强度，强化双方信息交换，促使主体掌握更加牢固的话语权。从客体视角出发，全面掌握与其建立信息互动关系的全部主体，能够有效提升客体画像的精准度，确保客体行为数据能够真实反映其思想状态，为后续教育实践活动提供可靠依据。主客体网系结构具有系统性特征，正确认识和理解其全部特征，需要准确抓住网络体系结构的核心节点，利用数据完成结构分析，提高对网络思想政治教育实践活动的科学性评估和系统性管理水平。

（三）着眼多维度影响，推动次第优化

当前，网络思想政治教育生态已经初具规模，多主体间形成了彼此影响、良性竞争的发展态势。在大数据整体性思维的影响下，主体间深化了网络思想政治教育生态构建，这将不断引领促进可持续性发展趋势。

1. 优化理论教育以提升引领力

无论是现实世界还是虚拟世界，思想政治理论教育始终是立德树人的关键环节。各教育主体必须将习近平新时代中国特色社会主义思想深度融合到网络思想政治理论教育活动中。一方面要在深刻认识、准确把握丰富内涵和精神实质的基础上，坚持用科学理论指导教育实践；另一方面要在营造网络思想政治理论教育和学习良好氛围的基础上，着重增强大众对社会主义核心价值观的理论认识和价值认同。

2. 优化话语体系以提升阐释力

网络思想政治教育话语权直接影响网络空间主流意识形态的引导权，需要多主体从整体上把握话语构建主动权，明确以官媒为主的话语权属，并自觉配合行动，共同构建代表中国共产党先进意志的网络话语权威。具有官方媒体属性的教育主体，作为党向人民群众传达意识形态和价值观念的重要代言人，要始终保持方向性、正确性和引领性，其他主体则要坚持拥护权威、巩固权威和维护权威。

3. 优化技术创新以提升传播力

网络思想政治教育一定程度上依赖于微信、抖音等媒体平台的传播效力，迫切需要具备并使用其个性化精准推送等算法技术，来整体提升教育效果。这促使教育主体间在技术创新维度上的互相影响日趋加深，面对新的发展机遇，人民网等平台也正加紧开展科技创新实践，针对“十四五”规划部署了数个重点科技创新项目。在大数据时代，网络思想政治教育主体必须从整体出发，全面把控前沿技术创新、共享、应用的实际进程和效果，紧跟时代发展步伐，助力网络思想政治教育全面创新发展。

4. 优化制度规划以提升组织力

建立科学完善的制度机制始终是保证网络生态健康发展的重要工作。实践探索中，多主体间的动态转换和实时反馈在对制度规划提出了更高要求的同时，也提供了不断完善和改进制度体系的实践依据。各教育主体在网络思想政治教育生态圈中受到的制度管理各不相同却又殊途同归，既互相区别又

紧密联系。所以，各教育主体必须认清价值定位，共同为制定和完善网络思想政治教育道德规范和制度机制而努力并做出应有的贡献。

二、由相对保守的封闭性思维转向兼收并蓄的开放性思维

大数据技术运行需要打破“数据壁垒”形成多域融合数据集合。在处理使用传统分析方法较为棘手的问题时，采取数据驱动这一方法认识和处理问题，取得了较好成果。网络思想政治教育难免需要面对网络空间最前沿的社交、媒介传播等技术创新，并且始终处于接受教育客体评判的境地，因而必须打破相对保守的封闭性思维，坚持兼收并蓄的开放性思维，积极探索教育的新领域新方法。

（一）借助可视化方法优化信息呈现

可视化方法对人类视觉认知习惯和功能的高契合属性，促使其成为提高思想政治教育教学效果的重要技术手段之一。近年来，可视化方法在教育教学各活动环节中发挥了重要技术支持作用，实现了对传统思想政治教育文本化教学方式的突破。

1. 强化教育客体知识认知

视觉是人类探究世界的重要途径之一，也是将信息转化为经验认识的最直接的方式。它与文字类信息相比，具有转化效率高、含义理解透、联接记忆深等优点。网络思想政治教育内容的可视化展示，能够将难以理解的知识点转化为直接视觉经验，在客体大脑中快速建立准确意象。这种可视化学习方式无需借助知识经验即可在头脑深处建立场景感知，转化效率更高。由于可视化信息动态多变，展现形式也更加形象生动，且往往辅以音频信息，这种多维信息输入更容易在客体大脑中形成图景式表征，提高对客观事件含义的认识和理解。图片、视频等教育信息载体能够带来冲击性更强的信号，更易于建立深层次记忆，提高客体对教育信息的记忆效果。

2. 提升教育主体教学效果

网络思想政治教育可视化呈现能够帮助实施主体时刻了解教育客体对教育内容的反馈信息，辅助主体监督客体学习状态，构建全自动预警机制，帮助主体提高研教施教效果，给予教育客体最有效的反馈和支持。此外，可视化技术能够促使主体更加清楚直观地观察到自身在教育实践活动中所起的作

用，将注意力从“如何开展教育”转变为“如何接受教育”，从教育客体视角出发观察教育内容的质量和结构，审视内容推送机制和方式是否符合教育客体认知规律和学习习惯。在教育进程中，通过对教育客体的行为观察，检视网络思想政治教育主体在制定政策规定、开展教育实践和评价过程中的行为，帮助主体及时做出调整。与此同时，教育客体通过教育进程可视化感知，能够更加准确认知个人学习和思想状态，激发自我学习、自我教育的兴趣和动力。

3. 帮助管理主体科学决策

近年来，数据可视化大屏被广泛应用于管理工作，通常以动态的地图、图表等形式展示数据背后隐藏的规律和价值。这种展示可分为态势展示、数据分析和监控预警三类，能够有效提高网络思想政治教育管理效率和决策科学化水平。网络空间天生开放自由，每秒钟都将产生巨量数据。对网络思想政治教育管理主体而言，海量数据既是宝贵资源，也是一种负担。要借助于可视化技术实现数据可视化映射，将动态数据转化为态势展示图像，使管理主体在观察数据变化进程中提高认知水平，促进开放性思维。数据价值挖掘关键还在于数据分析，将数据转化为图表能够帮助管理主体从不同维度分析数据，获取不同分析结果。建立监控预警机制，能够可视化展示数据源、重点目标、网络动态、技术服务等不同模块的数据状态，实现全天候数据更新和监控，数据研判自动完成事前预警、事中辅助和事后总结。

（二）借助智能化优化信息推送

传统网络思想政治教育往往采取广播式的信息宣传，教育信息分布在网络空间的各平台中，由网络用户自主寻找信息，凭借个人兴趣指向进行选择，而智能化的教育信息推送能够实现个性化、精准化、启发性信息推送服务，为网络思想政治教育自适应的学习特点提供支持，促进网络思想政治教育的领域扩展和效果提升。

1. 实现信息推送个性化

大数据技术促使信息传播模式从“点对面”转向“点对点”，这种个性化的信息推送机制提升了信息受众的信息地位。对于网络思想政治教育而言，个性化信息推送以教育客体为中心，根据其思想特征、性格偏好以及教育环境等因素为其主动适配教育信息，实现“千人千面”的信息推送效果。由于网络思想政治教育的主要内容和价值导向存在一致性，为了提高教育效果，需要为客体提供分众化、个性化的教育体验和感受。一方面要时刻捕捉客体的兴趣点，而后对其进行无偏匹配，这样更容易被客体既有的知识结构接受；另一方面，针对不同的教育信息，客体偏好的教育形式不尽相同，可能是书面文字、有声读物，也有可能是图片、视频等，我们需要为其提供个性化的教育载体，提高其获得感和满意度。

2. 实现信息推送精准化

精准化是对个性化信息推送的细化和补充，特指集中教育力量在短时间内对特定教育客体采取高强度、高精度的教育干预引导，更加强调靶标用力，以期达到事半功倍的教育效果。例如，网络空间容易放大社会不良思潮和个体不良思想倾向带来的消极影响，这就需要网络思想政治教育有针对性地进行教育疏导和价值引领。大数据技术能够第一时间锁定教育目标，并指导教育内容的设计和生产，之后向目标客体精准推送教育信息，而与之无关的网络用户则不会被推送相关信息，减少个体教育信息资源浪费。此外，精准化信息推送更加强调客体的场景需求，例如客体在红色教育基地完成现地教育后，为其精准推送系列教育信息，进一步深化教育效果。

3. 实现信息推送隐蔽化

现实中部分个体或组织对传统思想政治教育存在抵触情绪，认为思想政治教育是政治性引导。除此之外，部分持有与社会主义价值立场不同的个体或组织，也对思想政治教育存在防备心理。这两种群体在面对频繁的教育信息推送时，都容易激发起逆反情绪，强化相反的价值判断，使得教育引导适得其反。因此，无论个性化还是精准化教育信息推送，都要在确定该类群体画像判断的基础上，采用隐蔽性信息推送方式，先推送价值引导意蕴较为隐蔽的教育内容，不断评估其抵触情绪程度，循序渐进式地进行更进一步的信息推送和资源推荐，逐步消除其逆反心理，适时对其思想薄弱环节的个性化教育内容实施有针对性的教育引导，最终实现个体价值观念转换。

（三）借助实时化优化信息交流

网络思想政治教育实践活动主要发生在网络空间，“键对键”的信息交流方式更加注重即时性，以符合平等性与开放性的网络身份定位。与传统网络思想政治教育相比，数据驱动的信息交流能够实现信息交换、信息理解和信息反馈的实时化，提高教育活动参与者的沟通效率。

1. 信息交换实时完成

网络空间的信息交换方式发生了数次迭代，经历了从非即时通信到即时通信的升级。得益于信息网络技术的不断发展，当前网络思想政治教育能够借助于论坛、微信、网页等工具进行实时信息交换。特别是由媒体平台提供的评论、弹幕等功能，改变了传统“一对一”“一来一回”的信息交换模式，实现了“多对多”的实时交换模式，满足了教育客体在学习过程中广播个人感受、实时接收多方观点的需求。在这种信息交换过程中，身份定位标签被进一步淡化，转变为单纯的观念表达，将网络中的无数个体拉进到一个无方向甚至无时序的信息交换空间，每一个教育资源的接触者都可以与其他所有人进行实时信息交换，这成为当下青少年网民最喜爱的信息交换方式之一。

2. 信息理解实时达成

对于网络思想政治教育参与者而言，几乎无时无刻不在与网络空间进行信息交换，产生海量多维信息。目前，大部分参与者还只能依靠自身的感知能力理解消化涌现的数据信息，无法突破人类的感官极限。而大数据带来的实时信息采集和智能分析处理能力则可以极大增强人类的信息理解能力，特别是对具有数据权威和技术资源优势的教育主体而言，能够对海量数据进行智能辨认、分类和理解，将教育客体实时产生的外显型和内隐型数据进行统合分析。一方面能提高信息理解的数据量，实现同时对多客体信息的理解掌握；另一方面能挖掘传统认知难以认识到的关联规则，实现深层次逻辑规律的理解掌握，全面突破人类对信息理解处理的生理极限。

3. 信息反馈实时生成

对于网络思想政治教育主体而言，海量信息中有相当一部分是正向的，不需要过多关注，依靠人工智能就可以完成实时反馈。而少部分对教育实践活动具有重要价值的意见和建议信息，或者暴露个体思想和心理问题的信息则容易被淹没在海量常规信息中，需要大量人力资源和时间资源完成筛选反馈。智能数据处理技术能够对海量信息进行遍历判断，精准识别核心关键信息，并第一时间上传至相应主体方。这一方面可大幅减轻教育主体信息处理压力，促使其集中精力应对关键信息，进而提高信息反馈实时性和有效性；另一方面能够提出处理意见，提高主体信息反馈的科学性和创新性。

三、由注重结果的静态性思维转向注重过程的动态性思维

动态性思维就是利用不断输入的新数据，经过分析比较后，持续做出优

化的思维理念。这正与大数据采集、传递、分析、处理的技术特点相契合，能够帮助网络思想政治教育突破传统评价模式，推动评价体系实现创造性转化与创新性发展。

（一）从阶段性转向过程性的评价时机优化

当前，网络思想政治教育评价还没有形成固定体系，多以融媒体的年度综合性总结、高校等企事业单位的阶段性考评为主，大多基于问卷、座谈、测试成绩和专家评审等形式展开，辅以网络投票、教育活动痕迹等量化数据，缺少长期深入的研究对比，存在“算总账”现象。大数据技术的实时数据处理能力，可以有效对网络思想政治教育活动全流程、网络思想政治教育客体实践全历程实施动态评价。

1. 全程采集网络学习情况

网络思想政治教育专题学习是思想政治教育网络化的表现形式之一，通常指将专项思想政治教育课程发布于网络上，要求教育客体完成阅读或观看，是一种系统性、引领性的教育实践形式。对此，应客观及时地对客体学习过程中的专注程度、参与程度等情况实施评价。将客体参与学习的行为细分为量化指标，以出勤率和完成率考察客体学习积极性，通过在学习进程中添加选择题等形式判断客体参与学习的态度是否认真，通过记录学习时长、课后讨论内容以及完成作业和测试等情况检验客体学习效果。这种过程性评价实质上是把思想政治教育课堂教学中的教学秩序管理、教学氛围引导和教学成效评估等以数据量化的方式搬运至网上，实现实时动态掌握网络化教学的具体情况。

2. 全面记录客体实践情况

客体实践活动情况既包括其在网络空间的行为表现，也包括在现实空间的行为表现。相对于网络学习情况，对客体实践情况的评价能够更加真实客观地反映网络思想政治教育效果。客体实践评价更加关注客体思想和行为的社会化属性，重点考察客体在不同时间段内浏览网络信息、发表评论意见、参加教育实践活动以及日常的学习、生活、工作等表现情况；同时，也对客体的情绪、情感等内在属性进行分析预测，以此对客体思想和心理状况做出量化评价；再结合时间序列进一步分析客体的敏感教育事件，为下一步深化网络思想政治教育提供参考依据。这种过程性评价是对客体思想认识、道德情感、政治态度、价值取向等因素的全面量化考察，体现了网络思想政治教育根本目标指向。

3. 全时反映自主学习情况

网络思想政治教育比较重视客体自主学习意识的培养。思想政治素养的提高关键还在于客体自主判断、自主学习和自我约束的能力，以及面对海量纷杂信息时，是否自愿接受主流价值导向内容的教育影响。自主学习情况的评价应首先对网络空间中的信息进行分类标注。特别是对常用媒体平台中时刻生产的非结构化信息，要通过数据埋点动态采集各客体对不同类别信息的阅览频率和阅览数量，以及发布留言、参与讨论等情况，以此判断客体的价值判断能力。其次采集客体对不同分类信息的浏览时长、完成率、复看率等数据，评判客体自我学习欲望以及自我约束能力强弱。这种过程性评价更加关注客体在网络空间浏览信息的整体情况，并利用不同信息间的关联规则，对客体感性思想进行量化评价、动态分析和实时研判。

（二）从单一性转向多维性的评价指标优化

目前，网络思想政治教育评价主要利用网络显性数据对教育内容和教育平台进行量化考评。例如微信传播指数（WCI）利用阅读数、在看数和点赞数等原始数据，通过计算公式推导得出标量数值，实现对整体传播力、篇均传播力、头条传播力和峰值传播力等指标进行评价。由中央网信办主办的“2021年中国正能量‘五个一百’网络精品评选”设置了初评、复评、网络投票展播和终评等环节，采用了定性和定量相结合的评价方式。二者都对网络思想政治教育评价做出了有益探索，呈现出评价指标由单一性转向多维性的发展趋势。

1. 评价数据显隐多维

网络思想政治教育评价指标不应简单地被确定为教育内容的点赞数、转发量和评论量，也不应单纯依据出勤率、入党申请率、理论考试成绩等评判对客体的教育效果，还应该利用大数据技术采集网络浏览过程中产生的隐性数据，如阅读时间、回看次数等，甚至可以通过瞳孔监测收集用户注意力转移数据、利用语音采集获取线下评论数据等。这类数据能够更加真实有效地反映客体在网络浏览过程中的主观感受。另外，相对于显性数据，隐性数据更加体现动态特征。无论是对教育内容的评价，还是对教育客体的评价，都具有更小时间密度，可提高评价时效性。此外，大数据相关性分析能力能够从多维数据中挖掘出更多价值，可以分析得到不同教育内容对特定群体的教育效果差异，将教育评价结果转化为教育内容与教育客体匹配投放的客观依据。

2．评价模块设置多维

大数据动态性教育评价要求从多模块多视角对教育活动实施评价，避免单一视角导致的评论偏移问题，各模块之间应具备全覆盖、弱相关、可迭代等特性。主体评价模块主要针对多主体职能进行分类评价，尤其强调主体的思想理论素养、大数据等科技素养以及教育内容生产数质量、新技术应用情况、教育平台建设情况等。推广评价模块主要针对网络思想政治教育活动成效进行评价，在教育内容受关注度方面既包括阅读量、转发量等显性数据，也包括客体关注焦点等隐性数据，客体教育成效方面则更多关注客体在线上和线下的行为数据。环境评价指标主要对网络思想政治教育环境优劣情况进行评价，主要评价管理主体制定的规章制度是否科学完善、对网络环境引导监督是否有效。除此之外，还要重点评价技术主体的技术开发和应用情况等。模块化的评价指标也实现对多类型网络思想政治教育的快速组合式考评。

3．评价感知来源多维

持续不断地为深度学习、神经网络等算法系统输入高质量大数据，能够迅速迭代模型参数，持续挖掘数据价值，利用理性数据实现对目标思想的多维感知。目前部分民营企业上线的行为感知系统，能够基于上网日志，对用户行为特征进行深度建模分析，实现工作效率分析、沉迷网络分析等，对网络思想政治教育评价具有一定的参考借鉴价值。这种利用多维数据分析得到多维感知结果的评价方法，对探索建立对客体价值认同感、心理归属感、情感共鸣感等进行动态感知的多维评级指标具有重要指导意义。与此同时，也不可忽视技术伦理问题，在教育评价探索过程中，要时刻注意保护个人隐私和人性尊严，严谨界定感知边界，防止将教育评价变成秘密监视。

（三）从经验性转向客观性的评价方式优化

传统网络思想政治教育评价忽略了对教育内容传播效果进行动态评价，倾向于采用问卷形式采集被调查者的主动自评数据，导致评价过程和评价结果不够客观，无法对网络思想政治教育实施精准动态评价。而大数据技术能够有效降低评价成本，采集客观行为数据、采取客观评价方法，有利于提升网络思想政治教育评价的动态性和客观性。

1. 基于网络行为痕迹生成客观数据

网络思想政治教育动态数据通常情况下源自教育主体或教育客体的直接主观行为，是教育主体或教育客体真实思想和心理状态在网络空间的直接显现，具体表现为网络空间的行为痕迹。借助于大数据分析工具，从网络思想政治教育角度观察则能客观反映其真实思想状态。而数据采集过程一般由智能技术控制的各类传感器和算法自动完成，较为隐蔽的采集方式不容易被个体感知，避免导致被采集者有意改变意愿和刻意表现，近乎实时的数据采集、传输能力可保证数据信息的时效性。随着数据采集规模的不断扩大，海量数据也消弭了小部分不真实数据的影响，使评价结果更加客观反映网络思想政治教育主体趋势以及教育客体在教育互动中的情感状态和思想波动情况。

2. 基于客观评价方法得出真实结果

依据个体在网络上的行为数据，可以构建个人用户画像，即用户信息标签化。由于用户画像是用数据化思维对用户特征属性进行刻画，其结果往往超过常识认知，又具有不可替代的价值和作用。例如，阿里巴巴为每一名用户标注了 18 个性别标签[4]，以此为依据在不同场景下为用户推送购物推荐建议，这类技术手段保证了个体刻画的客观性。此外，结合专家经验模型与有监督机器学习算法，能够构建客观公正的评价方法。利用德尔菲法构建专家经验模型，由多位专家分别独立地对目标问题进行评判，而后进行汇总、反馈，再集中评判，循环往复直至得到一致意见。这一方法实现了评价方法的客观性，可以得到具有极强代表意义的客观评价结果。对此结果进行标准化处理后即可得到有监督机器学习算法的数据集，再经过模型训练，即可得到稳定评价模型及评价标签，最终实现对网络思想政治教育的客观准确评价。

结语

大数据时代为网络思想政治教育创新发展提供了根本驱动力，需要从优化思维理念入手，指导理论构建和实践突破，要深入把握其内涵特征及重要功能，利用大数据的技术支撑和科学认知实现网络思想政治教育的科学性和现代化。

参考文献：

［1］周海燕，黄杨．网络视阈下学校思想政治教育的主体间性［J］．广州大学学报（社会科学版），2014，13（10）：72.

［2］骆郁廷．论网络思想政治教育的主体与客体［J］．马克思主义与现实，2016（2）：2.

［3］陈宗章，黄英燕．网络思想政治教育主体及其协同关系探析［J］．河海大学学报（哲学社会科学版），2017，19（4）：27.

［4］车品觉．决战大数据（升级版）：大数据的关键思考［M］．杭州：浙江人民出版社，2016：43.

智能思政：思想政治教育与人工智能的时代融合[①]

胡　华[②]

（华南理工大学马克思主义学院　广州　510640）

［**摘　要**］智能思政是思想政治教育创新发展的新形态。人工智能在“事”“体”“道”等层面为思想政治教育带来事物、生态和思维的变革，但也存在“效用”与思想政治教育整体性、“规则”与思想政治教育人文性、“明道”与思想政治教育生命性之间的矛盾。为推进变革和纾解矛盾，智能思政应从彰显育人价值、浸润育人情境、增强育人效果三个维度明确“可用之器”与“向善之道”的发展定位，强化技术运行逻辑与思想政治教育的有机契合，推动思政育人与人工智能的双向赋能，进而实现思想政治教育与人工智能技术的时代融合。

［**关键词**］人工智能；智能思政；器以载道；时代融合

在马克思主义技术观的视域中，人与技术的关系问题是核心问题。马克思在研究人与技术的关系时，将出发点确定为“从事实际活动的人”[1]。这一论断为深刻把握智能思政的逻辑起点与现实意涵提供了重要遵循。将人工智能引入思想政治教育领域，可形成智能思政这一思想政治教育新形态。智能思政依托“数据＋算力＋算法”的定义法则，以数据化、自动化的呈现方式推动思想政治教育资源的优化配置、载体的及时更新和手段的方便快捷，助益思想政治教育实现“器以载道”。当然，在此过程中，要有效规避人工智能可能诱发的情感交流弱化、价值需求淡化等问题，特别是要破除人与技术、价值理性与工具理性二元对立的片面思维，彰显育人价

---

① 本文系 2021 年度国家社科基金高校思政课研究专项项目“总体国家安全观融入高校思想政治理论课教学研究”（21VSZ068）、2020 年度广东省高校思想政治教育课题“网舆生态治理视阈下思想政治教育传播力研究”（2020GXSZ071）的阶段性成果。

② 胡华，华南理工大学马克思主义学院博士研究生，广东省冼夫人文化研究基地研究员。

值、浸润育人情境、增强育人效果，推动思想政治教育与人工智能技术的时代融合，更好地服务于思想政治教育的守正创新。

一、人工智能：思想政治教育革新的重要因子

“事”“体”“道”是中国哲学的重要概念。“事”具有外显性，是供人使用的有形之物。“道”具有无形性，体现事物的内在本质和运行规律。在智能化时代，人工智能在思想政治教育中常以外显性的、中介式的方式来展现其技术优势。所谓“事不离道、道不离事；道寓于事、事彰显道”[2]，即是此理。而“体”具有中介性，是贯通“事”与“道”的桥梁和纽带，如智能化的教学系统、课堂管理系统以及决策运行机制等。从“事”“体”“道”角度考察智能思政问题可以发现，人工智能虽然在载体、手段等“事”“体”层面变革了思想政治教育的外在形态，但彰显思想政治教育“道”之层面的育人目标、育人本质、育人价值，却未因外在形态的改变而发生根本改变。

（一）从“事”的角度看，人工智能促进了思想政治教育“事物”变革

思想政治教育的“事物”变革指向思想政治教育的工具及手段层面。从历史维度看，在原始社会，人们依靠语言开展思想交流和劳作沟通，并在协调合作的集体活动中形成社会实践，“成人礼”意义上的思想政治教育随之萌芽，“这一教育过程涵盖身体锻炼、道德教育、行为规范、意志品格训练和社会习俗教育等”[3]。随着社会的不断发展，人们发明了文字、纸张，思想政治教育的书写载体得以优化，信息流传时间得以延长。近代以来，不论是信息时代的电视、电话、广播媒介，还是智能时代的算力、算法、大数据，更是极大地拓展了人们获取知识的来源和范围，信息的保存和传播也更加快捷高效。尤其是智能时代的到来，人工智能以其强大的数据运算、深度的学习能力，更为深刻地影响和改变着社会各领域的存在状态。这不仅是对人的智力水平的全面考验，也引发了对思想政治教育的深切思考。于思想政治教育而言，智能思政推动了思想政治教育工具、载体、手段的新融合，使思想政治教育打破物理时空限制，在开放性、延展性、传输性等层面得以增强，并成为思想政治教育的新“事物”。

（二）从“体”的角度看，人工智能技术优化了思想政治教育“生态”氛围

思想政治教育的“生态”氛围指向思想政治教育的社会环境层面。这一指向可以从两个方面加以把握。一方面，人工智能构成了思想政治教育生态的主要方式。近代以来，印刷工业兴起，人们利用印刷技术突破人际交流限制，大量快速地传播知识和信息，由此进一步拓展了思想政治教育的活动空间和资源供给。以班级授课为主要模式的学校教育生态逐渐形成，并在信息时代得到进一步巩固。在这一教育生态中，形成了以教师的“教”与学生的“学”为主要形式的思想政治教育活动和以考试评价制度、育人管理制度、实践活动制度为主要制度的思想政治教育制度等。另一方面，人工智能优化了思想政治教育的育人生态。“对人的智能或认知活动的模拟范围或类型不断扩展从而模拟能力不断提升”[4]的人工智能，经历多次迭代升级后，已逐渐由数据领域、算法领域演进到应用领域、服务领域。这种演进趋势对思想政治教育的深刻影响表现在，思想政治教育不再局限于“学”与“教”两个环节，而是打破时空限制，通过信息化、数据化、智能化的教育载体和平台，优化了思想政治教育主体、客体、介体、环境共同构建而成的生态系统，使思想政治教育呈现出个性化、泛在化、过程化的特征，从而在尊重个体的选择性、激发个体的能动性的过程中重塑了思想政治教育“学以成人”的生态氛围。

（三）从“道”的角度看，人工智能技术推动了思想政治教育“思维”更新

思想政治教育的“思维”更新指向思想政治教育的内在本质和运行规律。人工智能推动思想政治教育“思维”更新，对思想政治教育的目标、价值、内容、本质产生了深刻影响。人们在智能时代将变得更加自主和自由，也更加需要新的思维理念来应对日益原子化、技术化的生活方式。从思想政治教育角度看，如果人工智能的工具理性仅仅或过分追求思想政治教育秩序的规范化、思想政治教育流程的畅通化，而忽视对个体价值需求的满足或精神生命的完善，那么，人的精神需求多样性就会被束之高阁，思想政治教育的人文关怀也会荡然无存。作为合目的性与合规律性相统一的思想政治教育新形态，智能思政应将个体的主体性、技术的价值性、人的全面发展性三个方面有机结合起来。其中，人的主体性与技术的价值性要求智能思政应

以工具理性为手段，凸现技术为人服务的根本价值；人的全面发展要求智能思政坚持以文化人，“凸现技术为人发展服务的特性”[5]。在三者有机结合的场域中，不断增强个体对人工智能的理解意识与接纳能力，引导个体形成正确的自我认知图谱与科学的技术运用思维，使个体由“数码人”向“载道人”转变，从而使智能思政发挥“对人的成长发展的积极作用和正向效应”[6]，彰显“道不远人”的思想政治教育意涵。

二、矛盾纠葛：智能思政应当规避的潜在风险

人工智能学者玛格丽特·博登曾对人工智能下了一个比较简练的定义：“让计算机完成人类心智能做的事情”[7]。虽然这一概念是一种描述性的括定，但也得到了学术界的认同和采用。从技术逻辑看，人工智能是“利用自己的学习能力实现对于人的智能和行为的模拟”[8]并以计算主义为主要呈现方式的技术形态。智能思政作为以数据与算法为技术支撑、以技术逻辑为运行法则的思想政治教育新形态，要实现器以载道、学以成人的目标，就要把握好技术运用与思政育人的矛盾问题，防止出现技术异化情形。

（一）技术追求“效用”与思想政治教育整体性的矛盾

“效用”指向的是现代技术视域下思想政治教育的育人手段或载体。各式各样的现代技术运用到思想政治教育领域，推动着思想政治教育向着技术思政、科技思政、精准思政的方向发展。但技术天然具有工具理性，这种工具理性往往欠缺对思想政治教育人文精神的价值分析，造成思想政治教育主客体之间的割裂甚至对立，使得思想政治教育者在享受现代技术快捷高效的同时，逐渐形成了所有思想政治教育都要借助技术才能展开的“技术依赖症”[9]。现代技术渗透到个体生命依存的诸多领域，思想政治教育也不例外。尤其是人工智能的勃兴，极大地推动了思想政治教育的现代化和信息化。智能化教具与传统教具相互补益，人机融合与人机协同模式席卷而来，使现代技术在作为数字原住民的现代个体生命发展过程中占据重要位置。然而，当人工智能成为思想政治教育的依赖甚至主宰时，人工智能就被赋予了过于“智”或“神”的色彩，演变为思想政治教育领域的“新宠儿”。在技术依赖症的惯性牵引下，“由技术理性主导的教与学将贬黜本真教育的生命意蕴”[10]，致使集生命性、价值性、社会性与技术性于一体的思想政治教育生态遭到破坏。

（二）技术遵循“规则”与思想政治教育人文性的矛盾

“规则”指向的是现代技术在思想政治教育领域中的运行标准和流程。以人工智能为代表的现代技术作为思想政治教育的技术承载，通过信息嵌入、代码驱动、算力运算、深度学习、数据输出的标准化规则和工艺化流程，持续生成思想政治教育的知识和信息。在智能思政视域中，标准化规则和工艺化流程发挥着规定性作用，即决定着数据和信息传输的量级、类型、方式和范围。事实上，这种标准化规则和工艺化流程缺少主体自觉意识，因而难以把握思想政治教育数据、信息的目标旨趣与运行意义。同时，正因标准化规则和工艺化流程在很大程度上规定了思想政治教育何以传播、如何传播、传播什么、传播多少但又无法理解数据和信息背后的目标与意义，所以思想政治教育内含的人文精神受到标准化规则和工艺化流程的影响，只能在既定算法规则、流程框架、预设程序内运行。个体体验思想政治教育的人文精神只能借助冰冷的数据交易来呈现。这造成思想政治教育人文精神无法充分感知外部世界，导致思想政治教育“很难在数据交易过程彰显其人文精神的社会关系向度”[11]。

（三）技术弱化“明道”与思想政治教育生命性的矛盾

“明道”指向的是现代技术蕴含的技术思维与技术价值。马克思以“现实的人”为逻辑起点探讨了近代工业社会中人与技术的关系问题，阐述了技术对于人的本质力量的深刻影响。现代技术渗透到社会文明的各个角落，思想政治教育作为传承文明价值、展现文明观念的阵地也因现代技术的广泛普及而发生深度变革。现代人在享用技术红利的同时，也容易陷入“技术的狂欢”，成为将个体生命嵌入现代技术中的“赛博人”，以至于现代技术反过来规约甚至宰制人的生命发展。从智能思政角度看，如果单纯从技术思维出发而不考虑技术背后承载的生命价值，那么，人工智能的运用至多停留在确立技术标准、明确技术规则、创设技术环境、优化技术手段、升级技术平台等外在层面，人的情感体验、价值选择、学习意义也只会被机械纳入机器“算法”之中。这将导致具有人格尊严、意义世界、精神需要的个体生命淹没在人工智能的“技术附魅”之中。一旦人的生命意义被技术蒙蔽，思想政治教育蕴含的人文精神、意义世界就会在人工智能的驱动下偏离启迪生命的正确轨道。在这个意义上，从“明道”维度考察智能思政，是思想政治教育协同人工智能发展的本体性思考，是找寻思想政治教育“安身立命”之所的必然性选择，也是思想政治教育坚守生命逻辑的前瞻性探索。

三、智能思政：“可用之器”与“向善之道”的时代融合

智能思政作为思想政治教育创新发展的新形态，明确了“可用之器”与“向善之道”的发展定位。“可用之器”着眼于有效性原则，指向智能思政的技术应用效果。“向善之道”立足于价值性原则，指向智能思政的育人本质功能。实现“可用之器”与“向善之道”的时代融合，可以从彰显育人价值、浸润育人情境、增强育人效果三个维度加以展开。

（一）彰显育人价值：由外部引入转向内在生长

彰显育人价值有外部引入与内在生长两种路径。前者从智能技术出发，使思想政治教育被动改变自身以适应智能技术；后者从思想政治教育需求出发，引导思想政治教育主动选择与运用智能技术。而要彰显育人价值，必须走由外部引入转向内在生长的路径。

其一，在技术运用中聚焦育人价值。价值问题主要涉及需要与满足的效应关系，与人们的生成发展和生命完善息息相关。只有当现代技术引入育人价值体系中并促使人们重新思考与革新这一育人价值体系时，现代技术才真正获得了“器以载道”的“身份认同”。在智能化社会，思想政治教育者要承认以人工智能为代表的现代技术驱动思想政治教育深度变革的必然性，且这种必然性要适应思想政治教育创新发展的现实需要。这意味着，智能思政在开展过程中，应充分彰显思想政治教育的建构性和超越性，“要坚持价值性和知识性相统一，寓价值观引导于知识传授之中”[12]，并通过唤起个体对内心世界中生命意义与成长价值的体认，培养“志于道、据于德、依于仁、游于艺”的全面发展之人。从育人实践看，思想政治教育以立德树人为根本任务和中心环节，运用马克思主义理论的科学性、真理性与道义性引导个体把握现实世界，理解生命意义，“牢记生活是连续的、多样的且被体验的，而不是被计算的”[13]，引导个体在真心认同科学理论、正确把握历史规律、深刻认识基本国情的基础上，做心中有家国、有社会、有美德的时代新人。智能思政这种将知识传授与价值引领有机统一，德智体美劳深度融合的价值追求，超越了以工具理性遮蔽价值理性的单纯技术路径，拓展为一种超越“术”而培养“道”的高阶教育路径。

其二，在技术精神中涵蕴育人价值。当人工智能运用到思想政治教育领

域时，作为技术运用者的思想政治教育者，不应将其仅仅视作工具、载体或手段的对象物。人工智能运用到思想政治教育领域的过程，应当是充分展现思想政治教育者育人目标、育人价值的过程。从这个意义上探讨智能思政的技术运用，人工智能就被赋予了技术精神的深刻内涵。技术精神从本质上看，“是由技术性质所决定并贯穿于技术行为之中的基本的精神状态和思维方式”[14]，并且内含价值理念和行为规范的理性自觉。它使现代技术有了服务人之活动、满足人之需要的价值承载。将技术精神融入现代技术运用的过程，也是对技术运用有效规制和理性引导的过程。进言之，人工智能对教育价值需要的满足与否、是否契合个体成长发展，归根结底要看人工智能嵌入后，利用技术精神有效约束其适用性与符合规律性的程度。在智能思政视域中，要善于挖掘人工智能蕴含的技术精神，并将这种技术精神同个体精神世界有机联结，推动思想政治教育过程中的每一个体从外在约束转向内在驱动，从技术运用转向人机共生，从关注外在技术社会转向体验内在精神生命，使其在向内的“认识你自己”中更好地认识他人和社会，从而实现智能思政场域中思想政治教育者主导性和教育对象主体性的有机统一。

（二）浸润育人情境：从技术本位到人之本位

技术作为人的发明物，兼具自然属性和社会属性。自然属性难以排除技术异化的潜在风险，“技术的社会属性则决定着技术异化的人为性及可控性”[15]。智能思政视域中的人工智能应当为思想政治教育主客体的双向互动创设良好条件，实现智能思政的育人情境从技术本位向人之本位转变。

其一，在技术运用中把握育人情境。“思想政治工作从根本上说是做人的工作”[16]，这项工作内在蕴含着育人、成人的价值内涵。将这种价值内涵融入人工智能并引导人工智能为“已”所用，必然会带来人工智能的情境变革。这种情境变革的关键在于是否有利于满足个体成长发展的价值需要。智能思政这一思想政治教育新形态，在很大程度上拓展了个体的学习情境和生命情境，丰富了个体的生命实践、增强了个体的自主学习动力，并促使思想政治教育主体在现实情境和虚拟情境深度结合的过程中，教育和培养生命自由发展之人。马克思曾主张人通过技术活动实现生命自由发展。他认为，人“具有有意识的生命活动”[17]，人在以技术活动为手段的社会实践中实现意识自由与活动自由，并最终到达体悟生命自由的情境。智能思政视域中的情境，应当以思想政治教育主客体之间的平等对话为主线，以情感交流为依托，以探究问题为导向，以个体主动学习为旨归。这样的情境在某种意义上就是一种“体悟生命自由”的情境。为达成这一情境目标，思想政治教育主体应“将虚拟网络场景与思想政治教育内容以及大学生的认知偏好有机结合，善于融‘教’于‘导’，寄‘情’于‘引’，将课本的理论知识转化为现实的人化叙事”[18]，在教与导、情与理、人与物、器与道的交融中感受智能思政的情境魅力。

其二，在技术运用中展现育人使命。智能思政的展开过程是在思想政治教育过程中传播育人知识、内化育人精神、内化技术理性、展现育人使命的过程。这一过程并不仅仅停留在表层意义上的技术手段、技术工具、技术载体等技术运用层面，更关涉到个体成长发展和生命完善的育人使命层面。不管人工智能如何融入，以何种方式融入思想政治教育，只有真正关照思想政治教育主客体的生活经验及生命意义，才能真正满足思想政治教育创新发展的时代需求。由此观之，智能思政只有激发个体在更高境界、更宽领域、更大平台追寻生命意义，把握时代脉搏，服务社会发展，才能引导个体在知识习得、素质提升、价值塑造过程中找到成长发展和生命完善的价值归宿。这意味着，智能思政必须打破时空限制、算法规制和算力钳制，融通思想政治教育走进人、培养人、发展人的现实意义，营造积极向上的育人环境，维系情感交融的育人关系，提供与时俱进的育人资源，运用显隐结合的育人方法，推动思想政治教育在个体具象化、立体化和生活化的认知建构过程中实现“润物细无声”的价值引领与使命担当。这亦是思想政治教育引导个体获得人生绵延不绝的精神动力的使命展现。

（三）增强育人效果：从注重流程到诉诸质量

无论开展何种思想政治教育，都要关注育人的质量和效果。质量和效果表现为对各种具体问题或活动流程的解决和优化程度。智能思政有利于缩短育人输出与育人目标间的差距，为提升育人质量预留实践空间。这也构成了智能思政增强育人效果的条件支撑。条件支撑只是增强育人效果的前置要素，而非终局目标。智能思政的终局目标在于通过缩短思想政治教育流程，优化思想政治教育情境，提升思想政治教育质量。也就是说，坚持增强育人效果的质量立场，坚守被人工智能工具理性遮蔽的育人本质，引导人工智能服务于个体的思想价值引领和全面发展需求，这才是智能思政增强育人效果的深层逻辑。

其一，增强育人效果是智能思政的根本目标。具体问题的解决或具体流程的优化虽然重要，但只是智能思政增强育人效果的外部呈现与阶段要求。

要推动智能思政的深度发展，必须聚焦育人效果的内在价值与终局目标。这一内在价值与终局目标要求，必须将个体的思想价值引领、全面发展需求置于核心地位。智能思政作为“将智能信息技术与教育教学全过程进行深度融合”[19]，是一种融人的智力、技术智能与思想政治教育于一体的思想政治教育新形态。智能思政通过手段、工具、载体层面以及理念、内容、形态等层面的变革，构建了蕴含强大智慧、凸显高阶智能、打破时空阻隔的思想政治教育生态系统。要充分发挥智能思政这一生态系统的育人功能，应以“现实的人”为逻辑起点，在思想政治教育理念上由技术理性到价值理性转变，在思想政治教育方式上由辅教辅学到双向互动转变，在思想政治教育载体上由技术场域向人机协同转变，推动个体“转识成智”“转智成德”，实现思想政治教育的便捷化、过程化与技术运用的人性化、生命化的有机结合。同时，通过智能思政挖掘个体的生命潜能，强化个体的主体意识，推动思想政治教育本身充满智慧，促进个体的全面发展及个体德性修养的提升。如此一来，智能思政就获得了技术运用适恰与育人效果增强双重价值的“身份认同”，达成智能思政集知识传承、人格塑造、生命完善于一体的发展目标，并在可用之维与增智之维两个层面为增强育人效果提供强大动能和现实场域。

其二，人的主体地位是智能思政的效果指向。如同马克思主义技术观中将人与技术的关系视作核心问题一般，智能思政视域中的人与技术的关系问题也是其核心问题。技术作为人的本质力量的延伸，虽然被赋予了技术精神的人文内涵，但更多时候扮演的还是对象性的工具或手段的角色。在现代社会，人的需求具有丰富性、多变性，人的发展具有动态性、全面性。人在满足生存需要的基础上，必然会关注自身本质力量的不断延伸，尤其关注现代技术发展对自身思想观念、价值选择和精神文化需求等层面的影响。人工智能作为现代技术的典型代表，如何实现人机与共，是个体审视自身思想观念、价值选择和精神文化需求必然会关注到的焦点问题。人机与共是“人机和谐、共建人机命运共同体的美好愿景”[20]。从这个角度考察智能思政，其最大意义是“让每个人在技术的帮助下，获得最大的自由，体现最大的价值，并从中得到幸福”[21]。从这个角度出发，智能思政应充分尊重个体的主体地位和成长成才规律，注重引导个体在数据化的算法世界中明辨是非、崇德向善、坚守信仰、追求卓越，从根本上克服人简单将人工智能视作工具、手段的技术逻辑以及人工智能机械地将人视为对象、模型的算法逻辑的局限。同时，智能思政应将技术运用融入“关心厚爱”与“严格要求”

的辩证统一过程，以“严管”与“厚爱”有效打破在信息茧房、算法推荐“溺爱”与“放纵”背后隐匿的以群体性符号标定个体特征的数据化逻辑，促使有力量、有意义、有价值的人文关怀引导个体善待、善用人工智能，“赋予算法和数据以主体性必然要求，回归人的本质规定性，追寻人的主体性发展”[22]，引导个体超越对人工智能的外部依赖与被动接受，创设生命成长的主体境域，构建精神丰盈的主体世界。

参考文献：

[1] 中共中央马克思恩格斯列宁斯大林著作编译局．马克思恩格斯选集：第1卷［M］．北京：人民出版社，2012：152.

[2] 何中华．马克思与孔夫子　一个历史的相遇［M］．北京：中国人民大学出版社，2021：141.

[3] 滕大春．外国教育通史：第1卷［M］．济南：山东教育出版社，1995：10.

[4] 肖峰．人工智能与认识论的哲学互释：从认知分型到演进逻辑［J］．中国社会科学，2020（6）：50.

[5] 马鸿霞，朱德全．器以载道与学以成人：智能化时代教学价值的逻辑理路［J］．中国电化教育，2020（4）：48.

[6] 杨威，耿春晓．人工智能时代思想政治教育发展的可能议题［J］．思想教育研究，2021（10）：50.

[7] 博登．人工智能的本质与未来［M］．孙诗惠，译．北京：中国人民大学出版社，2017：3.

[8] 腾讯研究院．人工智能：国家人工智能战略行动抓手［M］．北京：中国人民大学出版社，2017：24.

[9] 胡华，何小春．课堂教学技术依赖症的困境及其超越［J］．教学与管理，2020（21）：16.

[10] 刘济良，马苗苗．智能时代下教育的困境与坚守——基于生命哲学的视角［J］．教育发展研究，2021（20）：2.

[11] 吴凯．区块链赋能思想政治教育的技术逻辑、风险挑战与实践策略［J］．思想教育研究，2021（6）：46.

[12] 习近平．习近平谈治国理政：第3卷［M］．北京：外文出版社，2020：330－331.

[13] 弗洛里迪．在线生活宣言：超连接时代的人类［M］．成素梅，孙越，

蒋益，等译．上海：上海译文出版社，2018：33.
［14］樊勇，高筱梅．技术精神：一种值得关注的精神形态［J］．学术月刊，2011，43（6）：18.
［15］张弘政．从技术的二重性看技术异化的必然性与可控性［J］．科学技术与辩证法，2005（5）：64.
［16］习近平．习近平谈治国理政：第2卷［M］．北京：外文出版社，2017：377.
［17］马克思．1844年经济学哲学手稿［M］．北京：人民出版社，2018：205.
［18］胡华．人工智能嵌入大学生思想政治教育的SWOT分析及应对策略［J］．思想政治教育研究，2021（4）：119.
［19］胡钦太，刘丽清，郑凯．工业革命4.0背景下的智慧教育新格局［J］．中国电化教育，2019（3）：3.
［20］张立文．和合人生价值论——以中国传统文化解读机器人［J］．伦理学研究，2018（4）：8.
［21］李开复，王咏刚．人工智能［M］．北京：文化发展出版社，2017：290.
［22］王贤卿．以道御术：思政教育对智能算法技术弊端的克服［J］．毛泽东邓小平理论研究，2021（2）：43.

21 世纪以来我国网络思想政治教育研究的现状、热点及趋势[①]

——基于中国知网（CNKI）核心数据库文献的可视化分析

杨　杰　罗　骏[②]
（中国民用航空飞行学院人文艺术研究所　德阳　618307；
四川大学公共管理学院　成都　610065）

［**摘　要**］互联网是新时代思想政治工作的最大增量，发挥好网络思想引领和价值塑造的作用，亟待全面推进网络思想政治教育。以中国知网（CNKI）核心数据库刊载的2000—2021 年网络思想政治教育领域的1094 篇文献为分析数据，用 CiteSpace 绘制可视化知识图谱，结合文献计量法，统计分析文献的时间、机构、作者、期刊、关键词等内容，探究网络思想政治教育研究的现状、热点及趋势。结果表明：研究机构以理工类、综合类和师范类高校为主体，发文作者以高校思政理论类教师为主，发文期刊以马克思主义和教育学领域为主。研究热点概括为网络思想政治教育的主体、内容和环境等，研究趋势呈现出探索、发展和深化三个阶段。

［**关键词**］网络思想政治教育；21 世纪；可视化；CiteSpace

互联网时代思想政治教育的主体、内容和环境已经发生深刻变革。网络融入人们日常生活中，对人们的价值观念、思维方式和行为习惯等产生影

---

①　本文系教育部人文社会科学研究专项任务项目（高校辅导员研究）“新媒体环境下大学生网络文明素养培育路径研究”（22JDSZ3171）、四川省教育厅网络思想政治教育研究项目“高校思政类公众号‘四史’宣传教育影响力研究”（CJWSZ21－17）、德阳市哲学社会科学研究“十四五”规划项目“新媒体融入高校‘四史’教育路径研究”（DY21C068）、中央高校基本科研业务专项资金资助项目“信息生态视角下高校网络思想政治教育协同研究”（QJ2021－093）的阶段性成果。

②　杨杰，中国民用航空飞行学院人文艺术研究所助理研究员；罗骏，四川大学公共管理学院教授、硕士生导师。

响，并已成为思想政治教育的前沿阵地。面对国外不良思潮的侵袭，筑牢网络思想政治教育防线已刻不容缓。2021年2月，中国互联网络信息中心（CNNIC）发布的《第47次中国互联网络发展状况统计报告》数据显示，我国网民数量到2020年底已高达9.89亿[1]，约占总人口的70%。为此，2021年7月，中共中央、国务院印发的《关于新时代加强和改进思想政治工作的意见》提出，要“加强网络思想政治工作，深入实施网络内容建设工程，加强网络传播能力建设，依法加强网络社会管理，推动思想政治工作传统优势与信息技术深度融合”[2]。2021年9月，中共中央办公厅、国务院办公厅出台的《关于加强网络文明建设的意见》强调了加强网络空间的思想引领、文化培育、道德建设等7个工作目标。[3]以上政策的制定为开展网络思想政治教育提供了制度引领，有助于丰富网络思想政治教育的理论与实践研究。

通过梳理已有研究成果，我们发现，网络思想政治教育研究主要涉及概念与内涵、主体与客体、问题与对策等方面。关于其概念与内涵研究代表性的两类观点：一是将网络作为载体或工具进行思想政治教育，二是对网络用户的网络素养、思想道德等进行教育引导[4]44。关于其主体与客体研究则大致可分为：以高校中的学生、教师、党团组织、新媒体部门等个体、社团、组织机构等为主体，以新媒体平台（微博、微信、抖音等）、内容（理论教育、网络文化、舆论引导、信息传播、人际交往等）以及其所处的内外部环境等为客体[5]。关于问题与对策的研究，主要是围绕网络思想政治教育的理论基础、主体与客体间的互动关系以及实效性等方面展开[6]。基于此，本文采取可视化知识图谱系统梳理我国网络思想政治教育研究发展历程以及研究热点和发展趋势，以期为加强新时代网络思想政治教育工作提供参考和借鉴。

一、数据来源与研究方法

（一）数据来源

本文通过在CNKI数据库中，使用“高级检索”功能，检索条件分别设定为：篇名=“网络”并含“思想政治教育”，“互联网”并含“思想政治教育”，时间=“2000—2021”（检索时间为2022年2月18日），来源类别=“核心期刊、CSSCI”，共检索到1133篇文献作为分析数据，剔除资讯、书评等无关文献39篇，最后保留1094篇。

（二）研究方法

可视化知识图谱可帮助研究人员掌握相关研究领域的概况、热点和趋势等[7]。本研究选择CiteSpace可视化图谱分析软件，结合文献计量法，对网络思想政治教育领域的研究文献，对发文的时间、机构、作者、期刊和关键词等内容进行统计分析。通过系统梳理已有网络思想政治教育研究成果，发现目前其研究存在的问题，为未来的研究提供参考。

二、网络思想政治教育研究的概况

（一）发文量分析

年度发文量的分布情况反映网络思想政治教育研究领域的发展趋势。如图1所示，网络思想政治教育研究经历了三个阶段：一是探索阶段（2000—2007年），该阶段发文数量182篇，占比16.64%，主要探索网络与高校思想政治教育融合过程中的技术应用、队伍建设和平台系统等问题，这与2000年出台的《关于加强高等学校思想政治教育进网络工作的若干意见》和2004年出台的《关于进一步加强和改进大学生思想政治教育的意见》中的要求息息相关。二是发展阶段（2008—2015年），这期间发文量迅速增加，发文数量538篇，占比49.18%。在延续前一阶段的基础上，研究的范畴持续拓展，重点包括网络媒体、网络舆情以及新媒体等方面，这与2013年发布的《关于进一步加强高等学校网络建设和管理工作的意见》和2015年发布的《关于积极推进“互联网+”行动的指导意见》的要求高度契合。三是深化阶段（2016—2021年），发文数量374篇，占比34.19%，该阶段的研究呈现出鲜明的时代特征。随着网络深度融入人们日常学习工作生活中，对新兴技术（区块链、大数据等）的应用、网络空间治理、网络直播、网络教育等网络思想政治教育的理论与实践案例的研究不断强化，学科交叉融合的趋势日益明显。这与2017年出台的《关于加强和改进新形势下高校思想政治工作的意见》、2019年出台的《网络信息内容生态治理规定》、2021年出台的《关于新时代加强和改进思想政治工作的意见》和《关于加强网络文明建设的意见》紧密相关，凸显网络思想政治教育工作紧跟党中央的政策，与时俱进。

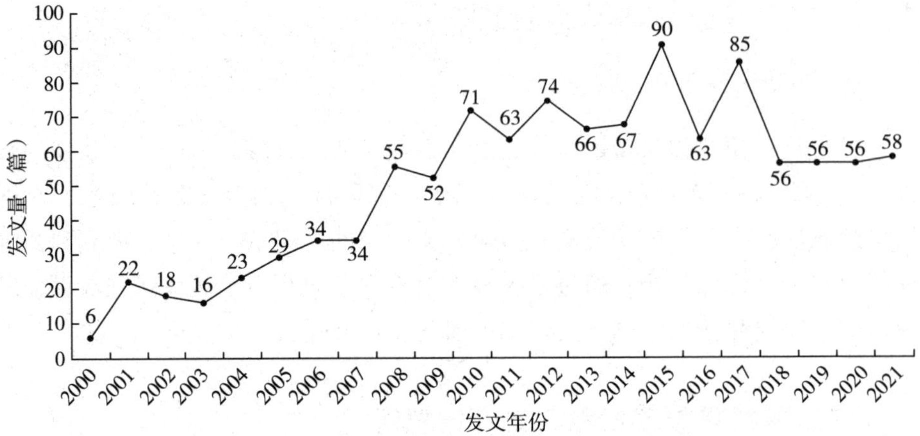

图 1　2000—2021 年国内网络思想政治教育研究发文量分布图

（二）发文机构分析

机构发文量是评价其在网络思想政治教育研究领域的作用和影响的重要指标。本文统计分析 1094 篇文献中研究人员所属机构情况（见表 1）。表 1 数据显示，发文量在 14 篇及以上的机构有电子科技大学、中央财经大学、清华大学、武汉大学、湖南科技大学、上海交通大学和华中师范大学。它们都是网络思想政治教育研究领域的核心力量。从院校属性来看，发文量在 10 篇及以上的机构中，“双一流”高校有 9 所，且形成了以理工类、综合类和师范类的院校为主体的研究力量。从地域分布来看，研究机构的地域性差异明显，发文量在 10 篇及以上的机构，有 3 所高校的地区仅有华北地区、华中地区和西南地区，且以北京、武汉、成都的高校居多，而西北地区的研究力量较为薄弱。以上数据充分说明网络思想政治教育的研究与地区经济发展水平、网络基础设施建设高度相关。

表 1　2000—2021 年国内网络思想政治教育研究高发文机构（数量≥10 篇）

序号	机构名称	发文数量（篇）	序号	机构名称	发文数量（篇）
1	电子科技大学	31	8	重庆邮电大学	12
2	中央财经大学	26	9	西南交通大学	11
3	清华大学	17	10	哈尔滨理工大学	10
4	武汉大学	17	11	东北师范大学	10
5	湖南科技大学	17	12	北京交通大学	10

续表1

序号	机构名称	发文数量（篇）	序号	机构名称	发文数量（篇）
6	上海交通大学	16	13	河南师范大学	10
7	华中师范大学	16			

（三）发文作者分析

发文数量是体现网络思想政治教育研究领域内研究人员在该主题的影响力的指标。核心研究人员的测度可参照普赖斯公式 $M = 0.749\sqrt{N_{max}}$，其中 M 为核心研究人员最低发文量，N_{max} 为该领域研究人员个人最高发文量，经计算，网络思想政治教育核心研究人员最低发文量不低于3篇。如表2所示，发文量在4篇及以上的学者有16位，发文量排名前3的胡树祥、吴满意、张瑜和谢玉进是该领域的权威专家，且形成了较为系统的研究。从核心研究人员所属单位看，马克思主义学院的有10名，占比62.5%，其余研究人员的单位分散在德育、社科、政治、科研等部门，说明对于网络思想政治教育研究的核心力量集中在人文社会科学领域，缺少信息科学领域的研究人员，学科交叉研究有待进一步加强。

表2　2000—2021年国内网络思想政治教育研究高发文作者（数量≥4篇）

序号	姓名	发文数量（篇）	所属单位	序号	姓名	发文数量（篇）	所属单位
1	胡树祥	18	中央财经大学马克思主义学院	9	胡恒钊	6	江西农业大学政治学院
2	吴满意	10	电子科技大学马克思主义教育学院	10	骆郁廷	6	武汉大学马克思主义学院
3	张瑜	9	清华大学高校德育研究中心	11	陈宗章	4	南京邮电大学马克思主义学院
4	谢玉进	9	电子科技大学马克思主义教育学院 中央财经大学马克思主义学院	12	陈华栋	4	上海交通大学马克思主义学院
5	曾令辉	8	广西师范学院马克思主义学院 南宁师范大学马克思主义学院	13	张光慧	4	怀化医学高等专科学校思想政治理论课部
6	宋元林	7	湖南科技大学马克思主义学院	14	韦吉锋	4	广西教育学院科研处

续表2

序号	姓名	发文数量（篇）	所属单位	序号	姓名	发文数量（篇）	所属单位
7	朱志勇	6	盐城工学院社会科学部	15	元林	4	北京交通大学人文社会科学学院
8	熊钰	6	西南交通大学马克思主义学院	16	杨直凡	4	电子科技大学公共管理学院

注：张光慧，怀化医学院高等专科学校思想政治理论课部，是现在怀化医学高等专科学校马克思主义学院的前身。

谢玉进曾为电子科技大学马克思主义教育等院博士研究生，毕业后入职中央财经大学马克思主义学院。

曾令辉先后在广西师范大学马克思主义学院和南宁师范大学马克思主义学院任职。

（四）发文期刊分析

统计分析刊载网络思想政治教育相关文献量不少于10篇的期刊发文情况，可以识别该领域的重点期刊。如表3所示，发表网络思想政治教育研究成果的期刊除《求实》和《新闻战线》两种期刊外，其余全部分布在马克思主义和教育学领域。由此可知，网络思想政治教育的研究成果，绝大多数都刊发在马克思主义和教育学的期刊，在其他专业类型的期刊发表数量较少。这充分说明该领域研究主力军是思想政治类、教育类的研究人员，非思想政治的专业类教师在相关学科专业期刊的成果较少，凸显出网络思想政治教育研究的学科分布不平衡问题。

表3　2000—2021年国内网络思想政治教育研究高发文期刊（数量≥10篇）

序号	期刊名称	发文数量（篇）	序号	期刊名称	发文数量（篇）
1	学校党建与思想教育	164	9	教育探索	28
2	教育与职业	85	10	思想政治教育研究	25
3	思想教育研究	64	11	中国高等教育	18
4	中学政治教学参考	59	12	教学与管理	13
5	思想理论教育导刊	47	13	求实	12
6	中国成人教育	42	14	新闻战线	11
7	黑龙江高教研究	39	15	教育评论	10

续表3

序号	期刊名称	发文数量（篇）	序号	期刊名称	发文数量（篇）
8	思想理论教育	29	16	中国高教研究	10

三、网络思想政治教育研究的热点

高频关键词是确定研究领域中热点问题的主要参考指标[8]。如图 2 所示，将网络思想政治教育相关高频关键词（见表4）及 9 个聚类进行归纳形成3 个热点研究主题，即网络思想政治教育的主体、内容和环境。其主体包括：聚类#0 教育者、聚类#1 大学生、聚类#2 高校。内容包括：聚类#3 网络、聚类#4 互联网 +、聚类#8 互联网。环境包括：聚类#5 网络传播、聚类#6 对策、聚类#7 网络环境。

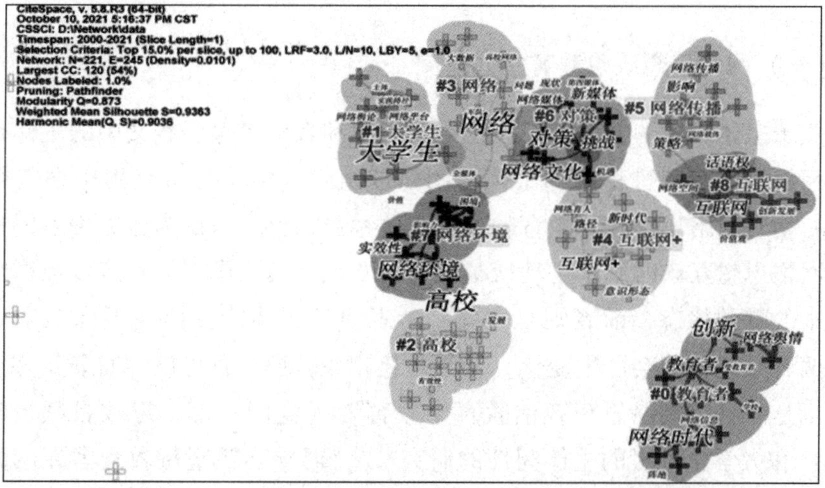

图 2　2000—2021 年国内网络思想政治教育研究关键词聚类图谱

表 4　2000—2021 年国内网络思想政治教育研究高频关键词（频次≥3 次）

序号	关键词	频次（次）	序号	关键词	频次（次）
1	网络	192	16	新时代	9
2	大学生	171	17	思政教育	9
3	高校	140	18	网络社区	8
4	创新	54	19	网络传播	8

续表

序号	关键词	频次（次）	序号	关键词	频次（次）
5	对策	52	20	网络媒体	7
6	网络时代	50	21	意识形态	7
7	互联网 +	46	22	网络平台	6
8	网络文化	39	23	网络空间	5
9	网络环境	38	24	大数据	5
10	教育者	21	25	网络育人	5
11	挑战	19	26	网络信息	5
12	网络舆情	16	27	网络直播	3
13	新媒体	15	28	网络道德	3
14	话语权	14	29	网络载体	3
15	实效性	13	30	网络治理	3

（一）网络思想政治教育主体研究

关于主体研究的关键词有高校、大学生和教育者等。本文中的主体是指参与网络思想互动过程中的个体、团体或组织。学者的研究集中在三个方面：一是对网络思想政治教育的主客体关系进行界定，认为区分两者的标准是在网络思想互动时属于主动或被动、主导或从属、深层影响或浅层影响这三类中的哪种状态，前者则是主体，后者便是客体[9]。但在不同时空条件下，两者角色功能会产生变化，甚至角色相互转换，且可以同时兼具多重身份。二是对高校网络思想政治教育中教育者（党团干部、思政教师、辅导员等）和大学生两者的主体间性的研究[10]，倡导既要坚持教育者在网络舆情引导和意识形态工作中的主导地位，也要关注提升大学生的主体能动性，促进两者良性双向互动。三是重点围绕不同时期网络发展阶段特征，对政府、新闻媒体机构、高校教育者、大学生等主体，从顶层设计、网络素养、网络文化和网络平台等方面存在的问题以及相应的对策展开研究，增强网络思想政治教育的实效性。[11],[12]128

（二）网络思想政治教育内容研究

关于内容研究的关键词有网络文化、网络舆情、网络信息和网络道德等。本文中的内容是指在一定的环境下主客体进行网络思想交流互动过程中，所传递有关网络文化、网络道德、网络安全、网络法规等各方面的知识，是网络空间治理的重要议题。学者的研究有三个方面：一是基于马克思主义、新闻传播学以及心理学等多学科的经典理论，对网络思想政治教育内容设置与传播展开研究[13]，增强主体的话语权，及时有效地把控网络舆情；二是围绕如何通过网络文化、网络道德、网络安全、网络法规等多类型主题的宣传教育，引导网民坚持社会主义核心价值观和主流意识形态，提高网络文明素养，自觉抵制西方不良思潮和低俗网络信息的侵袭[14]；三是针对“三微一端一抖”等网络平台的出现以及大数据时代海量信息的涌现、网民碎片化的阅读习惯这些问题，研究组合使用文字、音频、图像、视频等多种形象生动的方式开展教育宣传[15]，以及强化对相关内容和形式的审查监管，发挥网络的正向促进作用，提升网络传播效率，推动网络文明建设。

（三）网络思想政治教育环境研究

关于环境研究的关键词有网络时代、网络环境、新媒体、大数据、网络平台等。本文中的环境是指影响主体网络思想互动、内容生产、传递和监管的内外因素的总和。学者的研究大致分为三类：一是从政治、经济、文化和社会等外部环境着手，对网络思想政治教育产生影响的政策、资金、氛围和评价等的研究[16]。二是基于高校的网络思想政治教育制度、网络基础设施、网络文化、网络新媒体平台以及网络信息技术等内部环境，提出要以上级教育部门政策为纲领，结合实际完善相关信息发布、信息传播和信息监管的奖惩制度。要按照《高等学校数字校园建设规范（试行）》的要求，加大网络基础设施建设专项资金投入力度，引入大数据、云计算、区块链等信息技术，建立综合集成性的校园新媒体网络平台，用好易班、中国大学生在线、学习强国、青年大学习等全国性的网络教育平台[17]。三是立足于网络思想政治教育的系统性和协同性，强调要协调内外部环境，构建良好的网络思想政治教育生态环境[18]。

四、网络思想政治教育研究的趋势

关键词的时区分布图反映其在不同时间段的研究内容，有助于研究人员掌握网络思想政治教育研究主题的演变历程。由图 3 可知，网络思想政治教育研究的发展趋势可以总结归纳为探索、发展和深化三个阶段。

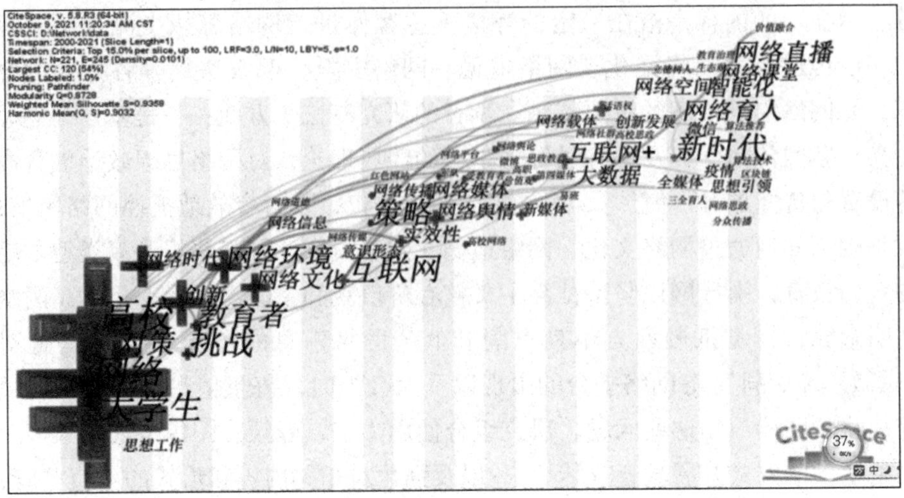

图 3　2000—2021 年国内网络思想政治教育研究关键词时区分布

（一）探索阶段（2000—2007 年）：理论研究持续推进

本阶段的热点关键词有高校、网络和大学生等。首先，学者们重点对网络与高校思想政治教育间的相互关系，以及两个学科领域的基础理论展开探讨，为网络思想政治教育实践提供理论遵循[19]。其次，按照教育部门相关政策文件，积极组建网络思政工作队伍，创新传统网络思想政治教育工作的方式；持续探索开发思想政治教育专题网页和网站，优化网络思想政治教育内容，并倡导培育优秀网络文化作品[4]47。此外，由强调教育者的绝对主导地位的"单向灌输式"教育，逐渐向教育者与受教育者"双向互动式"交流转变，营造良好的网络互动交流环境[20]。这一阶段的研究不仅为后续网络思想政治教育研究奠定了理论基础，同时也初步厘清了其研究的范畴。

（二）发展阶段（2008—2015 年）：实践案例全面拓展

本阶段的热点关键词有互联网、新媒体、网络舆情和策略等。一方面，互联网覆盖率的提高、网民群体的增加，给网络思想政治教育带来许多新的挑战。为此，学者主要针对在新形势下开展网络思想政治教育面临的困难与挑战，特别是网络舆情的监测与引导，从队伍建设、平台搭建和内容创新等多维度提出对策[21]-[22]。另一方面，对微博、微信和易班等新媒体网络平台，以及新闻网站、网络社区、传统媒体手机客户端等平台在网络思想政治教育实际运用过程中的优势和劣势进行比较分析，研究如何提高思想政治教育知识网络传播的影响力和公信力[23]。与此同时，为增强网络思想政治教育的实效性，从心理学、社会学和信息学等多学科视角，选择不同类型、不同层次和不同地域的高校，研究其体制机制、价值意蕴和成功经验等[24]。

（三）深化阶段（2016—2021 年）：协同创新发展深化

本阶段的热点关键词有新时代、“互联网 +”、网络育人、网络直播和网络空间等。一是以“三全育人”“网络育人”的理念为指导，对网络思想政治教育不同主体间的协同性进行研究，化解各自为政、条块分割的局面，增强网络空间治理效能，赋能网络思想政治教育主体协同创新发展[25]。二是注重网络思想政治教育内容创新，坚持内容为王，以质取胜的观念。在内容创作上坚持宣传弘扬社会主义核心价值观、中华优秀传统文化和国家安全知识等；结合党和国家历史上重大事件、重大节日和重大会议等，引导广大网民群体，尤其是青年学生增强文化自信[26]。三是基于网络思想政治教育环境日益复杂多样、新媒体平台大量涌现、网络信息来源多样、网络直播热度飙升，短视频成为最受网民喜爱的信息传播方式的情况，研究使用人工智能、区块链、大数据、算法推荐等技术[12]133，建立虚拟仿真实践场和“三微一端一抖”综合集成智能化网络平台，实现精准识别、自动监测和个性化推荐等功能，最终实现网络育人，思想引领的目标。

五、研究结论及展望

（一）研究结论

本文通过可视化知识图谱和文献计量，对国内网络思想政治教育研究领域文献进行系统分析，发现其在理论与实践方面取得了较为丰硕的成果。结果显示：第一，从文献时间分布来看，在 2008 年以前研究成果数量较少，此后数量大幅增加，呈波动上升趋势，研究热度逐渐提高。第二，从发文机构和发文作者分布来看，当前研究力量主要以理工类、综合类和师范类高校为主体，研究人员以高校思政理论类教师、高校及教育部门从事德育工作的领导和管理者为主，地区差异明显，且单位、人员间合作关系弱。对此，应鼓励跨学科、跨机构合作研究。第三，从发文期刊分析可知，马克思主义和教育学的期刊多，在其他专业类型的期刊发表数量较少，反映出研究人员的学科领域以思想政治类和教育类为主。未来，应积极推动不同学科领域对网络思想政治教育展开交叉综合性研究，提升其理论与实践研究成果的科学性与可行性。第四，分析关键词的聚类和时区分布，可将网络思想政治教育研究热点主题概括为网络思想政治教育的主体、内容和环境等，研究趋势呈现出探索、发展和深化三个阶段。

（二）研究展望

随着网络深度融合进网民的日常生活和学习工作中，网络思想政治教育已成为新形势下开展思想政治工作的关键路径。今后的研究还需要从以下三个方面重点推进：一是扩大网络思想政治教育研究范围。在深化高校网络思想政治教育的基础上，将中小学也纳入研究对象之中，并将其作为大中小德育工作一体化的重要内容之一，着力提升青少年网络素养。同时，倡导学科交叉融合，研究人员应有从事思想政治教育工作、新闻宣传工作和信息技术运维工作等不同领域的专家学者，改变理论研究与技术应用分离的窘境。二是丰富网络思想政治教育研究内容。在内容题材方面要与时俱进，深入挖掘习近平新时代中国特色社会主义思想、伟大建党精神、抗疫精神等，以及劳动（道德）模范、时代楷模和最美人物等先进典型事迹，持续推进网络内容建设工程。在内容组织形式上，要以网民喜闻乐见的形式进行网络宣传，综合使用音频、视频、图文等，采取讲故事、情景剧或短视频等形式，增强网络传播力、影响力、引导力和公信力。三是优化网络思想政治教育环境。一方面，要在上级相关部门政策框架下，综合政府、学校和企业等各方意见，制定切实可行的网络信息生产、传递和监管等各环节的具体实施方案，切忌流于形式。另一方面，加大专项资金投入，推动主流新闻媒体和学校思想政治教育类的“三微一端一抖”平台建设，推进媒体融合发展，构建全方位网络思想政治教育传播矩阵。此外，要组建网络思想政治教育专家库，同时运用大数据、云计算、人工智能等信息技术，也要确保技术应用符合网络思想政治教育的实际需求，提升网络舆情监管水平，巩固和壮大主流思想舆论。

参考文献：

[1] 中国互联网络信息中心. 第 47 次中国互联网络发展状况统计报告[R]. 北京：中国互联网络信息中心，2021：17.

[2] 中共中央、国务院印发《关于新时代加强和改进思想政治工作的意见》[N/OL]. 人民日报,2021-07-13[2022-12-11]. http://182.150.59.

104：8888/http/77726476706e69737468656265737421f4f6559d69206d5f6e048ce29b5a2e7b74a4/rmrb/20210713/1.

[3] 中办国办印发《关于加强网络文明建设的意见》[N/OL]. 人民日报，2021-09-15[2022-12-11]. http://182.150.59.104:8888/http/77726476706e69737468656265737421f4f6559d69206d5f6e048ce29b5a2e7b74a4/rmrb/20210915/1.

[4] 潘敏，陈中润，于朝阳. 高校网络思想政治教育研究综述 [J]. 高校理论线，2006（11）.

[5] 骆郁廷，李恩. 论网络思想政治教育的作用机理 [J]. 马克思主义与现实，2021（5）：179.

[6] 赵玉枝，胡树祥. 网络思想政治教育范式转换：内涵、成因及意义 [J]. 思想教育研究，2021（6）：36.

[7] 赵蓉英，魏明坤. 可视化分析视角下的国内竞争情报发展演进 [J]. 现代情报，2017，37（10）：166.

[8] 赵蓉英，余波. 国际数据挖掘研究热点与前沿可视化分析 [J]. 现代情报，2018，38（6）：133.

[9] 骆郁廷. 论网络思想政治教育的主体与客体 [J]. 马克思主义与现实，2016（2）：2.

[10] 张国宁，鲁燕. 主体间性视域下高校网络思想政治教育实现路径探析 [J]. 理论导刊，2019（5）：64.

[11] 梁钦，蒲清平，肖国芳. 大学生网络思想政治教育的范式演进与经验启示 [J]. 思想政治教育研究，2020，36（6）：147.

[12] 胡树祥，赵玉枝. 网络思想政治教育发展历程及未来趋势 [J]. 思想理论教育导刊，2020（6）.

[13] 王虹，刘朋. 近十年来网络思想政治教育研究述评 [J]. 教学与研究，2011（11）：79.

[14] 夏晓虹. 高校网络思想政治教育 [M]. 济南：泰山出版社，2010：18.

[15] 朱小娟. 从网民关注点谈网络思想政治教育内容的优化 [J]. 思想教育研究，2016（2）：83.

[16] 吴满意，宁文英，王欣玥，等. 网络思想政治教育生态系统研究 [M]. 北京：人民出版社，2019：123.

[17] 陈志勇. 网络空间治理背景下的高校网络思想政治教育应对 [J].

思想教育研究，2018（12）：112.
[18] 王学俭，顾超．思想政治教育整体性协同创新［J］．湖北社会科学，2016（12）：178.
[19] 刘梅．思想政治教育的现代方式——论网络思想政治教育建设［J］．河南师范大学学报（哲学社会科学版），2000（2）：103.
[20] 周六春．网络环境下的青年学生思想政治教育创新［J］．中国青年研究，2007（10）：86.
[21] 赵野．增强军校网络思想政治教育实效性的对策［J］．山西师大学报（社会科学版），2013，40（S4）：136.
[22] 神彦飞，金绍荣．提升大学生网络思想政治教育实效性的困境与路径［J］．思想理论教育导刊，2015（7）：127.
[23] 杨直凡，胡树祥．二十年来网络思想政治教育方法的发展历程［J］．思想教育研究，2015（4）：73.
[24] 张瑜．网络思想政治教育研究：发展历程、问题与方法［J］．思想理论教育导刊，2016（10）：135.
[25] 陈宗章，黄英燕．网络思想政治教育主体及其协同关系探析［J］．河海大学学报（哲学社会科学版），2017，19（4）：28.
[26] 曹杰．新时代大学生网络思想政治教育议程设置创新研究［J］．思想理论教育导刊，2020（6）：153.

党的十九大以来思想政治教育前沿热点问题透视

——以人大复印报刊资料《思想政治教育》为例

李丹琪[①]

（四川大学马克思主义学院　成都　610207）

［**摘　要**］以人大复印报刊资料 G2《思想政治教育》全文转载的论文为研究样本，可以跟踪思想政治教育前沿问题。我们通过构建原始数据库，运用 VOSviewer 可视化软件，围绕论文作者、关键词、原文出处、标题、内容提要、作者简介、学术论文转发期数等信息展开大数据分析，发现党的十九大以来，思想政治教育领域的研究热点呈现出聚集性和迁移性的特点，主要表现为研究主题多元化、研究视域开放化、研究方法多样化，在意识形态安全、社会思潮、网络话语权、高校思政工作体系、辅导员队伍建设、中国精神等领域提出了许多新观点新论断。立足新时代新方位，还需要结合史料，运用实证研究方法，推进“信息技术＋思想政治教育”研究模式，促进思想政治教育前沿问题研究的创新发展。

［**关键词**］党的十九大；人大复印报刊资料；思想政治教育；《思想政治教育》

对思想政治教育前沿问题的跟踪研究，是提高思想政治教育理论和实践研究水平的重要环节。党的十九大以来，以习近平同志为核心的党中央高度重视思想政治教育，提出了许多新思想、新观点、新论断，这些内容成为学界研究的热点。本研究以人大复印报刊资料 G2《思想政治教育》为数据源，采用科学计量软件 VOSviewer 进行可视化分析，目的在于通过梳理话语

---

① 李丹琪，四川大学马克思主义学院博士研究生。

主题，总结研究特色，发现研究不足，把握当前思想政治教育热点问题的研究态势和发展趋势，以助力推进新时代思想政治教育的创新发展。

一、数据来源

为了更精确地掌握思想政治教育学科研究动向与学术前沿，抓住学术热点与难点问题，我们需要选准研究对象。人大复印报刊资料 G2《思想政治教育》以其质量高而获得广泛社会认同，被众多高校列为重要研究成果来源。本研究以人大复印报刊资料数据的 G2《思想政治教育》中的论文为样本，时间跨度设定为 2017 年 11 月—2021 年 12 月，检索时间为 2022 年 2 月 12 日，共获得 603 篇转载文献。本研究运用 VOSviewer（版本号为 1.6.18）进行分析。该软件基于 Java 环境，核心功能是大规模数据共现聚类可视化分析。借助 VOSviewer 对该主题相关文献进行统计汇编，可以协助人们了解思想政治教育领域的研究热点、有影响力的文献、共被引量、作者、期刊等情况，并显示彼此之间的关系。本研究把文献作者、关键字、原文出处、标题、内容提要、作者简介、文章转载期数等从原始资料中提取后输入 Excel 表格，在 BDP 数据平台进行词云和词频分析，将原始数据转为 RIS 格式导入 EndNote 进行文献管理和筛选，最终并入 VOSviewer 软件进行可视化数据分析，形成研究热点知识图谱。

二、研究热点分析

（一）词云、词频分析

本研究首先通过 BDP 数据平台进行统计并且对提取的关键词、作者、原文出处进行词云分析。

1. 关键词

关键词是论文的核心范畴，体现了作者对文章内容的总体把握。对关键词的统计分析，可洞悉该领域的科研热点和进展动态。根据 BDP 数据平台智能分词整理出的关键词词云图（见图 1）和筛选出的关键词词频（见表 1）可知，思想政治教育词频共计 304 次，社会主义核心价值观词频共计 192 次。思想政治教育领域对“新时代”“意识形态”，特别是历史虚无主义社会思潮和“教育”“高校”“思想政治教育”“青年”主体等研究主题关注度较高。综合文献内容可知，研究者的重点在社会主义核心价值观、习近平新时代中国特色社会主义思想、国家意识形态安全性与话语权、“四史”、法治教育、爱国主义教育、劳动教育、中国精神等主题。

图1　党的十九大以来思想政治教育研究关键词词云

表1　党的十九大以来思想政治教育研究关键词词频前20

序号	关键词	词频	序号	关键词	词频
1	思想	165	11	历史	43
2	政治教育	139	12	社会	39
3	价值观	83	13	马克思主义	35
4	新时代	68	14	逻辑	34
5	意识形态	67	15	精神	32
6	价值	56	16	习近平	31
7	核心	55	17	青年	31
8	社会主义	54	18	新时代	31
9	教育	53	19	文化	28
10	高校	44	20	虚无主义	28

2. 作者被转载篇数

通过对作者文章的被转载篇数进行频次分析和排序，提取出发表篇数最多的前20名（见图2）。从20名作者的学科地位来看，其中既有学科领军人才，也有青年学术英才。结合表2前10位作者的文献转载基本信息可知：

有学者在人类命运共同体理念、宣扬爱国主义、塑造时代新人等领域颇有见解；有学者则聚焦大数据时代的网络环境和网络生态的构建，网络思想政治教育的概念建构和意识形态安全的维护等；还有学者对高校思想政治工作和辅导员队伍建设问题比较关注。总体而言，学者们立足我国改革发展的现实以及对思想政治教育学科创新发展的需求，为思想政治教育的创新发展和科学研究积极建言献策。

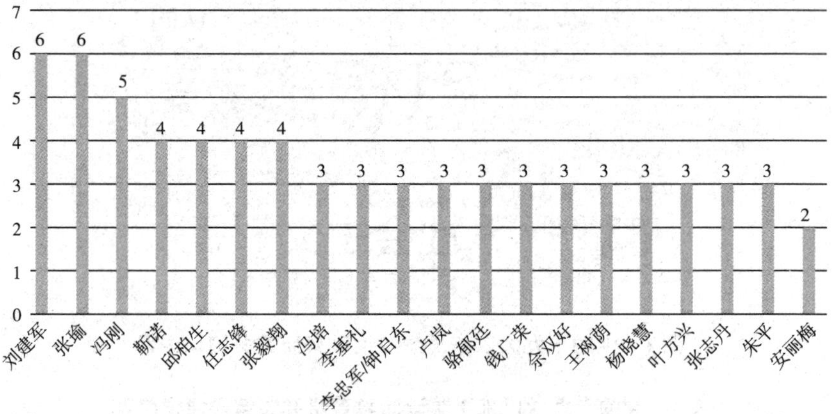

图 2　作者被转载篇数

表 2　文献转载基本信息前 10

序号	作者	单位	主要关键词	发文量
1	刘建军	中国人民大学	人类命运共同体/爱国主义/创新发展/时代新人/民族复兴大任/育人目标	6
2	张瑜	清华大学	互联网/思想政治教育/中国精神/实践发展/理论创新/网络环境/生态观/意识形态安全/教育主权	6
3	冯刚	北京师范大学思想政治工作研究院	高校思想政治工作/文化自信/社会主义核心价值观/高校辅导员/队伍建设	5
4	靳诺	中国人民大学	立德树人/党的领导/高校党的建设	4
5	邱柏生	复旦大学	思想政治教育/学科建设平台/基础理论创新/评价指标体系	4
6	任志锋	东北师范大学	道德教育/爱国主义/新时代/意识形态理论创新/方法论/价值观教育	4

续表2

序号	作者	单位	主要关键词	发文量
7	张毅翔	北京理工大学	改革开放40年/发展特质/时代展望/新时代思想政治教育/重大突发事件/实践逻辑	4
8	冯培	首都经济贸易大学	改革开放40年/高校思想政治教育/思想舆论/网络传播/顶层统筹/队伍素养	3
9	李基礼	首都师范大学	思想政治教育/研究范式/社会学理论/爱国主义/生命体验/先进典型/社会主义核心价值观/时代挑战/培育机制	3
10	卢岚	上海理工大学	网络思想政治教育/社会结构转型/大数据时代/数据范式	3

3．转载文献的原文出处

由表3和图3可知，《思想理论教育》《思想教育研究》《学校党建与思想教育》《思想理论教育导刊》《社会主义核心价值观研究》等刊发文章转载率排在前列。这在一定程度上反映出这些期刊是思想政治教育学科核心刊物，能代表该学科的文章水平，特别是在与同类期刊的比较中，具有较强的影响力与知名度。

表3　原文出处词频前10

序号	原文出处	词频
1	思想理论教育	88
2	思想教育研究	74
3	学校党建与思想教育	46
4	思想理论教育导刊	46
5	社会主义核心价值观研究	46
6	马克思主义研究	43
7	教学与研究	31
8	马克思主义理论学科研究	26
9	马克思主义与现实	13
10	思想政治教育研究	11

图3　原文出处词云图

（二）关键词共现与研究主题聚类分析

从文献的关键词中能获取一系列关于该研究的文本集合，而从关键词共现知识图谱中可以有效挖掘出该领域的热点问题。通过分析603篇文章的关键词共现知识图谱（见图4、图5），共获得1439个关键词，整个共现知识图谱以思想政治教育为核心，呈现放射状。为了更清晰地对高频关键词进行分类，本研究以每个关键词出现3次为阈值获得121个高频关键词（见图4），目的在于更好地梳理研究论题；同时以关键词出现2次为阈值获得242个关键词（见图5），以便对具体论题进行细致分析。在VOSviewer网络视图中，每一个圆圈代表研究的一种元素，主题节点的大小代表了与其他关键词共现的权重，即活跃程度。节点之间的连接线代表节点间的联系，连接线数量越多代表关联度越强。本文采取关键词共现知识图谱分析、主客观文本分类方法对文献进行梳理和划分研究主题，最终大致确定为八个方面的主题内容。

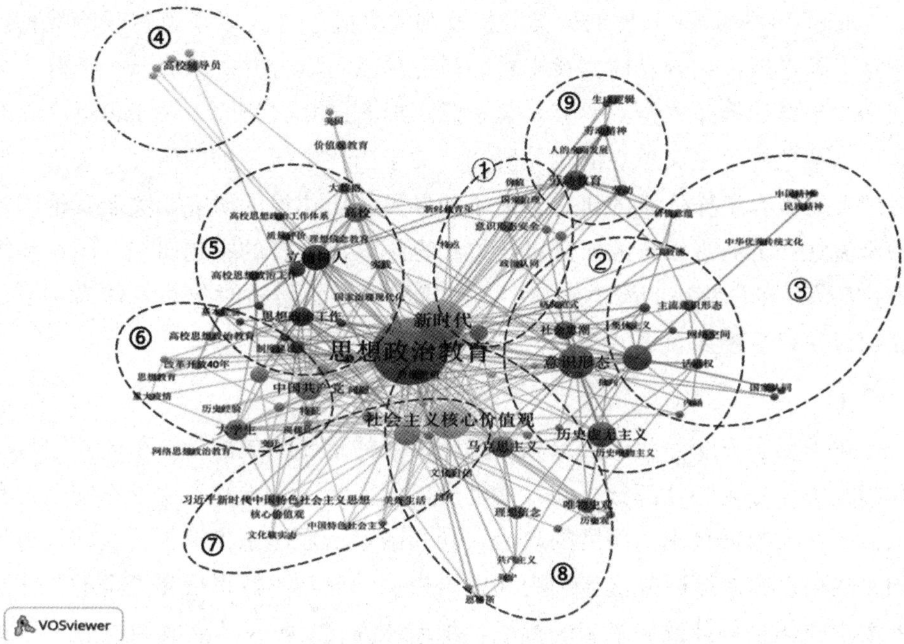

图 4　关键词共现知识图谱（出现 3 次为阈值）

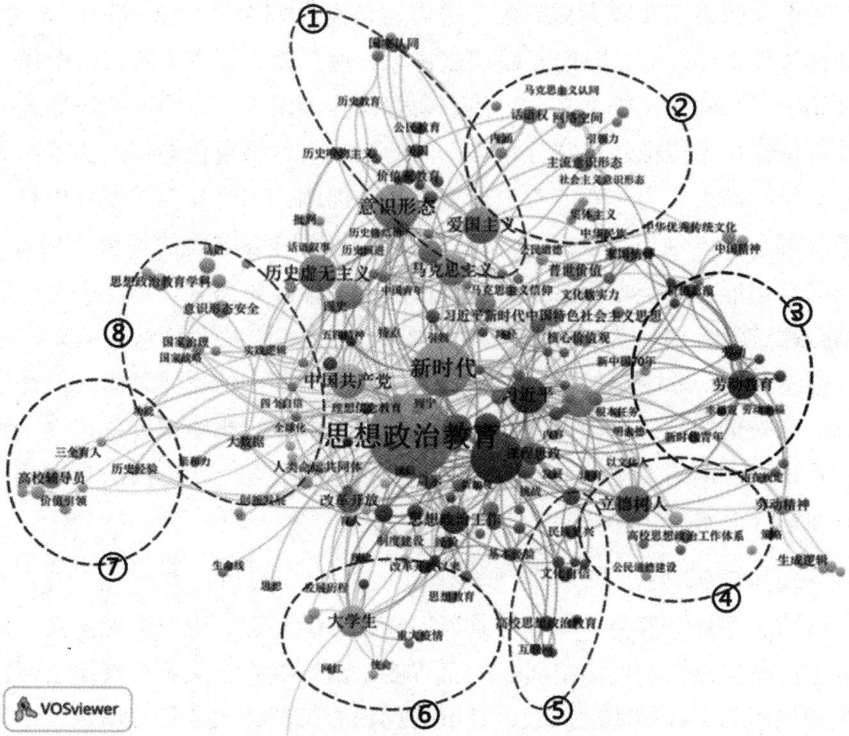

图 5　关键词共现知识图谱（出现 2 次为阈值）

通过 VOSviewer 软件的聚类分析发现，党的十九大以来思想政治教育研究有了新进展，结合具体文章来看，研究热点可以合并总结为八个部分，分别是关于意识形态安全的研究、关于意识形态的相关研究、关于习近平新时代中国特色社会主义思想的相关研究、关于当代中国精神的研究、关于高校思想政治教育工作体系的研究、关于辅导员队伍建设的研究、关于其他国家的价值观和价值观教育的研究以及关于思想政治教育的主题研究。图 4 和图 5 中边缘存在一些小的聚类族与主题链接不明显，可暂时忽略不作为主要热点探讨。以下主要就这八个方面的问题进行综述。

1. 关于意识形态安全的研究

意识形态安全是我国国家总体安全体系的重要组成部分。由图 4 序号①和图 5 中序号①和⑧部分可知，立足全球化视野，为维护意识形态安全，我们需要在大数据技术、高度的政治认同和国家治理体系支撑下，实施大数据国家战略，提高国际外交亲和力和话语权。学界对于意识形态安全的关注主要集中在信息科技发展带来的挑战。张瑜认为，“慕课已经成为西方国家进行意识形态输出的新平台，对我国意识形态安全产生了新的挑战”[1]。在网络空间中，网络无政府主义采取发送有害信息、制造非主流意识形态舆情、煽动群体性事件、对抗政府互联网监督等方法，助长了资产阶级自由化、历史虚无主义、网络民粹主义、封建残余意识等错误思想。当前意识形态安全面临着错误思想侵蚀、贫富分化等方面的挑战。网络灰色地带削弱了网络正能量。侯欣等人认为，西方意识形态渗透的加剧，加之社会转型催生我国当前思想观念多样性以及主流意识形态在文化和网络方面的优势不明显[2]，是当前意识形态安全方面存在的最大风险。为保障我国意识形态安全、建设网络强国，学者们认为在大数据时代要做到：一是强化马克思主义阵地建设，落实习近平总书记的网络安全观和意识形态安全的重要思想；二是增强意识形态安全领域的风险预防力量；三是加强群众思想道德体系建设，整合维护意识形态网络安全的协同力量；四是搞好理论宣传的网络大众化工作，抓好舆论导向对策工作。

2. 关于意识形态的相关研究

由图 4 序号②部分可知，与意识形态相关的元素有历史虚无主义、话语权、主流意识形态、网络空间、人工智能、历史唯物主义等。网络空间作为主流意识形态发挥功能的场域，是影响意识形态的最大变量和增量；多元并存的社会思潮特别是历史虚无主义的错误导向，需要用历史唯物主义揭示其反动本性并切实维护人民思想安全；人工智能时代的信息产品的生产、人工智能革命的推进是否会形成新的文明形态等多重复杂的问题都会影响意识形态。

学者们分别对社会思潮、话语权和主流意识形态进行了细致的研究。社会思潮是社会意识的“晴雨表”，对我国主流意识形态安全具有重大影响。王平总结了当前社会思潮的一生不良形态，即“新自由主义、保守复古主义、消费至上主义、虚无主义和新民粹主义”[3]。赵玲等人认为消费主义是一种隐蔽的、感性化的意识形态，要防范其对主流意识形态与民族精神的危害[4]。其中，文化消费主义集中呈现出消费意识庸俗性、消费行为商品奢华化、消费过程娱乐化、消费精神意识形态化等样态[5]，导致我国大众文化消费畸形发展。李向阳认为“以民粹主义为典型的不良社会思潮对我国经济社会发展带来了消极影响”[6]，其中特别是“网络炒作的社会舆论或群体事件、频频发生的网络暴力事件、狭隘偏激的网络群体和个人维权事件”[7]等网络民粹主义，影响更甚。历史虚无主义是改革开放之后伴随着资产阶级自由化思想而产生的一种政治思潮。随着中国经济社会的发展以及互联网科技的广泛应用，历史虚无主义又呈现出新的动态[8]。还有学者对欧美波普享乐主义等西方新自由主义展开研究，抨击资本主义的虚伪性。意识形态话语权是国与国之间“软实力”比拼的关键因素。学者们认为，西方发达国家经常通过话语挤压、政治丑化、经济控制、技术控制、文化解构等手段解构我国主流意识形态，并试图实现价值同化的妄想。在这场无硝烟的战争中，我们要重视话语体制构建，增强社会主义意识形态的解释力与说服力，也要注重互联网技术的突破、加强法治规制、注重思想教育引导，以及牢固把握互联网意识形态的主体话语权。

3. 关于习近平新时代中国特色社会主义思想的相关研究

由图 4 序号⑦聚类部分可知，社会主义核心价值观的培育、习近平新时代中国特色社会主义思想及其包含的一系列亲民、爱民、忧民、为民的理念和措施、文化软实力、人民对美好生活的向往、中国特色社会主义等元素得到学者们的重点关注。恩格斯指出：“每一个时代的理论思维，包括我们这个时代的理论思维，都是一种历史的产物，它在不同的时代具有完全不同的形式，同时具有完全不同的内容。”[9]思想理论界的研究主要包括：一是学习习近平新时代中国特色社会主义思想。其中包括人类命运共同体理念、强军思想、增强人民获得感等思想。二是把握习近平总书记的重要论述。其主要包括关于青年教育重要论述，积极推进立德树人、培育时代新人；把握高校意识形态话语权、开展公民道德建设、培养家国情怀、感受红色文化、弘扬爱国主义，把握社会主义奋斗幸福观、新时代文明观，掌握劳动的重要性、家庭德育在社会主义核心价值观教育中的重要意义等引领思想政治教育学科创新发展的相关论述。三是领会习近平总书记的重要论断。其中“依靠文化自信坚定理想信念”的重要论断，指出了文化自信对于坚定理想信念的重要性；“人民有信仰，国家有力量，民族有希望”重要论断，蕴含着中华民族生生不息的“强大基因”。这些重要论断体现了习近平总书记关于新时代思想政治教育的本质理念的认识。

4. 关于当代中国精神的研究

人无精神则不立，国无精神则不强。根据图 4 序号③和图 5 的散落点中与“精神”相关的部分可知，中国精神、劳动精神、民族精神、中华优秀传统文化、集体主义、国家认同、价值意蕴等元素是研究重点。学者们围绕当代中国精神的呈现样态进行大量深入研究。丁俊萍认为中国科学家精神是爱国主义精神、科学精神、奉献精神、奋斗精神、协同精神和育人精神六个方面的有机集合体[10]。在各个时代的不同阶段，一代又一代中国共产党人接续培育了中国精神，形成了内涵丰富的中国共产党精神谱系。谱系一：红色精神。其中伟大建党精神是中国共产党的革命精神之源；李大钊的崇高革命精神是建功立业的强大精神动力；五四精神中的爱国是力量根基，进步是重要表现，民主是鲜明旗帜，科学是价值追求[11]。谱系二：爱国主义精神。爱国主义精神以文化认同为存在基础。伟大的中国共产党人在为人民解放事业而奋斗中所凝聚成的伟大精神是爱国主义教育价值的精神之源[12]。在抗击新冠病毒肺炎疫情的斗争中爱国主义精神是爱国主义和集体主义精神在新时代的传承与弘扬，与构建人类命运共同体相统一，充实了中华民族精神与时代精神的内容。谱系三：劳模精神。列入中国共产党人精神谱系的劳模精神包括劳动精神和工匠精神。黄燕指出，新时代劳动精神在劳动人格、劳工权益、劳动使命、劳动实践、劳动成果等方面蕴含着丰富内涵[13]。刘自团认为“工匠精神”包括道乘精神、志业精神、伦理精神、超越精神和实践精神五方面[14]。匠技行为中处处都体现着勤劳之美和匠技之德的丰富内容。

5. 关于高校思想政治教育工作体系的研究

由图 4 序号⑤部分和图 5 序号④部分可知，高校思想政治教育工作以立德树人为圆心，辐射质量评价、制度建设、公民道德建设等领域。结合图表和文献内容可以得出，学术界对高校思想政治教育工作体系构建提出了不同看法。为构建科学教育评价体系，进而有效推动高校思想政治教育工作质量评估管理工作，郑敬斌认为要以立德树人为首要标准，健全课程思政教学的质量评价体系[15]。宗爱东认为思想政治教育工作体系要处理好三种矛盾：一是处理好思想政治教育工作与量化测评指标之间的矛盾，二是处理好具有社会主义性质的高校思想政治工作质量评价与国际接轨之间的矛盾，三是处理好短期指标与长期指标之间的矛盾[16]。总体来讲，学术界认为，面对体系构建的瓶颈性难题，可以通过激发内生力量，完善立德树人落实制度，从体系层面认识、把握制度和提供外源推力、内外协调等途径来突破。也有学者从大数据技术角度切入，认为要强化大数据分析技术在高校思想政治教育工作质量评价体系中的创新运用，深刻分析高校思想政治教育工作质量评价在大数据创新运用中存在的主要问题，并探寻有效措施，进而提升高校思想政治教育工作质量评估的科学化水平与管理水平。

6. 关于辅导员队伍建设的研究

中华人民共和国教育部令第 43 号《普通高等学校辅导员队伍建设规定》明确界定了辅导员在学生日常思想政治教育和管理工作中的角色，即“组织者、实施者、指导者”[17]。作为高校思想政治教育工作体系的重要后援成员，辅导员的专业化水平影响着学生成长成才和全面发展。由图 4 序号④部分和图 5 序号④⑤⑥⑦部分以及文献梳理可知，辅导员角色功能的发挥、“三全育人”的理念、价值引领以及历史经验等元素为学者们所关注。学界主要围绕辅导员队伍专业化、职业化发展过程中出现的问题展开研究：一方面是辅导员在认知与实践层面对自身专业化发展领悟不够透彻，没有把握好培养时代新人与满足学生需求之间的辩证统一关系。在思想理论教育和价值引领上，在对辅导员专业化建设的核心内涵理解上存在偏差，使得辅导员自身队伍的实际功能发挥不全。另一方面是当前大数据在高校思想政治教育工作中的应用还不够充分，使得辅导员的素养有待提升。面对辅导员队伍发展存在的不足，学者们认为，一是要树立条理化、纲领化的时间观念，以此塑造和培养辅导员的职业价值观念；二是要提升以政治、职业、文化为基础的核心素养；三是从外在环境即团队建设、平台搭建着手，做好辅导员梯队建设；四是要通过指标赋值、优化及评价实施工作来建立高校辅导员专业化发展评价指标体系。

7. 其他国家的价值观和价值观教育研究

国家价值观是基于国民所接受的共同观念所建立起来的观念体系，它以国家的核心价值观为基础。作为国家发展长期积淀的产物，它渗透在国家的制度和行为体系当中。学界对不同国家的价值观进行了研究。在关于美国的价值观和价值观教育研究中，有学者认为，美国的国家价值观的发展包括形成期、发展期和扩张期，以自由主义为核心，渗透在政治、经济、文化、社会、外交等领域。其中，政府、学校和社会组织等作为主体力量推动着美国价值观教育变革。在关于英国的价值观和价值观教育研究中，有学者从《科瑞克报告》看英国的公民价值观教育，认为早在20世纪末，英国就开始制订实施“积极公民养成计划”，由注重内在品德和政治常识学习，向倡导主动参与公共生活、发展政治理解和政治判断转变。但是经过近20年的发展，当代英国公民教育在应对现实政治认同危机、塑造国家认同上已经力不从心。在关于俄罗斯的价值观和价值观教育研究中，有学者从俄罗斯历史教育工作者和教材编写入手，认为俄罗斯通过强化对青年的历史传统教育、爱国主义教育，培养年轻一代对祖国历史文化的认同感和自豪感，树立正确的历史观。在关于以色列的价值观和价值观教育研究中，有学者认为其价值观教育特点是从文化熔炉模式转变为多元文化主义，并兼顾集体主义与个人主义价值理念的动态平衡。在关于新加坡的价值观和价值观教育研究中，有学者认为新加坡作为多元种族、宗教、语言和文化构成的国家，积极构建“共同价值观”保持社会稳定，即“一个民族、一个国家、一个新加坡”的核心价值观，在保持社会一致性和个性的某种自由度之间找到了一条中间的道路。

8. 关于思想政治教育的主题研究

(1) 从原著、历史文本的维度展开研究

从图4序号⑧部分可知，马克思主义、唯物史观、历史观、理想信念、共产主义、列宁和恩格斯等元素是学者关注的重点。由文献梳理可知，有学者对中国史料展开研究。例如从《论语》关于榜样的论述解读其实践价值，或者通过深入挖掘先秦墨家劳动价值观来倡导社会主义劳动价值理念。有学者从马克思恩格斯经典文本著作中挖掘关于思想政治教育的核心论断。例如研究《1848年至1850年的法兰西阶级斗争》一书体现的思想政治教育意蕴，揭示《〈黑格尔法哲学批判〉导言》中的思想政治教育价值立场和逻辑，探究《共产党宣言》中的思想政治教育思想实质。还有学者从党在抗战时期撰写的思想政治教育文本着手进行研究。例如从《徐光耀日记》所记载的基层部队士兵的日常状态，看战时中国共产党军队如何开展思想政治工作；从全面抗战时期的《解放日报》中的劳动英雄话语着手，围绕塑造平民英雄展开探析。

（2）从历史维度展开研究

由图4序号⑥部分可知，高校思想政治教育、改革开放40年、变迁等主题词被重点关注。通过文献梳理，关于“改革开放40年以来”的文章共计24篇，学者们分别从青年价值观的转型、高校思想政治教育发展的经验与展望、思想政治教育的发展特质、弘扬爱国主义精神的维度、青年价值观变迁轨迹、高校大学生思想热点变化、思想政治教育工作的困难和队伍建设的历程等展开研究。关于“新中国成立70年来”的文章共计15篇。理论界分别就德育理论发展面临的挑战、高校辅导员队伍建设的演变趋势、育人目标的演进与发展、高校思想政治教育的成就、思想政治教育的科学价值、思想政治教育模式的创新发展、主流意识形态传播的历史演进、军队政治工作“生命线”论断、核心价值观建设、中国共产党立德树人的时代展望、社会思潮与青年价值观嬗变的关系考察等问题展开讨论。

（3）从现实维度开展研究

由图4序号⑥部分以及文献梳理可得，新时代以来，关于高校思想政治教育、爱国主义、国家治理、辅导员、理想信念教育、立德树人、网络空间、价值观等相关研究共计87篇。学者们从大学生价值观认同、重大疫情、理想信念教育、网络行为样态、偶像崇拜等角度进行的相关研究共计35篇。例如从中美贸易战局势出发对中美两种意识形态较量进行考量，认为要警惕国际经济竞争中的西方意识形态霸权和政治影响，切实加强意识形态建设，营造价值观教育的良好社会生态。

三、研究结论与前瞻

本研究利用科学计量软件VOSviewer，对党的十九大以来高校思想政治教育研究领域的成果进行动态追踪和共现知识图谱分析，并得出以下结论：第一，关于党的十九大精神的学习宣传和对策研究仍是思想政治教育学科的研究热点。随着党的二十大的召开，对于会议精神的研究和阐释以及在教育教学中的贯彻落实，也将是研究的热点前沿问题。第二，关于习近平新时代中国特色社会主义思想、伟大建党精神、中国精神等相关研究热度不减，学者还可以从史料、马克思主义经典原著、网络热点话题、重大公共卫生事件、国际局势等方面继续深入研究。第三，网络意识形态建设、社会思潮、中美关系、主流意识形态网络话语权的构建和争夺成为思想理论界关注焦点。例如以疫情防控为契机，以网络作为博弈场域，分析我国意识形态安全建设中的风险及其对策；中美两国的利益博弈和意识形态之间的较量；社会思潮由单纯的学术争辩转向关注现实利益问题。随着大数据的广泛运用，这方面的研究将更加深入。

从已有的学术成果来看，目前的研究还存在如下不足：第一，实证研究亟待加强。通过文献梳理，运用 CiteSpace 等软件进行实证分析发现，对思想政治教育研究进行回顾与展望的文献仅有几篇，对思想政治教育实然状况的研究停留在“摆问题”式的现象罗列状态，理论研究对政策要求的回应较弱。例如，在研究高校思想政治教育体系构建和辅导员队伍的专业化、职业化发展时，相关评价指标构建、辅导员职责的落实、思政课程政策的落地等研究缺乏全面可靠的数据支撑，对实践经验的学理探析和规律总结缺乏深度，研究方法略显单一。第二，思想政治教育方法研究需深化。目前的研究大多停留在政治说教和宣传层面，表层性和重复性研究较多。例如红色文化的内涵、中国精神与思想政治教育的内在关联等问题缺少深厚的学理支撑。如何构建思想政治教育方法体系，对实操性问题、基础性理论进行规划设计，实现学科性研究创新发展，还需进一步深化。第三，思想政治教育基本原理研究亟须加强。从人大复印报刊资料转载的文献来看，党的十九大以来被转载的论文中，大多偏向于对现实问题的研究。相比之下，关于思想政治教育原理的相关研究成果较少。这从另一个角度说明，现在关于思想政治教育基本原理研究的论文水平还需要进一步提高。

参考文献：

[1] 张瑜. 西方慕课对我国意识形态安全的挑战及其应对 [J]. 思想理论教育，2017（9）：78.

[2] 侯欣，谢成宇. 国家意识形态安全风险防范能力提升刍议 [J]. 思想教育研究，2019（7）：39.

[3] 王平. 当前社会思潮的主要形态、渗透逻辑及其应对策略 [J]. 教学与研究，2019（6）：85.

[4] 赵玲，高品. 消费主义的中国形态及其意识形态批判 [J]. 探索，2018（2）：65.

[5] 殷文贵. 文化消费主义的存在样态及其意识形态批判 [J]. 思想理论教育，2019（10）：62.

[6] 李向阳. 民粹主义的主要影响与防范消解路径 [J]. 南开学报（哲学

社会科学版)，2020 (6)：29.

[7] 王奎，胡树祥. 网络民粹主义辨析 [J]. 社会科学文摘，2020 (7)：41.

[8] 谢晓娟，冯春. 历史虚无主义的新动态及其批判 [J]. 学校党建与思想教育，2021 (13)：34.

[9] 中共中央马克思恩格斯列宁斯大林著作编译局. 马克思恩格斯选集：第 3 卷 [M]. 北京：人民出版社，2012：873.

[10] 丁俊萍，李庆. 20 世纪五六十年代中国科学家精神及其价值 [J]. 思想理论教育导刊，2020 (3)：66.

[11] 刘经纬，郝佳婧. 五四精神的时代内涵及弘扬路径 [J]. 吉林师范大学学报 (人文社会科学版)，2020，48 (3)：64.

[12] 黄蓉生，徐佳辉. 新时代红岩精神的爱国主义教育价值论 [J]. 西南大学学报 (社会科学版)，2021，47 (5)：1.

[13] 黄燕. 新时代劳动精神的生成逻辑、核心内涵与弘扬路径 [J]. 思想理论教育，2019 (1)：97.

[14] 刘自团，李齐，尤伟. "工匠精神"的要素谱系、生成逻辑与培育路径 [J]. 东南学术，2020 (4)：80.

[15] 郑敬斌，李鑫. 科学构建课程思政教学体系谫论 [J]. 思想理论教育，2020 (7)：65.

[16] 宗爱东. 新时代高校思想政治工作质量评价发展研究 [J]. 思想理论教育，2021 (2)：49.

[17] 普通高等学校辅导员队伍建设规定[EB/OL]. (2017 - 09 - 27) [2022 - 02 - 15]. http://www.moe.gov.cn/srcsite/A02/s5911/moe - 621/201709/t20170929_ 315781.html.

新时代青年理想信念教育改革创新：意义、挑战及方略①

张　婕②

（四川大学马克思主义学院　成都　610065）

［**摘　要**］青年是祖国的未来、民族的希望。在新的历史条件下，加强青年理想信念教育是应对国内外风险挑战的必然要求，是实现中华民族伟大复兴中国梦的迫切需要，是助力青年成长成才的核心要义。伴随国际国内形势变化，青年理想信念教育在面临一系列机遇的同时，也面临着诸多挑战：西方意识形态渗透、社会转型期的矛盾凸显、“互联网＋”时代冲击、制度建设面临的“三重困境”等都影响青年理想信念教育。为此，推进新时代青年理想信念教育改革创新，应坚持深耕思想引领，营造主流价值“舆论场”；融入发展全局，把握时势变化“风向标”；推进方法革新，开创网络育人“新高地”；坚持齐抓共管，织牢制度规范“保障网”。

［**关键词**］新时代；青年；理想信念教育；意义；挑战；方略

习近平总书记强调：“青年一代有理想、有本领、有担当，国家就有前途、民族就有希望。”[1]“青年的理想信念关乎国家未来。青年理想远大、信念坚定，是一个国家、一个民族无坚不摧的前进动力。”[2]6站在实现“两个百年”目标的历史交汇点上，加强青年理想信念教育，培养坚定的青年马克思主义者不仅事关青年个人成长，更关乎党和国家事业发展。只有广大青年理想信念坚定，才能在人生的“拔节孕穗期”激发顽强意志、练就过硬本领，为实现中华民族伟大复兴中国梦贡献青春力量。

---

①　本文系四川大学学习贯彻党的十九届六中全会精神研究课题“‘两个确立’的内在机理、出场逻辑及实践价值研究”（MYJSXS202106）的阶段性成果。

②　张婕，四川大学马克思主义学院博士研究生。

一、时代之需：加强新时代青年理想信念教育改革创新的重要意义

理想信念是青年的精神之钙，是激励青年奋勇向前、厚积薄发的不竭力量之源。在新的历史条件下，加强青年理想信念教育是应对国内外风险挑战的必然要求，是实现中华民族伟大复兴中国梦的迫切需要，是助力青年成长成才的核心要义。

（一）应对国内外风险挑战的必然要求

面对复杂多变的国内外环境和一系列重大风险挑战，坚定的理想信念始终是广大青年站稳政治立场、抵御不正之风、筑牢信仰之基的决定性因素。当今世界正经历百年未有之大变局，我国发展面临的国内外环境日趋复杂，各种风险因素明显增多。客观地看，西方敌对势力并没有放弃改变我国社会主义制度的企图，加紧对我国实施西化、分化战略和意识形态渗透，西方宪政民主、新自由主义、历史虚无主义等形形色色的社会思潮甚嚣尘上，严重威胁我国意识形态安全。因此，我们要加强青年理想信念教育，让广大青年保持清醒头脑，坚定政治立场，发扬斗争精神，引导青年学会运用马克思主义立场、观点和方法辨析各种社会思潮，坚决同各种错误思潮作斗争，做马克思主义的坚定信仰者、模范践行者和积极传播者。

（二）实现中华民族伟大复兴中国梦的迫切需要

习近平总书记指出："无论过去、现在还是未来，中国青年始终是实现中华民族伟大复兴的先锋力量！"[2]5 近代以后，中华民族遭受深重苦难。从那时起，"实现中华民族伟大复兴，就是中华民族近代以来最伟大的梦想"[3]。为了实现这个目标，无数先进青年抛头颅、洒热血，用青春和生命谱写了一曲曲感人的爱国乐章：在血火淬炼的革命战争年代，广大爱国青年在中国共产党的领导下为争取民族独立和人民解放冲锋陷阵、出生入死；在社会主义革命和建设时期，广大青年积极响应党中央号召，踊跃投身于"保和平，卫祖国，就是保家乡""向荒山、荒地、荒滩进军""为社会主义建设立功"；在改革开放历史新时期，广大青年发出"团结起来、振兴中华"的战斗号角，积极投身社会主义现代化建设的伟大实践；迈入新时代，广大青年自觉高举习近平新时代中国特色社会主义思想伟大旗帜，在统筹推

进“五位一体”总体布局和协调推进“四个全面”战略布局的伟大实践中发光发热。2020年新冠肺炎疫情暴发，以“90后”为代表的青年一代挺身而出、担当奉献，在关键时刻充分彰显了新时代中国青年的精神风貌。加强青年理想信念教育，就是要继承和发扬中国青年的优良传统，发挥新时代青年的先锋队和排头兵作用，引导广大青年自觉成为中国“梦之队”的一员，为实现中华民族伟大复兴中国梦汇聚磅礴的青春正能量。

（三）助力青年成长成才的核心要义

坚定的理想信念是青年成长成才的力量之源。习近平总书记指出：“青年的价值取向决定了未来整个社会的价值取向，而青年又处在价值观形成和确立的时期，抓好这一时期的价值观养成十分重要。这就像穿衣服扣扣子一样，如果第一粒扣子扣错了，剩余的扣子都会扣错。人生的扣子从一开始就要扣好。”[4]这一朴实而又生动的比喻蕴含着丰富的人生哲理，揭示了价值观对于青年成长成才的极端重要性。一方面，青年正处于人生的“拔节孕穗期”，其世界观、人生观、价值观尚未完全定型，身体的快速成长和心智的不成熟形成巨大反差，需要精心引导和栽培；另一方面，当今世界信息科技发展迅速，观念碰撞激烈，新生事物层出不穷，各种社会思潮相互交织，而广大青年的特点是思想开放，思维活跃，对新生事物充满好奇。在这种情况下，如果缺乏正确的理想信念教育和价值观引导，很容易迷茫而失去人生目标。青年是祖国的未来、民族的希望。加强青年理想信念教育，引导广大青年从一开始就扣好这粒人生的纽扣，不断筑牢信仰之基，是青年成长成才的需要，也是国家富强和民族兴盛的需要。

二、实践之艰：新时代青年理想信念教育改革创新面临的内外挑战

进入新时代，青年理想信念教育迎来重要机遇，比如：党在指导思想上的理论创新为青年理想信念教育提供了重要的理论指导，加强党的先进性建设为青年理想信念教育提供了重要的榜样示范，国家经济社会快速发展为青年理想信念教育提供了广阔的实践平台，特别是疫情防控彰显中国制度优势为青年理想信念教育提供了生动的现实范例。但同时，挑战也不容忽视。主要表现为：西方意识形态渗透影响了青年理想信念教育效果，社会转型期的矛盾凸显造成部分青年理想信念弱化，“互联网+”时代让传统的青年理想

信念教育模式遭受冲击，制度建设面临的“三重困境”影响青年理想信念教育功能发挥。

（一）西方意识形态渗透影响了青年理想信念教育效果

马克思指出：“如果从观念上来考察，那么一定的意识形式的解体足以使整个时代覆灭。”[5]就在我们强调对青年进行理想信念教育的同时，西方国家也加紧对青年的争夺，并从多个渠道侵蚀我国主流意识形态。一是污蔑攻击我国主流意识形态。苏联解体之后，西方敌对势力“西化分化”社会主义国家的图谋并未终结，而是把矛头对准了中国，大肆宣扬新自由主义等西方思潮。近年来随着中美矛盾加剧，美国更是想尽一切办法妖魔化中国，以达到其孤立和遏制中国的目的。二是在文化产业中植入西方价值观。美国的文化产业十分发达，其新闻传播文化、影视文化、音乐文化、体育文化、娱乐文化、服装文化、商业文化、餐饮文化等在青年人中颇有市场，这些文化产品蕴含的西方价值观潜移默化地影响着青年人的价值观念、思维方式和行为方式。三是利用网络传媒进行文化渗透。在网络意识形态阵地的较量中，以美国为首的西方发达国家占据绝对优势。“据统计，全球80%以上的网上信息和95%以上的服务信息由美国提供。在国际互联网的信息流量中，超过2/3来自美国，位居第二名的日本只有7%，排在第三名的德国有5%。而中国在整个互联网的信息输入流量中仅占0.1%，输出流量只占0.05%。”[6]四是借助学术交流进行文化渗透。随着中外留学生数量的增多，这方面的影响不容小觑。正因如此，高度警惕新形势下西方意识形态渗透，引导青年站稳政治立场、增强政治敏锐性，是加强青年理想信念教育必须关注的重大课题。

（二）社会转型期的矛盾凸显造成部分青年理想信念弱化

随着改革进入深水区和攻坚期，各种社会问题和社会矛盾凸显，“青年感知到的更多的是‘问题’，而非‘主义’和‘理想’”[7]。这些“问题”主要源于物质与精神两个层面：从物质层面看，社会矛盾与青年的利益诉求关系紧密，许多社会热点问题都与青年群体的日常生活相关。当代青年普遍面临就业难、压力大、竞争激烈等问题。在求学、就业、住房、医疗等涉及青年利益诉求方面产生的矛盾冲突交织叠加，成为影响青年理想信念的重要因素，也为不良情绪的发酵提供了土壤。从精神层面看，青年社会心态总体上是积极健康的，但也存在各种消极的、非理性甚至极端的社会情绪。一项对84740人进行的在线调查显示，93.4%的受访者认为如今的人情绪化问题严重，其中85.1%的人认为“非常严重”。受访者中，“90后”占25.8%，“80后”占37.6%，“70后”占18.7%。至于情绪化严重的原因，调查显示，“社会不公正现象多”（47.2%）排在首位，其次是“生活工作压力大”（18.3%）[8]。从调查中得知，青年不良情绪的产生越来越普遍化，其情绪化问题又往往指向对当下社会体制甚至主流价值的批判性追问。这要求我们必须引导青年正确看待社会矛盾变化，及时化解社会矛盾问题对青年造成的负面影响。

（三）“互联网+”时代传统的青年理想信念教育模式遭受冲击

青年是“网络原住民”。随着移动互联网时代的到来，青年社会化塑造不再仅仅依赖于家庭和学校，而更多表现为一种网络化生存。这种网络化生存给青年理想信念教育带来多重挑战：一是让理想信念教育主体的“权威者”身份受到挑战。网络使青年群体获取信息的时间和空间局限被打破，其自身多元诉求表达也更为便捷。它使青年不再是以往单一、被动地接收信息者，转而获得更多参与制造信息与传递信息的机会，这使得多元主体互动合作成为青年理想信念教育的新形式。二是理想信念教育的内容更加多元复杂。网络是一个充斥着各种思想和观念的虚拟空间，其海量的信息资源、丰富的娱乐方式、便捷的信息交互平台深受青年人青睐。但互联网中各种信息繁冗复杂，冲击着人们的思维。眼花缭乱的繁杂信息，往往良莠难辨，人们容易沉溺其中。三是理想信念教育的载体和路径更加多元。在“互联网+”时代，教育载体呈现多样化特点，诸如慕课、腾讯会议等在线平台活跃程度越来越高。在线教育在获得高速发展的同时也暴露出若干问题，以“疫情大考”为例，在线教育不仅是对教育者的一次应急测试，也是对线上教育途径的一次检验：在线教育如何从“新”到“好”仍需在实践中加以考量。

（四）制度建设面临的“三重困境”影响青年理想信念教育功能发挥

理想信念教育作为一项长期的基础性工程与战略性任务，需要以持续有效的制度加以保障。党的十八大以来，党中央、教育部先后印发《关于进一步加强和改进高等学校思想政治理论课的意见》《关于进一步加强和改进新形势下高校宣传思想工作的意见》《关于加强和改进新形势下高校共青团思想政治工作的意见》《新时代高等学校思想政治理论课教师队伍建设规定》等一系列制度规定，明确了新时代青年理想信念教育的新要求，推动新时代青年理想信念教育朝着制度化、规范化、科学化方向迈进。但从长期坚持和不断完善的角度看，深化落实这一体制，仍面临着三重困境：一是制度本身科学性不足。所谓制度，是指在一定历史条件下形成的、以规则或运作模式规范个体行动的一种社会结构。制度的科学性基于制度本身的内在要求，制度科学性的彰显需要经历制度化过程，即制度本身得到社会认可，并被大多数社会成员普遍遵守的过程。然而，就现实情况而言，青年理想信念教育虽有制度保障，但却远未达到被普遍认同的程度。只有青年对理想信念教育制度有着发自内心的、自觉的普遍认同，制度本身才能被证明是科学有效的。二是制度体系尚不健全。一套成熟健全的理想信念教育体系至少需要包含三个部分，即系统完备的制度框架设计、科学规范的制度管理办法、运行有效的制度实施方案。现存制度存在的主要问题在于虽有“框架”却还不“完备”、有“管理”却尚不“规范”、有“方案”却“收效”甚微等，制度体系远未成熟定型。三是制度执行不彻底。制度所预设的伦理规范、价值观念常被视为约束个人自利行为，规定社会的整体伦理状况或精神文明发展的方向及其可能性空间。从这个意义上讲，制度执行力是否到位，既反映了制度本身的合理性状态，也反映出制度规定的社会价值导向。倘若制度执行过程中存在人为因素较多、主观随意性影响较大的情况，比如管理者权利比制度大、说的比做的多、形式比内容多，场面上轰轰烈烈、实际上空空荡荡等，势必会造成制度执行力丧失，增加个人或群体行为价值取向的不确定性和不可预见性，降低理想信念教育的实施成效。

三、应对之策：推进新时代青年理想信念教育改革创新的整体方略

加强新时代青年理想信念教育是新形势下推进青年工作与青年事业的一项系统性工程，既需要家庭、学校、社会等多方力量的共同参与、通力合作，也需要结合当下青年群体的角色定位、兴趣指向、成长规律、个性差异，以解决实际问题为目标导向，坚持深耕思想引领，营造主流价值“舆论场”；融入发展全局，把握时势变化“风向标”；推进方法革新，开创网络育人“新高地”；坚持齐抓共管，织牢制度规范“保障网”。

（一）深耕思想引领，营造主流价值“舆论场”

习近平总书记指出：“这是一个需要理论而且一定能够产生理论的时

代，这是一个需要思想而且一定能够产生思想的时代。”[9] 在当前社会思潮多元化的形势下，一些青年忽视马克思主义理论的学习，对马克思主义知之甚少却盲目接受非马克思主义观点，这是造成理想信念缺失现象的重要原因之一。加强马克思主义理论教育，夯实对马克思主义的信仰、对社会主义和共产主义的信念，是青年理想信念教育的根本遵循，也是当代青年经受住任何考验的精神支柱。为此，一是要在创新教育方式方法上下功夫。针对不同青年群体关注点和认知度差异，运用分众化、对象化、嵌入式教育方式，推动理论学习往深里走、往心里走、往实里走。对于中学中职青年和大学生青年，既要充分利用学校思政课显性教育的“精准滴灌”，又要推进课程思政隐性教育的“缓流浇灌”，广泛开展“马克思主义理想信念教育”主题实践活动，营造健康向上、积极生动、浓郁热烈、高雅和谐的校园文化氛围；对于企业青年，可以采取专题报告、理论宣讲、观看专题片等形式，结合企业青年工作实际，既要讲清楚党和国家的宏观政策、发展规划、工作重点，也要讲清楚各项政策落地落实的微观策略、具体措施及操作方法，引导他们以积极、务实、理性的态度面对职业生涯中遇到的具体问题；对于进城务工青年，注重把解决思想问题与解决实际问题相结合，在排忧解难、传递关怀中引导他们心向党和人民、矢志拼搏奋斗；对于农村青年，可以采取面对面座谈、村村通大喇叭、出动流动宣传车、红色故事会、乡村文艺汇演等形式，将党和国家的先进理论、执政目标、政策要求与青年的生产生活实践结合起来，引导他们树立“农村天地广阔，青年大有可为”的思想认识。二是要在巩固拓展理论教育阵地上下功夫。青年在哪里，理论教育阵地就延伸到哪里。要进一步发挥各级团组织联系青年的紧密性、广泛性和代表性，加强校园理论宣传中心、企业文化站（室）、农村（社区）文明讲堂、农家书屋、文化广场等建设和管理，让其成为理论宣传教育的主阵地。与此同时，要瞄准网络空间，加快团属新媒体基础平台搭建，加强共青团新媒体宣传舆论的阵地建设。三是要在加强理论教育队伍建设上下功夫。各级党委、团委要牵头组建红领巾宣讲团、青年讲师团、习近平新时代中国特色社会主义思想宣讲团等。宣讲团成员既可以从当地高校、企业、农村基层党务工作队伍中选拔、培养，也可以邀请地方党政领导、专家学者、优秀青年典型参与，定期、定点、定标深入机关、学校、企业、社区、农村等基层单位，结合时政热点与焦点话题对马克思主义和当代中国马克思主义理论进行系统深入的阐释和解读，就广大青年关心的问题进行坦诚的思想碰撞和交流，推进理论知识内化于心、外化于行。

（二）融入发展全局，把握时势变化“风向标”

当今世界正经历百年未有之大变局，国际国内发展环境也经历着深刻变化。部分青年受困于不平衡不充分的社会发展现实，最明显的表现是信仰缺失、信念动摇，或表现为理想错位、斗志衰退。习近平总书记指出，面对我国社会主要矛盾发展变化带来的新特征新要求，面对错综复杂的国际环境带来的新矛盾新挑战，要“增强机遇意识和风险意识，准确识变、科学应变、主动求变，勇于开顶风船，善于转危为机”[10]。适应新时代主要矛盾的发展变化，迎接复杂多变的国际国内环境挑战，引导广大青年在“时”与“势”的变与不变中，抓住机遇、主动作为、迎难而上，主动融入国家发展全局当中，是新时代青年理想信念教育工作的光荣职责与时代使命。为此，一方面，要教育引导青年把握新时代人生际遇，既要从其所处的历史和社会的现实环境、境遇来把握，也要从青年自身的现实处境来把握，更要从两者耦合形成的互动关系来整体把握。要引导广大青年对历史和现实、理论和实践、国内和国际等问题进行深入思考，学会全面、系统、准确地认识和把握事物发展规律，从党和国家事业发展的战略和大局出发观察和思考问题，把个人发展与国家发展紧密联系起来，把自身价值的实现同党和人民事业的发展紧密结合起来。要坚持关心厚爱和严格要求相统一、尊重规律和积极引领相统一，教育引导青年自觉把握新时代人生际遇，用勤劳的双手和诚实的劳动创造美好生活，积极投身社会主义现代化建设，让青年理想信念教育成为国家战略规划与制度政策有效运行的重要保障。另一方面，青年工作要深刻把握青年思想状况的时代变化，准确了解青年发展的时代需求，着力创新教育内容与教育方法，努力做到因事而化、因时而进、因势而新。积极为青年创造人人努力成才、人人皆可成才、人人尽展其才的发展条件，培养造就德智体美劳全面发展的社会主义建设者和接班人。尊重和发挥青年在国家发展与社会主义现代化建设中的主体地位和主动作用，满足和保障青年学生成长成才的权利和诉求，设身处地地理解当前青年面对开放环境、信息社会、市场经济、多元文化出现的思想困惑，关心关爱当代青年的心理健康，把心理疏导纳入理想信念教育领域，促进青年个性完善和全面发展。

（三）推进方法革新，开创网络育人“新高地”

随着网络技术的不断发展和迅速普及，大数据已经渗透人们生活的方方面面，数据挖掘也成为各行各业的一项重要工作。这使得基于大数据技术的青年理想信念教育也有了新的发展，并逐渐在教育网络化中展现优势。一方面，要推进深度融合，使网络新媒体时代理想信念教育创新“活”起来。所谓深度融合，最本质的正是将网络与理想信念教育工作血肉相融、浑然一体。这样的“深”如何才能达到呢？一是要善于运用“大数据”分析研判青年理想信念教育状况。互联网信息纷繁复杂，有关青年学习、生活、社交活动、求职就业等各种数据也是混杂庞大。要在海量的信息中重点挖掘反映青年日常行为背后折射的价值观和思想状态，包括青年语言习惯、话题偏好、心理动态、行为需求、可接受的教育宣传方式以及对国家战略方针政策的直观真实感受和认同程度等。可根据不同问题，运用思想政治教育学、社会学、心理学等相关理论，比如回归分析法、神经网络法等，并选择合适的观测点和量化处理程序，在深刻把握青年思想行为发展基础上，及时做好大学生思想动态的分析、预测和引导工作，深入探究青年思想发展规律。二是要利用大数据优势广泛开展有针对性的理想信念教育活动。比如，面向青年学生，可以将大数据分析与学生教育教学相结合，在紧跟时代发展步伐，丰富课堂教学内容的同时，分析和掌握大学生的思想发展动态，及时调整教学内容，改进教学方式，增强理论教学吸引力，构建全方位立体化的网络微课堂教学模式，切实解决理论学习特别是自学阶段“最后一公里”难题；面向社会青年，可以对目前与青年群体思想动态紧密关联的数据源，比如微博、微信、B 站、抖音、快手、微视等，加大主流媒体驻入程度，重点培育网络宣传教育人员，将理想信念教育内容潜移默化地融入青年头脑，更加灵活地疏导和指引青年健康成长。另一方面，要加强组织领导，使网络新媒体时代理想信念教育管理“严”起来。互联网并非法外之地，在推进网络与理想信念教育深度融合的同时，要强化网络监管力度、营造良好网络生态，牢牢把握网络“微阵地”的领导权、管理权和话语权，增强网络新媒体时代理想信念教育工作的示范性、规范性和保障力。一是完善监管体系。加快建立健全网络实名登记制、网络舆情预警制及网络危机预案制等工作机制，对违规账号及负面内容早发现、早上报、早处理。基于大数据、智能算法等现代技术，开发智能识别及网络监测系统，实现不良内容的及时拦截及超时用户的红牌“警示”，守好网络“安全门”。二是提升队伍素养。各级共青团组织要充分发挥引领作用，加大技术投入，建立舆情分析实验室，配齐配强网络信息技术措施和队伍，培育运用新媒体新技术传播主流价值的行家里手及运用大智慧高水平化解舆情危机的“评论专家”，为网络新媒体时代青年理想信念教育工作保驾护航。

（四）坚持齐抓共管，织牢制度规范“保障网”

理想信念的确立和巩固是一个长期的、实践的以及持续深化的过程。青年理想信念的培育既要靠教育引导，更要靠制度规范和政策保障。党的十九届四中全会明确指出，要“完善青少年理想信念教育齐抓共管机制”[11]。所谓“齐抓共管”，意指多主体间齐心协力，群策群力，互相配合，形成合力，共同管理某项工作。完善青年理想信念教育齐抓共管机制，应在教育主管部门和党委领导下，集合学校、家庭、社会多方力量，形成优势资源共享、多方力量协作、体制机制创新的人才培养体系，努力做到“三全育人”。一是加强顶层制度设计，压紧压实主体责任。习近平总书记强调：“办好中国的事情，关键在党。”[12]教育主管部门、学校各级党组织和企事业单位党政领导班子必须站在坚守社会主义意识形态以及党和国家事业发展的战略高度，牢记“为党育人、为国育才”的初心使命，把理想信念教育工作作为一项重要政治任务和战略工程，坚持“深入一线、靠前指挥、聚焦重点、压实责任”的工作原则，为理想信念教育制度建设提供坚实保障，着力打好理想信念教育工作质量攻坚战。二是打破学校、家庭和社会的界限，以学校为核心、家庭为基础、社会为平台，把学校、家庭、社会三个方面力量有机组合起来，形成“三位一体”的理想信念教育网络，共同创造有利于青年健康成长和全面发展的良好环境。学校教育是主体。各级各类学校或企事业单位要在教育教学、文化建设和社会实践活动中，有计划地融入理想信念教育元素，让青年在潜移默化中不断增强对中国特色社会主义的情感认知与理性认同。家庭教育是基础。借助家庭教育的示范作用与情感共鸣作用，能够让青年在家庭示范与家风教育影响中，将家庭内部的天然情感认同转化成自觉的行为习惯与行为规范。社会教育是学校和家庭教育的延伸和发展。要进一步在全社会广泛开展理想信念宣传教育活动，将“学校小课堂”与“社会大课堂”有机结合起来，真正做到理论与实践相结合、相促进。三是构建科学评估机制，提升教育工作质量。评估是教育过程中的一个重要环节，青年理想信念教育工作评估可以从自我评估、双向评估、第三方评估三方面加以把握。其中，自我评估是指理想信念教育工作的主体（教育主管部门、学校、企事业单位、青年个人等）进行自检自评，双向评估是指教育主管部门、学校或企事业单位、青年个人自上而下或自下而上开展评估，第三方评估是指由独立于日常教育工作运行之外、具有较强专业性的组织机构对其进行的外部评估。要进一步优化机制，切实完善科学评价和政策保障，形成科学合理的评价激励体系。把理想信念教育纳入学校党建工作责任制，把理想信念教育成效作为开展相关评估评价、评审评比的政治标准和重要指标，推动任务落地落实。

毋庸讳言，新时代中国青年肩负着重大的历史使命，在面临重大风险挑战时，要坚定理想信念，积极投身于新时代中国特色社会主义建设的伟大实践之中，正如习近平总书记所嘱托的那样："心有所信，方能行远。面向未来，走好新时代的长征路，我们更需要坚定理想信念，矢志拼搏奋斗。"[13]

参考文献：

［1］习近平．决胜全面建成小康社会　夺取新时代中国特色社会主义伟大胜利——在中国共产党第十九次全国代表大会上的报告［M］．北京：人民出版社，2017：70.

［2］习近平．在纪念五四运动100周年大会上的讲话［M］．北京：人民出版社，2019.

［3］习近平．习近平谈治国理政：第1卷［M］．北京：外文出版社，2018：36.

［4］习近平．青年要自觉践行社会主义核心价值观——在北京大学师生座谈会上的讲话［M］．北京：人民出版社，2014：9.

［5］中共中央马克思恩格斯列宁斯大林著作编译局．马克思恩格斯全集：第30卷［M］．北京：人民出版社，1995：539.

［6］余丽．从互联网霸权看西方大国的战略实质和目标［J］．马克思主义研究，2013（9）：126.

［7］贺亚兰．当代青年面临的价值困惑源自哪里［N/OL］．（2015－10－26）［2022－12－05］．http://theory.people.com.cn/n/2015/1026/c49157－27738781.html.

［8］向楠．93.4%受访者感觉如今的人很"情绪化"　83.7%的人认为冷静平和心态是稀缺品质［N/OL］．中国青年报，2014－03－27［2022－12－11］．http://zqb.cyol.com/html/2014－03/27/nw.D110000zgqnb_20140327_02－07.htm.

［9］习近平．在哲学社会科学工作座谈会上的讲话［M］．北京：人民出版社，2016：8.

［10］中共中央党史和文献研究院．十九大以来重要文献选编：中［M］．

北京：中央文献出版社，2021：664.

［11］本书编写组.《中共中央关于坚持和完善中国特色社会主义制度、推进国家治理体系和治理能力现代化若干重大问题的决定》辅导读本［M］. 北京：人民出版社，2019：282.

［12］习近平. 在纪念中国人民抗日战争暨世界反法西斯战争胜利75周年座谈会上的讲话［M］. 北京：人民出版社，2020：10.

［13］本书编写组. 当好改革开放的排头兵——习近平上海足迹［M］. 北京：人民出版社，2022：161.

智媒时代凝聚思想共识的困境及其超越

杨雨岚[①]

（厦门大学马克思主义学院　厦门　361005）

［**摘　要**］近年来，随着人工智能的发展，媒体智能化已成为不可逆转的发展趋势。智能媒体的勃兴重构了当代中国思想传播的媒介环境，并演化为凝聚思想共识的现实场域。不可否认的是，智媒时代下，视觉文化带来的冲击、算法推荐搭筑的“信息茧房”以及网络空间的泛娱乐化都成为凝聚思想共识的“式微性”力量。为有效应对智媒时代的诸多挑战，未来需在夯实现实根基、精致信息增量、优化责任增量、把握情感增量等方面探索凝聚思想共识的超越路径。

［**关键词**］智能媒体；思想共识；现实困境；超越路径

习近平总书记在庆祝中国共产党成立100周年大会的讲话中强调，“新的征程上，我们必须坚持大团结大联合，坚持一致性和多样性统一，加强思想政治引领，广泛凝聚共识”[1]。凝聚共识，关键在于寻求和扩大思想共识，进而调动一切积极力量、形成强大社会合力。当前，社会不断发展变化，思想共识凝聚作为思想观念的实践活动，其基本内容与表现形式必将随社会存在的改变而改变。近年来，智能媒体发展迅猛，已深度嵌入思想生产的各个环节，重构了当代中国思想传播的媒介环境。因而，重新审视智媒时代思想共识凝聚的现实境遇，并积极探索与之相适应的超越路径，是当前凝聚思想共识必要而又迫切的任务。

---

① 杨雨岚，厦门大学马克思主义学院硕士研究生。

一、智媒时代凝聚思想共识的重要性

思想共识凝聚是指社会成员多元多样的思想观念在社会主导思想的引领下，汇聚整合而形成共同思想认识的过程。这种共同的思想认识不是对冲突、分歧的简单否定，而是以包容的心态在多元、差异中寻求共同认知。在我国，凝聚思想共识就是要以主流意识形态为引领，整合多元思想，减少矛盾冲突，增强团结稳定。“掌握思想领导是掌握一切领导的第一位。”[2]随着中国式现代化的持续发展，人的“现代性特征”也逐渐增强，即人的思想活动愈加具有独立性、自主性、选择性、差异性，为思想共识的形成与巩固带来挑战。历史和现实雄辩地证明，倘若思想的防线失守，其他领域的防线便不攻自破。如马克思所言：“如果从观念上来考察，那么一定的意识形式的解体足以使整个时代覆灭。”[3]

与此同时，以物联网、大数据、人工智能等为技术基础的智能化媒体，不断打破传统媒体的固有边界，重塑思想传播方式。自此，以“万物皆媒”“人机合一”“自我进化”为主要特征的智能化媒体时代顺势到来，全面赋能媒体工作各个环节。就信息生产而言，智能媒体可以对海量的信息进行有效的采集，并独立地完成信息的智能化加工。由此机器成为信息生产者。就信息分发而言，智能媒体凭借其强大的数据处理能力、计算能力与感知能力，具有绝对性的用户流量与粘性优势。就用户体验而言，智能媒体会根据数字用户的兴趣爱好与个体特点为其提供“定制化信息”，并通过与人相关的物体平台和环境系统为用户构建临场化的环境，带来全新的用户体验。不难预见，在全面建设社会主义现代化国家的进程中，智能媒体将更大范围、更深程度地为社会提供各类个性化信息，其重构的媒介生态也将成为社会思想共识凝聚的现实场域。

然而，随着智能化媒体的全面铺开，资本逻辑与数字技术合谋，隐蔽了价值渗透，拓展了影响广度，进一步推动资本增殖。当前，资本逻辑的空间扩张已逐渐由显性转向隐性，并催生出数字霸权的数字帝国主义。数字帝国主义凭借其所掌握的数字技术优势，通过智能化媒体进一步系统地传播资本主义价值观，渗透其意识形态，冲击我国的社会主义思想共识基础。不止于此，数字帝国主义夹带新消费主义、新技术主义与自由主义逻辑，不断弱化消解着社会主义思想体系，成为人自由而全面发展的现实阻碍。在此般思想共识凝聚的境遇之下，唯有正视智能化媒介所带来的诸多风险，化被动为主动，才能凝聚起社会广泛的思想共识，为中华民族伟大复兴凝心聚力。

二、智媒时代凝聚思想共识的现实困境

人工智能技术所引发的变革不断延伸到人的思想意识领域，改变思想接收方式，弱化主体选择权力，个体意识的生成不得不面向技术的规训与重塑。如此，显性的技术革新与隐性的思想“辐射”并存，社会主义思想共识凝聚将陷入一个前所未有的情景困境。

（一）视觉文化消磨受众的主体意识与价值判断

视觉文化是相对于以语言符号为主的文化形式而言的，是以图像传播为中心的文化形态，具有可视化、具像化的叙事优势。视觉文化的兴起意味着“图像时代”的到来，这也是社会发展的客观结果。视觉媒介有着其他感官媒介无可比拟的优越性，一是更加生动直观，易于受众理解和接受；二是更具有冲击力和渗透力，易使受众产生共鸣。如果按照马歇尔·麦克卢汉的关于“热媒介与冷媒介”观点[4]，视觉媒介就属于“热媒介”范畴，因其不需要受众的深度思考与参与，便能获得受众更快速的信任。近年来异军突起的短视频平台就是视觉文化火爆的真实写照。《第47次互联网络发展状态统计报告》显示，截至2020年12月，我国短视频的用户规模达到约8.73亿，用户使用率为88.3%，其人均单日110分钟的使用时长超越了即时通信[5]。无论是“抖音”，还是“快手”，它们成功的背后都是视觉媒介的优势赋能。

视觉文化传播时代的到来，不仅改变了文化的存在样态、丰富了文化形式，也在潜移默化地消磨受众的主体意识，并传播着各类意识形态与价值观，深刻影响着受众的价值判断。视觉文化不仅仅复制和再现了人们的日常生活，还创造了一个意象世界，并持续不断地传输着某些价值观念或意识形态。在其现实运用上，视觉文化既能够成为主流思想的传播助力，也更容易被异质思想裹挟，如通过各类图像与符号向人们传递着消费主义、拜金主义、历史虚无主义等错误的价值观念。置身其中，人们会更多沉浸于当下的感官体验，理想和真理有可能抛之脑后，价值选择会趋向非理性，社会思想共识的基础也可能逐渐被消解。从传播方式上看，以语言为载体的传播方式潜在地培养了受众的理性思维与判断能力，而图像媒介因其门槛低、接受度高的特点削弱了主体独立思考的积极性，久而久之，受众的主体意识便在这

种“灌输式”传播中被逐渐消磨。思想共识不仅是一种思想认同，更是一种价值选择。在视觉媒介的包围下，受众的价值判断受到虚假信息的导引和煽动，逐步丧失自主与深度思考的能力，这都成了思想共识凝聚不可避免的问题与挑战。

（二）算法推荐搭筑的“信息茧房”引向分歧与偏见

智能算法推荐技术依托大数据的积累和挖掘，能通过用户的基本信息以及各种类型的“网络痕迹”来构建起用户的兴趣模型，描绘出精准的“用户自画像”，为每个用户“量身定做”信息接收库。在这个场域中，智能算法已为用户过滤掉异质信息，筑起一道隔绝不同意见的“信息高墙”，令用户身处一个“网络泡泡”的环境，即“过滤气泡”，阻碍文化观点的交流传播。由此，同质化的信息来源让用户在“信息茧房”的内部交流中不断强化和固化偏执价值，形成网络“偏见共同体”。如此一来，当人们一旦受到“茧房”外的思想挑战，便容易造成舆论“分化”的现象，诱发不同立场群体之间的“分歧”，从而引向“群体极化”，导致社会价值观念日益多样、不同思想文化激烈交锋、社会思想共识难以形成。

算法在搭筑“信息茧房”强化群体“既有看法”的同时，也在传递着特定集团的政治立场和价值导向。智能算法推荐不仅是一套信息编码和运算程序，还包含编程算法、运作团队及其价值观在内的一整套系统架构。也就是说，算法技术本身虽不具有价值偏向，但它与人的结合赋予了其特定的价值取向，包括以资本增殖为价值追求的资本逻辑和以技术崇拜为生存目标的工具理性，并在不知不觉中形塑人们的价值观念，助推“资本崇拜”和“工具崇拜”，将互联网的“资本逻辑”与“工具理性”推向极致。在这样的价值浪潮下，社会公共利益不可避免地遭到损害，社会粘性也由此被削弱，思想共识根基必将受创。特别需要注意的是，一些西方国家凭借其技术优势，借助人工智能的算法黑箱，通过隐秘化、内显化和泛在化的算法信息分发，对我国展开意识形态渗透，攻击我国的主流话语体系，瓦解社会思想共识。可以说，智能算法推荐个性化的信息配置加剧了同质化信息的集聚与链接，进而固化用户价值偏见，强化社会群体间的价值分化与思想对立，并为异质思想文化提供传播空间，使得思想共识凝聚工作遭遇前所未有的阻碍。

（三）网络空间的泛娱乐化消融思想共识的理性认同

随着现代化进程的推进、资本逻辑的展开、文化产业的发展，泛娱乐化在网络空间肆虐，导致社会主义思想共识被解构。谈及泛娱乐化这一概念，似乎离不开作家波兹曼“娱乐至死”的相关描述。它是一种辐射各个领域的“娱乐越界”行为，成为威胁政治安全和社会伦理的不确定风险源。就其现实性而言，泛娱乐化表现为一种以调侃、恶搞等方式戏谑具有价值象征意义的人、物以及事件的“价值侵犯”行为。而这背后掩映的是一场智媒时代价值虚无、思想共识消解的深重危机。智能技术的广泛应用极大地扩展了信息生产场域的边界，智能媒体既是信息生产者也是信息分发者，把其与用户的关系正在从“训示”转向“迎合”。为增加用户粘性、收获平台流量，一些媒体和网络平台置信息公共价值和企业社会责任于不顾，主动推送各类猎奇事件和明星绯闻等来博人眼球。用户本位、流量至上的媒体导向成为泛娱乐化肆意生长的肥沃土壤，严重挤压了主流意识形态的话语空间。

在这种泛娱乐化的网络氛围中，主流价值让位于资本逻辑，理性世界让位于非理性狂欢，民族英雄遭调侃，历史事实被歪曲，国家大义被误读，“有意思”的信息侵占了“有意义”的信息的领土。值得警惕的是，《第47次中国互联网络发展状况统计报告》统计数据显示，截至2020年12月，我国网民规模达9.89亿，29岁以下的青少年网民占比为34.4%，同时初中及以下学历的网民占比高达59.6%[5]。网民年轻化意味着其价值观尚未完全形成、思维和判断能力仍处于培养阶段，而网民学历层次较低则代表着主体知识积累尚有欠缺、主体素养尚待提高。在当前的媒介生态中，资本逻辑与消费主义意识形态互构，乘着智能化传播机制的东风，创设了一个文化零散、娱乐至上、全民狂欢的意象世界。在智能信息推送算法中，每一个受众都只是个数据库对象，而不是个具有主体意识与价值选择能力的“现实的个人”，机器只会机械地计算出更博人眼球和吸引流量的媒介内容进行推送。在这种泛娱乐化信息的裹挟之中，社会主体价值会不断被解构，社会成员的理性思维与崇高信念会逐渐窄化，最终将可能掏空社会思想共识的理性认同的精神内核。

三、智媒时代凝聚思想共识的超越路径

人工智能所建构的媒介环境衍生出众多损害思想共识的风险，我们需要

充分认识智能媒体传播的新特点，有效规避其负面效应，为新的时代背景下凝聚思想共识提供强有力的助益。为此，我们要把好现实根基、信息增量、责任增量、情感增量这四个尺度。

（一）夯实现实根基：坚持以民生福祉为主的实践证成

社会存在决定社会意识，思想共识的现实基础是社会成员共同利益的实现。思想共识的瓦解往往始于现实生活的矛盾，因此，着眼于人民需求在实践层面的满足，是思想共识凝聚的重中之重。经过长期努力，我国社会主要矛盾已发生变化，“人民日益增长的美好生活需要”已成为我党新的工作重心。解决好人民群众最关心、最直接、最现实的问题，是全面深化改革的内在要求，也是凝聚社会思想共识的根本路径。思想共识凝聚就是要最大限度地察民情、解民意、汇民智、聚民心，形成各个层次、不同群体利益需求的“最大公约数”，促使全社会在谋求“共同利益”的道路上团结向前。

马克思指出：“要使各民族真正团结起来，他们就必须有共同的利益。”[6]在广泛的社会交往之中，社会成员在满足自身“合理需要”的同时，不得不将其融入全社会的利益实现进程，由此每个人都客观现实地成为“利益整体”的一部分，而人们各自利益相同的部分就是所谓的“共同利益”。共同利益具有客观性、共享性和稳定性，能够有效克服个体利益主观性、易变性等弊端。共同利益的达成将为思想共识凝聚提供现实前提。所以，要广泛凝聚起全社会成员的思想共识，就要着眼于人民群众的根本的、整体的、长远的共同利益，不断创造民生福祉，让人民群众在幸福感、获得感和满足感之中增强思想认同、构建思想共识。当前，我们身处于第二个百年奋斗目标的开局之时，扎实推动全体人民共同富裕，是当代语境中人民共同利益的集中表达。实现全体人民共同富裕，就是要坚持以人民为中心的发展思想，适应新形势新任务，探索建立缩小城乡区域发展差距、促进共同富裕的制度和政策体系，统筹协调公平与效率之间的关系，让改革发展的成果更多更公平地惠及全体人民，夯实思想共识凝聚的现实基础。

（二）精致信息增量：强化主流意识形态引领力

面对智能媒介场域多元多样的思想喧嚣，我们必须加强主流意识形态的价值引领，用主流价值来纾解智能化媒体所带来的“时代焦虑”。智能传播媒介的发展，强化了大众意识和思想文化中的“多”与“一”的两极紧张，而在“多”中求“一”、在“变”中求“不变”是智媒时代主流意识形态的应有之责。因此，主流意识形态应积极适应智能传播场域，主动嵌入网络空间架构，利用协同过滤机制，潜移默化地对网民进行个体引导，进而改变公众的认知图式，促进主流价值在公众中的接受和内化。

一方面，要增加以主流意识形态为主的优质内容供给。在数字空间，多元思想观念和价值追求充斥其中，鱼龙混杂，良莠不齐。尤其在资本逻辑的驱使下，网络空间的信息内容愈加重流量、不重质量、谈爆点、不谈价值点，内容的生发只为利润的追逐。在这种畸形的智媒舆论场中，非理性狂欢将占据主流，理性思想传播被逐渐挤往边缘地带。因此，数字空间的内容供给需要公共部门的系统谋划，要通过增加蕴含主流意识形态的公共信息供给来平衡个性化信息。另一方面，要以主流意识形态为标尺“把关”智能媒介的信息分发。智能化媒体为观念传播、思想共识凝聚搭筑了一个精准、高效的平台，但再好的传播渠道都无法弥补“信息把关”的缺位问题。机器本身不具有价值甄别能力，其信息分发离不开主流意识形态的约束和纠偏。因此，我们要加强对智能化媒体传播的前置把关，以主流意识形态为“标尺”，将人工审核和算法审核结合起来，在实现人机协同、互补的基础上净化智媒时代的思想生态。

（三）优化责任增量：构建智能化传播监管的体制机制

智能化媒介为凝聚思想共识提供了新的动能和契机，是当今时代最具实效性的思想传播平台。但智能化媒介的发展不乏“资本逻辑”和“工具理性”的内在驱使，并由此损害社会公共利益、丢弃理应担当的社会责任，使它成为“智能化的资本”。如马克思所言：“这些矛盾和对抗不是从机器本身产生的，而是从机器的资本主义应用产生的！”[7]机器本身并没有利益趋向，它是否能承担社会责任、推动社会发展，在于使用者。因此，要充分发挥智能化媒体的技术优势，承担凝聚思想共识的社会责任，就必须加快构建智能化传播监管的体制机制，智能化媒介的监管既要靠法律的规范，也要靠媒介平台的自我约束。一方面，要完善智能化媒介领域的法律法规，建立相关的监管体系。用法治规范智能化媒体无疑是时代的必然趋势，但当前我国对智能化媒介相关法律法规的建设则相对滞后，应尽快完善对算法设计、运行和开发权限等法律规范建设，明确责任主体的法律身份，保障受众的隐私权和知情权等。同时，要加强司法部门与执法部门的协同，强化媒介监管，适当辅以经济和信用制裁等手段，确保传播行为始终在法治轨道上，织密织牢思想传播媒介的法治之网。另一方面，要培育思想传播平台自律。思想传播媒介的生态净化既要靠外在的法制性约束，也要靠媒介平台的自我性约束。大力推广思想传播平台的自律公约，既以主流价值观念为引导，又以平台自律奖励为补充，使各个平台从整体上认识到商业利益与社会公共利益之间的同源性，自觉在技术理性的扩张与企业社会责任之间寻求协调和平衡。

（四）把握情感增量：实现以人为本的智能化传播价值旨归

智能媒体是现代社会技术高速发展的必然结果，对思想共识凝聚所带来的负面影响，也是资本奴役下技术异化的集中表现。在“流量至上”的利益链条下，智能传播通过数据追踪、数字图绘和精准推送完成信息的生产与分发，深刻形塑了人们的认知思维、价值判断和实践方式，把人变成了资本与技术的奴仆，并将个体日常生活强制嵌入了资本增殖的体系。在此般思想传播的现实境遇中，社会价值观念和人文情感观照让位于技术理性统摄。人自由而全面的发展是马克思、恩格斯的最终目标和价值旨归，以此为价值起点，将是打破智媒时代技术思想支配的关键突破口。

技术进步的终极指向是人类解放，智能化媒介发展的目标导向应是人在思想层面上自由全面的发展。为此，一方面要重新审视智能媒体发展的定位与价值。马克思指出：“机器的发展为用真正社会的生产制度代替雇佣劳动制度创造着必要的物质条件。”[8]人工智能技术的发展为人的自由全面发展提供现实条件。它在思想传播领域的运用，可以延伸人的感官，改变人的思考方式，提高传播效率，是人类实现思想自由的必然的过渡点。另一方面要发挥智能媒体的技术优势，打破资本权力建构的观念世界。长期以来，智能媒体为资本的力量所裹挟。然而，要真正走出“数字劳工”背后的资本霸权与算法困境，实现人类的解放，特别是人类思想的解放，还需采取“利用资本本身来消灭资本”的方式[9]，即通过智能媒体这一颇具优势的现代化平台，树立以人为本的价值取向，积极扬弃技术理性的统治，消解资本拜物教迷信。

参考文献：

[1] 习近平．在庆祝中国共产党成立100周年大会上的讲话［M］．北京：人民出版社，2021：18.

[2] 中共中央文献研究室．毛泽东文集：第2卷［M］．北京：人民出版社，1993：435.

[3] 中共中央马克思恩格斯列宁斯大林著作编译局. 马克思恩格斯文集：第8卷［M］. 北京：人民出版社，2009：170.
[4] 麦克卢汉. 理解媒介——论人的延伸［M］. 何道宽，译. 南京：译林出版社，2011：303.
[5] 中国互联网络信息中心. 第47次中国互联网络发展状况统计报告［R］. 北京：中国互联网络信息中心，2021.
[6] 中共中央马克思恩格斯列宁斯大林著作编译局. 马克思恩格斯全集：第4卷［M］. 北京：人民出版社，1958：409.
[7] 中共中央马克思恩格斯列宁斯大林著作编译局. 马克思恩格斯文集：第5卷［M］. 北京：人民出版社，2009：508.
[8] 中共中央马克思恩格斯列宁斯大林著作编译局. 马克思恩格斯全集：第21卷［M］. 北京：人民出版社，2003：457.
[9] 中共中央马克思恩格斯列宁斯大林著作编译局. 马克思恩格斯文集：第8卷［M］. 北京：人民出版社，2009：91.

新时代大学生节俭观培育路径研究

杨旭静①
（四川大学马克思主义学院　成都　610065）

[摘　要] 节俭是中华民族的传统美德，在中华民族发展的各个历史时期，节俭都发挥了它独特且不可替代的作用。现阶段大学生节俭观培育仍存在很多问题，这些问题主要在于社会转型时期消费观念变革的影响、家庭节俭观的影响力不足、学校节俭教育重视不够、大学生自身节俭意识的缺失四个方面。针对这四个方面提出相应的加强大学生节俭观培育的有效路径，构建社会渗透、高校教育、家庭示范、大学生自律的培育合力体制，为新时代大学生节俭观的培育提供一定的有效措施和参考价值。

[关键词] 新时代大学生；节俭观；培育路径

中国自古以来就是注重和崇尚节俭的国家，节俭作为一种重要的道德品质，受到很多名人大家的推崇。当今党和国家也非常重视节俭的作用，特别是党的十八大以来，我国大力提倡“厉行节约、反对浪费”的思想观念，坚决杜绝铺张浪费的不良行为。习近平总书记在重要讲话中强调：“要大力弘扬中华民族勤俭节约的优秀传统，大力宣传节约光荣、浪费可耻的思想观念，努力使厉行节约、反对浪费在全社会蔚然成风。”[1] 另外，习近平总书记在党的十九大报告中也提出：“倡导简约适度、绿色低碳的生活方式，反对奢侈浪费和不合理消费，开展创建节约型机关、绿色家庭、绿色学校、绿色社区和绿色出行等行动。”[2] 节俭对于提升个人道德素质、保持党政廉洁以及实现资源环境可持续等都有重要的作用。

新时代的背景下，我国经济保持着高速发展，随着经济水平和消费水平的不断提高，人们越来越重视物质层面和精神层面的享受，逐渐忽视了节俭

① 杨旭静，四川大学马克思主义学院硕士研究生。

的必要性和重要性，特别是当代部分大学生，他们的节俭意识淡薄，存在不合理的浪费行为，这对大学生的全面发展和我国经济社会的可持续发展都产生了负面影响，因此加强大学生节俭观培育刻不容缓。

一、新时代节俭观培育的内涵和必要性

节俭是中华民族传统美德之一。中国共产党自 1921 年创建以来，就一直以勤俭节约、艰苦奋斗作为沿袭至今的行为准则，多次提倡全党全国各族人民厉行节约，并明确表示勤俭节约与我们的社会发展进步是密不可分的[3]。新时代到来之后，对节俭观培育赋予了更新的内涵并提出了更高的要求。

（一）新时代节俭观培育的内涵

新时代大学生的节俭观培育实际上就是将新时代大学生当作培育对象，基于其身心发展特征，通过学校教育等多方的共同努力对大学生进行相应的理论与实践相结合的教育，使其树立起正确的节俭观念，同时自觉进行各种节俭行为的培育过程[4]。加强新时代大学生节俭观培育，不仅有利于中国特色社会主义的建设，而且有利于高校大学生的综合素质得到进一步发展。在社会经济蓬勃发展、网络信息技术更新换代的当下，大学生的消费观念以及身心特征也在随着时代迁移而发生一定的变化[5]。所以说，高校在树立大学生正确的节俭观时一定要基于时代发展的特点、顺应时代发展所带来的变化，让大学生明白新时代所提倡的节俭并不等同于艰苦时期的每天粗茶淡饭，一块钱用作两块花，更不是要抑制人们的消费需求，而是要合理控制自身欲望，杜绝提前消费，消费时要基于自身需求和能力，同时要自觉节约自然资源，保护我国生态环境。当今大学生的学习以及个人生活主要在学校范围内进行，所以在大学生节俭观培育的工作中，学校扮演着非常重要的角色。学校发挥主要作用的同时，社会以及家庭也是新时代大学生节俭观培育中的两大基础阵地，因此对大学生进行节俭观培育需要高校、家庭和社会多方配合，才能实现培育作用最大化。

（二）新时代节俭观培育的必要性

1. 我国现阶段的基本国情和社会发展的需要

党的十九大报告指出，我国的社会主要矛盾已经发生了转变，但从现阶

段的情况来看，我国的基本国情并没有发生改变，仍然处于并将长期处于社会主义初级阶段。因此，现阶段对我国大学生进行节俭观培育是当前社会发展的需要，有助于大学生正确认识到我国的现状和基本国情，了解到现阶段节约资源和保护环境的重要性，使其能够主动地养成节俭行为，为我国保护环境和节约资源做出贡献。另外，新时代大学生是我国高知识、高水平人才的储备军，是我国未来的中流砥柱，对新时代大学生进行节俭观培育，有助于他们养成厉行节约、坚韧不拔的品质，帮助他们在成长过程中获取精神力量以便更好地进行理论知识学习和专业技能锻炼，进一步推动大学生成为全面发展的高素质人才，在未来更好地进行社会建设，这在一定程度上对我国未来社会发展具有重要的积极意义，推动社会向好发展[6]。

2．构建节约型社会的需要

党的十六届五中全会明确提出，要加快建设资源节约型、环境友好型社会，促进经济发展与人口、资源、环境相协调。党根据现阶段我国的基本国情提出了构建节约型社会这一重大决策，它既是科学发展观的重要内容，也是建设社会主义精神文明的必然要求。现阶段，我国虽然资源总量大，但由于我国人口基数较为庞大，人均资源占比仍然低于世界平均水平。新时代的大学生是祖国的希望，是未来建设社会主义现代化强国和实现中华民族伟大复兴的主力军。因此，对大学生进行节俭观培育，一方面有利于大学生深化对厉行节约意义的认识，在思想层面认识到节约的重要性，并且在其成长的过程中外化为节俭行为。这对我国建设节约型社会具有重要的积极意义和推动作用。另一方面，能提高大学生对与节俭相关的产品的研究兴趣。例如，在科技方面，会促进以勤俭节约为主题的相关科技产品的问世，如更多节能产品的出现。这些都是我国建设节约型社会的有效推动力。

3．培育大学生道德品质的现实诉求

专业知识的储备和过硬的实践能力是大学生实现其自身全面发展的重要组成部分，良好的道德品质更是实现全面发展必不可少的基础。节俭作为我国沿袭至今的优秀美德，在大学生全面发展的道路上有着不可替代的现实意义和指导意义。首先，培育节俭观有助于大学生完善自身的价值观。节俭是中国优秀传统美德之一，是形成正确价值观必不可少的一环。大学生处在价值观念尚未成熟的阶段，容易单纯追求物质需求而忽略精神需求。节俭观培育所提倡的便是以实现基本生活需求为基础，克服内心贪欲，减少不必要不合理的消费行为，正确平衡物质需求与精神需求。与此同时，引导大学生树立艰苦朴素的生活作风，培养大学生勇敢自信的个人品格，面对生活中的困难，自立自强，乐观向上，这些都有助于大学生树立正确的价值观念。其次，培育节俭观有助于磨炼大学生坚忍不拔的意志，提高其自控能力。大学生进入校园之后，相当于提前进入一个模拟社会。由于大学生尚未形成正确的消费观和节俭观，面对各种不良商家的欺骗和诱惑时，很容易受其蛊惑产生不合理的消费行为。对大学生进行节俭观培育，有助于提高其基本的判断能力和意志力，自觉抵御其不良影响，形成适度消费的观念，同时实现节俭的目标，丰富自身的精神力量。最后，培育节俭观有助于培育大学生艰苦奋斗的精神品质。大学生在成长的过程中，坚定的信念和强大的精神品质是其实现远大抱负和理想目标的精神基础。对大学生进行节俭观教育，改善其不良消费习惯，推动其形成勤俭节约、艰苦奋斗的优秀品质可以帮助大学生增强其精神力量，是其实现自身全面发展的有力保障。

二、新时代大学生节俭观培育存在的问题

现阶段的大学生节俭观培育主体以高校为主，并且取得了一定的成果，思想政治理论课中与节俭观相关的内容也日臻完善，总体呈现出稳中求进的发展态势。但目前仍存在重理论研究、轻实践应用，重问题发现、轻归纳总结的问题，并且没有形成多方合力的教育体系，这些问题亟待改善。

（一）重理论研究，轻实践应用

思想政治教育注重理论研究，但实践应用也是重要环节，其内在价值需要通过实践应用来实现。因此，节俭观的培育工作应深入大学生日常生活的方方面面中。但目前，高校对大学生节俭观的培育方式与大学生日常实践的联系紧密度远远不够。首先是当前我国高校对大学生节俭观的培育仍停留在思想政治理论课程层面，缺少与节俭相关的专业课程，使得高校节俭观培育影响甚微、效果有限。其次是我国高校开展关于节俭观培育的校园文化建设活动较少，对大学生节俭观的引导教育主要是通过思想政治理论课程来实现，对校园文娱活动和学生社团的作用重视不够。现有的关于大学生节俭观培育的校园文化活动数量偏少，而且许多学生对此缺乏兴趣，参与度低，很难起到有效的教育引导作用。最后是高校提供给大学生的相关社会实践不多。虽然现阶段我国高校十分重视对大学生进行艰苦奋斗、勤俭节约的理论教学，但培育策略比较流于表面，难以真正对大学生产生深刻的影响。

（二）重问题发现，轻归纳总结

首先是思想层面系统性不足。目前，我国不少高校从思想认识层面上对大学生节俭观培育的重视度较低，只注重问题的发现，不注重指导和解决。其次是观念层面认识度不高。高校受制于传统观念的影响，现有的教学体系往往只注重文化知识和专业技能的学习，对学生思想品德方面的培育重视度不够。许多至关重要的节俭观理念，如科学消费观、绿色消费观、勤俭节约道德品质等，并未当作专题教育来进行系统性的教学。最后是教育层面归纳性不强。目前，我国高校思想政治理论课程中还没有专门的实践环节用于探究节俭教育，仅有的稀少内容也是零散的、片段地分布于个别案例之中，未能使大学生节俭观培育形成连贯系统的教学体系。同时，新时代大学生的消费取向和消费驱动力也有了新的变化。他们对商品的购买需求不再是单纯地注重实用性、性价比，突出个性、追求时尚成了其消费的主要目的，这不可避免地导致攀比消费、从众消费甚至浪费行为的产生，超前消费成为普遍趋势。而对这些新的消费特点的研究不够，大大降低了节俭观培育工作的有效性。

三、新时代加强大学生节俭观培育的有效路径

提高大学生节俭观培育的实效性需要社会、高校、家庭以及大学生自身四方合力共同发挥作用，构建良好的社会环境，不断完善节俭观培育体系。

（一）营造利于大学生节俭观培育的良好社会环境

1. 政府加强节俭制度建设

制度建设是节俭观培育的基本保障。为加强新时代大学生节俭观培育，政府需出台相关规章作为制度支撑。例如，推行并落实包含节俭观内容在内的法律法规。其实，现阶段，我国有着厉行节俭的相关制度条例。中共中央、国务院于2013年11月印发了《党政机关厉行节约反对浪费条例》，要求全党上下切实履行杜绝浪费的原则，要求党政工作人员以身作则，发挥党员厉行节俭、反对浪费的模范榜样作用。除此之外，教育部也发布了《教育部关于勤俭节约办教育建设节约型校园的通知》。此通知强调了勤俭节约的社会风气对我国现阶段社会发展和高校培养节俭校风的重要作用，倡导各高校进行节俭相关制度改革，在校内推行勤俭节约的良好风尚，提高大学生

对节俭观的认同感，共同建设节约型校园。由此可见，党和国家高度重视厉行节约、反对铺张浪费，厉行节约已经由自觉行为上升至法定义务，浪费行为将受到法律制裁。各级政府也应当积极遵循国家政策，发挥政府的政策引导和监督作用，为大学生厉行节约教育营造一个良好的社会环境。

2．利用大众传媒加大节俭观宣传力度

大众媒体是宣传正确节俭观和消费观的重要载体。随着互联网技术的高速发展，信息传递已经可以做到实时传递和多项互动传递，传递的时效性得到显著的增强。因此，大众媒体需要在阻挡错误的消费观念带来的冲击以及加强对大学生节俭观的宣传教育与引领这两方面发挥作用和承担责任。

首先，要充分发挥传播媒介的舆论导向作用。一方面，要通过传统媒体大力弘扬符合社会主义核心价值观的、正确的、科学的消费观和节俭观，并且对传统媒介进行革新，使其更符合大众需求，扩大其受众群体，增强其在大学生群体内的影响力。同时，要加大在电视平台上投放公益性广告的力度，增加与节俭观相关广告的占比，并且可以在综艺类电视节目中增加与节俭相关的板块内容，使包括大学生在内的人民群体在娱乐之余进行与节俭观相关知识的学习，推动大学生节俭观培育的发展。另一方面，要充分重视现今最受年轻群体欢迎的自媒体平台。在自媒体平台上开设德育宣传板块，增加节俭观相关内容并加大宣传力度，占领舆论高地。

其次，加强对大众传媒监管和治理的力度。目前，我国对传播媒体的监管力度存在着不均的情况，对传统媒体的监管相对比较严格，基本已成体系；然而对于各种新兴的短视频平台的监管仍然还处于体制不健全的状态。尤其是近年来，随着互联网和自媒体平台的快速的发展，一些搭乘技术快车，以吃过量食物为内容的直播、短视频迅速走红网络，深受部分年轻人的青睐，不少此类主播因暴食成为网络红人，凭借打赏、广告获利。但吃播行业快速发展的背后，存在假吃催吐、浪费粮食、暴饮暴食等乱象，这类现象与节俭的传统观念严重相悖。大学生由于住校或者出于追求新鲜事物的心理，多通过网络来获取信息，容易受到不良网络信息的影响。因此，网信办等相关部门要加强对此类平台的监管，定期开展专项整治行动，同时需明确相关网络平台的法律责任，双重保障杜绝此类乱象对大学生产生不良影响，发挥对大学生节俭观培育的辅助作用。

3．确立消费行为规范

确立消费行为规范是培育节俭风尚的有力举措，有利于大学生改善消费方式，了解消费形式，掌握节俭消费的基本技能和知识，促进大学生的全面发展，从而更好地营造节俭的社会氛围。

首先要明确消费行为规范的指导思想和基本原则。要坚持以马克思主义、毛泽东思想、邓小平理论、“三个代表”重要思想、科学发展观和习近平新时代中国特色社会主义思想为理论基础，以可持续发展为主要原则和主要目标，在符合现阶段我国基本国情和大众需求的基础上，制定合理的消费行为准则，并加大社会宣传力度。其次要规范政府工作人员的消费行为，加大监管力度，严厉打击奢侈浪费的行为。提高党内公职人员厉行节约的意识，对党员干部的铺张浪费的行为加以惩处，严格遵守“中央八项规定”，引导适度消费、理性消费。“倡导厉行节约、反对铺张浪费”所针对的不只是社会现象问题，更体现了党中央反腐倡廉的决心和依法治国、从严治党的态度，从而为大学生节俭观培育提供坚实的社会依托。最后要制定明确具体的消费行为准则和奖惩机制。消费行为准则不能只是简单的口号或者空话，要从人民的实际生活出发，确立用水、用电、使用物品、垃圾分类等日常生活方面的行为准则。如在高校内，加大电子教材、电子试卷、电子文件的使用范围，减少纸质材料的使用；根据上下课铃声的设置，设定教室的用电时间，减少不必要的电力资源浪费；以学生公寓为单位，定期筹办跳蚤市场，为学生提供闲置物品交易的场地，减少浪费。

（二）充分发挥学校在大学生节俭观培育中的主导作用

1. 加强思想政治理论课的阵地作用

思想政治理论课是高校思想政治工作的主要阵地。首先，思想政治理论课必须坚持运用社会主义荣辱观教育大学生，夯实大学生节俭的道德基础，并以此作为抵抗消费主义、奢侈主义和享乐主义侵蚀大学生的理论武器，促进大学生正确节俭观的培育和形成。同时应该在教学过程中根据教学内容规范大学生的消费行为，为大学生灌输科学、理性、绿色的可持续消费理念。其次，要注重高校思想政治理论课中节俭观培育的方法创新。这是影响节俭观培育实效的重要方面。高校思想政治理论课的教学方法主要是讲授法和课程实践法，在此基础上，要结合新时代党中央提出的“八个相统一”工作要求，进一步进行方法创新。教师可以利用互联网来实现语言教学和视频教学相结合，在互联网上收集与节俭观教学内容相关的资料，提升课堂趣味性。最后，高校思想政治理论课要更加重视实践运用和知行统一。教师在教学过程中可以亲自带领学生深入社会参加与节俭相关的社会实践活动，通过实践活动引发学生对于节俭活动的思考，将显性教育与隐性教育相结合，使学生在启发式、开放式的环境中自主思考和学习理论知识，将节俭观升华到知行合一的高度，内化于心，外化于行。

2. 强化教师在节俭观培育中的重要作用

高校思想政治教育的主体力量是高校思想政治理论课教师，思想政治理论课教师是“高等学校教师队伍中承担开展马克思主义理论教育、用习近平新时代中国特色社会主义思想铸魂育人的中坚力量”[7]。这就要求教师在节俭观培育的过程中充分发挥重要作用，实现立德树人的教学目标。

首先要加强教师责任意识的培养。高校应在教师任职初期对其进行责任意识培训，使他们认识到作为教师立德树人的基本使命，认识到教师在教学过程中对学生价值观念的直接影响，强化教师在教学过程中的责任感，用正确的态度对待教学工作。除此之外，还应加强教师的相关理论学习。在对学生进行培育之前，教师首先要正确了解我国的基本国情和社会发展现状，并且具备完善的节俭相关知识理论储备，以此来帮助学生树立正确的节俭观和价值观。其次要加强专业课教师的师资队伍建设。专业理论课不是一味的、单方面的说教，教师在制定教学手段和教学方法时应充分考虑不同学生的实际情况和需求，“因课制宜”“因人制课”，真正做到“对症下药”，有针对性地开展教学工作，以更好地促进新时代大学生节俭观的培育。

3. 注重营造节俭的校园文化氛围

高校是培育大学生节俭观的主要场所，高校的校园文化建设是一项系统工程。大学生会在大学校园中度过整个高等教育阶段，高校的校园文化环境会潜移默化地影响大学生的成长与发展。

首先，高校要规范校内商业活动。大学生在步入大学校园后可以自由支配生活费，这种情况让不良商家有机可乘，利用大学生消费观念不成熟的特点，以限时抢购和促销的名义引诱大学生冲动购买不实用以及不符合自身消费需求的商品，造成大学生的不合理消费。因此，高校要加强对校园商业活动的审查和监管，有效防范和遏制诱导消费与欺诈行为，保护大学生的身心健康和合法权益。其次，加强校园文化建设。在加强节俭观思政课建设的同时，高校应增加部分以节俭培育为主要授课内容的文化类选修课，开展丰富多彩的文化课堂活动来引导大学生追求积极向上、勤俭节约的精神生活。最后，高校要注重引导大学生健康的消费心理。心理问题是大学生产生不合理的消费行为、浪费行为的重要原因之一，高校应该设置相应的心理咨询机构，并鼓励学生进行心理咨询，及时发现不合理行为背后存在的心理问题及价值观念，由专业的心理咨询教师对有这一心理问题的学生进行及时、合理的疏导。

（三）充分发挥家庭在大学生节俭观培育中的引导作用

1. 家长发挥榜样示范作用

家庭是孩子的避风港，也是孩子的启蒙摇篮；父母是孩子的第一任启蒙老师。个人的健康成长离不开家庭环境的影响和父母的合理引导。大学生几乎所有的消费活动支出是由家庭提供的，在经济上对家庭的依赖程度高，其节俭观和消费观的形成很大程度上取决于家庭教育。因此父母在子女的成长过程中，要处处以身作则，发挥正确的示范引导作用。在家庭的日常消费活动中，要合理记录家庭收入并规划家庭支出，建立与自身家庭经济条件相适应的消费习惯。这个过程中，不是单纯地通过减少支出来达到节省的目的，而是提升家庭消费的质量，真正实现消费的价值。在健康的家庭消费氛围中，引导子女养成良好的消费习惯和节俭观念，在“身教”的同时辅助以适当的“言传”，最大限度地起到对子女消费观和节俭观的正面引导示范作用。

2. 树立良好正确的家庭节俭教育观念

首先，在物质上实行民主与管控相结合的教育。父母提供的生活费是大学生经济收入的主要来源，父母需要定期与子女就经济问题进行沟通和协商，了解其每月的基本消费情况，合理、适度、有计划地供给生活费。其次，要重视对子女的理财教育。现阶段，大多数大学生还不具有解决消费问题的能力。一方面，大学生刚刚获得生活费的自主支配权，尚未制定合理的支出计划，容易产生不合理的消费行为；另一方面，互联网的不断更新换代使各种网络理财 APP 层出不穷，大学生缺乏成熟的判断能力，容易上当受骗。这类消费问题产生的原因之一正是家庭理财教育的缺失。虽然家庭理财教育尚未形成科学、系统的教育体系，但是家庭教育能够使大学生从小对理财形成正确的认知，养成自主理财的良好习惯。

3. 家长理性对待子女的物质需求

首先，父母要培养子女形成正确的金钱观。在子女幼时，父母就应该逐步引导子女正确认识金钱的性质和作用，使孩子对作为货币符号的金钱形成准确的认知。其次，父母要规范子女的消费行为。家长要引导子女认识到

“需要”和“想要”的区别，培养其对自身物质欲望的自控能力。在子女的成长过程中，理性地对待子女的物质需求而不是一味地满足。最后，老年长辈同样要承担起节俭观培育的责任。新时代大学生绝大多数是在“4＋2＋1”的家庭模式中成长起来的。在这样的家庭背景下，由于父母工作繁忙，老年长辈会更多地承担陪伴的责任。所以，不能忽视老年长辈在大学生节俭观培育中的作用。老年长辈也要有意识地对孙辈进行适当的节俭观教育，客观对待其消费需求，杜绝溺爱行为。

（四）引导大学生进行节俭观的自我培育

1. 树立合理的消费观念

新时代大学生要自觉抵制与节俭观相违背的不良消费观念，就需要充分发挥自我教育功能，多吸收符合时代特征的“俭而有度、理性消费”的消费理念。这样有助于大学生审视自身的消费观念，提高对合理消费观念的认同感。这是形成合理消费观念的前提。

首先，大学生要培养自身节俭的优良品质。大学生要注重合理消费观念的理论学习，了解合理消费观念的内涵，在理论学习过程中提高对合理消费观念的认同感，指导自己逐步形成符合当代社会主义核心价值观要求的合理消费观念。其次，大学生应提高自身的判断能力。目前，部分大学生易受到来自外部的各种不良消费观的冲击和影响，如大众媒体和周围社会群体的诱导消费等。针对这一问题，当代大学生要加强自己的思辨能力，在面对各种不良消费观的诱惑时，要充分运用逻辑思维和所学的相关理论去分析各种诱导消费背后的本质，分析其是否可以真正满足自身的物质需求，在分析的基础上做出正确的消费抉择。

2. 自觉接受节俭观教育

大学生要自觉接受节俭观培育，增强对节俭观的认同感，自觉养成节俭习惯，形成节俭意识。首先，要积极学习节俭观相关理论知识。现如今，不少高校的思想政治理论课程都加入了节俭观相关内容，以实现节俭观培育的目标。但一些大学生对思想政治理论课程持消极态度。所以为了提高节俭观培育的实效性，需要大学生转变对思想政治理论课程的态度，认真学习节俭观相关的课程，提高对节俭观的兴趣和认同感，在理论学习的过程中，自觉培养节俭意识。其次，大学生可以在闲暇时间，了解我国构建环境友好型、资源节约型社会的情况，主动学习保护环境、节约资源的相关知识，并把相关节俭理论知识外化为节俭行为，在形成节俭意识的同时，养成节俭的良好习惯。

3. 积极投身节俭实践活动

当代大学生在注重节俭观理论基础的同时，要有意识地主动参加各种社会实践活动，以此来矫正自己不良的消费观念和培养良好的节俭习惯，树立合理的消费观和正确的节俭观。

首先，大学生应积极参加到各种勤俭节约实践活动中，如学校各种社团组织的公益义卖活动或者找一些力所能及的社会兼职等，在社会实践中体会金钱的来之不易，培养自身的节俭习惯。其次，大学生应注重提升自己的理财水平。在日常消费活动中，大学生可以借助记账本或者包含记账功能的APP，对日常的消费行为进行记录。这样不仅可以帮助大学生直观地感受和了解自身的消费行为和消费习惯，还方便大学生定期对自己的日常消费进行总结，发现自身与合理消费观和正确节俭观相违背的消费行为，并及时纠正。

参考文献：

[1] 本书编写组．更加科学有效地防治腐败：习近平同志在十八届中央纪委二次全会上重要讲话精神学习读本［M］．北京：人民出版社，2013：66.

[2] 习近平．决胜全面建成小康社会　夺取新时代中国特色社会主义伟大胜利——在中国共产党第十九次全国代表大会上的报告［M］．北京：人民出版社，2017：51.

[3] 李军刚，尚昱含．中国共产党的节俭思想及其现实意义［J］．思想政治教育研究，2014，30（3）：81.

[4] 赵修义．试论节俭之德及其现代意义［J］．毛泽东邓小平理论研究，1996（4）：7.

[5] 朱平，苗笛．节俭：大学生消费财商的核心价值［J］．思想教育研究，2012（8）：56.

[6] 鲁凡．全面建成小康社会背景下大学生节俭教育探究［D/OL］．南京：江苏师范大学，2016［2023-01-07］．https://kns.cnki.net/kcms/detail/detail.aspx?dbcode=CMFD&dbname=CMFD202001&filename=1019627265.nh&uniplatform=NZKPT&v=r7qn7QWJWqblTilL7rVGJ-

N1KkQRU-317Vdffvwd-9p-CIF3rKGQEz4-PIBLIE4P.
[7] 新时代高等学校思想政治理论课教师队伍建设规定［J］. 中华人民共和国教育部公报，2020（Z1）：7.

专题二　思想政治理论课教学改革创新研究

新时代高校思政课教师自我效能感的三维解析[①]

张晓明　郭文君[②]

（西华师范大学马克思主义学院　南充　637009）

［**摘　要**］新时代高校思政课教师自我效能感作为学生“成长幅度”的内在构成，是决定其人才培养是否达到让党放心、让国家满意、让社会认可和让学生受益效果的重要参数。唯有因事而化、因时而进、因势而新地解读新时代高校思政课教师自我效能感职业特性的“独特性”、使命内涵的“时代性”以及国家站位的“人民性”，才能有效激发思政教师自我生命觉醒，实现自我超越并助力推动新时代思政课在守正创新中提质增效。

［**关键词**］新时代；思政课教师；自我效能感

作为班杜拉自我效能理论在教育教学领域延伸的教师自我效能感，是指教师对自身有效完成教学活动、实现教学目标的能力评估与信心感知。从这个意义上说，高校思政课教师基于对自身有效完成教学活动、实现教学目标的能力感知是高校思政课教师自我效能感的基本内涵。概念的解读固然受基本内涵的制约，否则概念就成为一种无边界或无所不包的存在；同时，概念的解读又要力图突破基本内涵的单一性与封闭性，善于从职业特性、使命内涵、人才培养等维度充分研判、学理分析、与时俱进、开拓创新地进行外延的拓展与延伸，才可能使高校思政课教师在把握概念内涵本质规定性基础上达到对自身使命的普遍认知并取得基本共识，进而增强讲好思政课的底气。

---

① 本文系2019年四川省社科规划重大项目“时代新人坚定文化自信的科学导向研究”（SC19EZD044）、2020年四川省教育发展研究中心一般项目“互联网赋能教育的效能研究”（CJF20033）的阶段性成果。

② 张晓明，西华师范大学马克思主义学院院长、教授、硕士生导师，四川大学生思想政治教育研究中心主任，四川省中国特色社会主义理论体系研究中心特约研究员，四川省马克思主义理论类专业教学指导委员会委员，四川省大中小学思政课一体化建设指导委员会专家指导组副组长；郭文君，西华师范大学马克思主义学院硕士研究生。

正如习近平总书记指出的："办好思政课，有不少问题需要解决，但最重要的是解决好信心问题。"[1]280一项针对50余所地方应用型大学马克思主义学院思政课教师职业倦怠现状的调查显示，"47.81%的教师认为自己存在'职业倦怠'"[2]。职业倦怠实质是自我效能感的危机信号。高校思政课教师如果不能产生积极主动的自我效能感，则播种信念、夯实信仰、塑造灵魂都没有着落，立德树人也就成为一句空话。正是基于这样的认识以及目前学界尚未把"新时代高校思政课教师自我效能感"单独列为命题进行系统研究，本文在充分研判和学理分析的基础上，从思政课教师自我效能的独特性、思政课教师自我效能的时代性、思政课教师自我效能的人民性三个维度来解析上述问题。

一、内在规定：职业自身的独特性解析

由于不同活动领域所需能力、技能的差异性，个体对于完成不同活动任务的自我效能也就因人、因事、因情景而异。因此，对高校思政课教师自我效能感的解析不是概念的简单套用，也不是概念的天马行空，而是立于职业自身内在规定基础上的独特性解析，是与时俱进、实事求是、解放思想、求真务实、准确识变、科学应变、主动求变的产物。

（一）职业范围的确定性

职业作为社会分工的产物，是凭借专业知识和技能创造物质财富或精神财富的专门业务。正所谓"传道有先后，术业有专攻"，职业的社会属性内在规定了职业范围的确定性，决定了高校思政课教师既不是从事数学、物理等理工类专业技能教学，也不是从事音乐、舞蹈、体育等艺术教学，而是从事具有清晰课程边界、完整课程内容、独特教学使命的高校思想政治理论课教学。就其职业角色层面而言，因国家、学校、学生对思政课教师角色的期望与赋能转换要求而构成了"多核角色"：党和国家政策的解读者、扼守高校意识形态桥头堡的坚定爱国者、大学生成长成才路上的引路人和指导者。这需要高校思政课教师对"多核角色"进行"二次分析"，厘清多重角色之间的内在关系，进而系统掌握和精准认识作为国家意识形态领域守护者的本质角色与教书育人的核心角色[3]158-161。就其职业任务的层面而言，与通识教育课程、专业课程、实践课程偏向知识传授与智力发展，注重培养拥有一技之长的技术型人才相比，高校思想政治理论课突出强调"德"的涵养，

旨在教育引导青年认识世界、改造世界。这意味着二者在人才培养上必然表现出某些异质性。具体而言，就是通过持续不断的有效教育激励学生从小我走向大我，把自己的发展融入祖国的发展，将个人理想奋斗融入祖国建设，立为国奉献之志，立为民服务之志。为祖国和人民的利益而奋斗的过程，就是通过文化育人、精神成人、立德树人，实现学生德智体美劳由“入口”（入学）时的蒙昧状态向“出口”（毕业）时的完满状态循序渐进的转变过程。这一过程的顺利转化必须坚持党的领导以保证“为党育人，为国育才”的鲜明政治导向，必须坚持以学生为中心，坚持实事求是，以保证“因材施教、个性发展”的科学理念得以贯彻。基于此而开展的高校思想政治理论课则必须始终坚持以“学生为中心”，以培育“担当复兴大任时代新人”为根本目标；必须始终贯彻以增强学生获得感为使命、以学生需求为追求的主线主旨，坚持汇其所智、倾其所力、用其所情；必须统筹课内与课外、网上与网下、理论与现实、学校与社会等多重要素；必须善用国家大势、社会大潮、生活大剧中的鲜活素材、生动故事讲好“大思政课”，打造“时时、处处、人人”的全时空育人场域。基于以上论述，从职业范围的确定性维度界定，高校思政课教师的自我效能感是高校思政课教师对自我精准释疑职业角色的确认和对肩负起文化育人、精神成人、立德树人职业任务的坚定信心。

（二）所负职责的重要性

根据马斯洛的需求层次理论，自我实现需求包括“自我需要（索取感）”与“被他人需要（价值感）”两方面。正所谓“赠人玫瑰，手有余香”。一个人在感觉到自己“被需要”“有价值”时便会产生精神上的满足感与幸福感，并转化为源源不断的内在动力。由此观之，作为影响教师自我效能感众多因素中的职业需求感亦是我们理应重点考察的对象。思政课教师肩负着立德树人的根本任务，责任重大。相较于自然科学类课程以及其他哲学社会科学类课程而言，高校思政理论课的铸魂育人功能更为突出。正如清代朱舜水的《劝学》篇强调：“敬教劝学，建国之大本；兴学育才，为政之先务。”[4]青少年是祖国的未来、民族的希望，青年的价值取向决定整个社会的价值取向，而青年又处在价值观形成和确立的关键时期，抓好青年成长关键时期价值观的养成十分重要。当前国际形势复杂多变，各种思想文化交流交融交锋更加频繁，主流文化与非主流文化并存，先进文化和落后文化交织，社会思潮纷纭激荡，历史虚无主义、民粹主义、精致利己主义、唱衰中国、历史终结等错误思想和舆情不仅干扰青年大学生世界观、人生观、价值观的科学树立，也同样削弱了伴随学生成就感而生的教师成就感。鉴于此，新时代高校思政课教师要有勇挑重任的使命感、沉着应对的理智感，善于依托理论大课堂，以贯通古今的大历史观讲好中国共产党苦难辉煌的过去、日新月异的现在以及光明宏大的未来，以融通中外的国际视野讲好中国故事，正确认识中国特色和国际比较；善于依托实践大课堂，把思政课融入火热的社会实践，将思政课推进广阔的天地之中，在与现实的紧密结合中、与实践的充分互动中、与时代的同频共振中增强思政课的亲和力、吸引力、感染力；善于依托网络大课堂，实现物理空间与网络空间全面衔接、线上线下整体联通，实体课堂与虚拟课堂一体贯通，提供人人皆学、处处能学、时时可学的教育生态，营造线上线下、课上课下、校内校外，无时无处不在、无处不有的全时空育人场域。如此，新时代高校思政课教师才能在危机中育先机，于变局中开新局，肩负引人以大道、启人以大智、育人以大德的课程重任；才能使学生在理论的认同中改变自己、影响他人、引领未来。从这一角度而言，所谓新时代高校思政课教师自我效能感，是高校思政课教师应育人之所需，在风云变化的时代背景中坚定从教，实现引人以大道、启人以大智、育人以大德的坚定信念。

（三）职业要求的严格性

如果说一个人在“有价值”而“被需要”时会产生精神上的满足感与幸福感，进而形成强大的内驱力，那么，“被要求”同样是“有价值”。“被要求”的出发点在于“被要求”主体尚未到达令他人满意的状态。因而，有必要将外在标准内化为自身素质，上升为自身行为准则，以便达到完满状态。换言之，潜在价值到现实价值的转变离不开条条“规矩”的有力约束。此外，强调高校思政课教师职业要求的严格性并不是对高校思政课教师职业自主发展的否定和替代，而是对高校思政课教师的殷切期望和重视，不是无视高校思政课教师培养标准的天马行空，而是指向培养目标达成度、社会需求适应度、质量保障运行有效度的战略举措。强调高校思政课教师职业要求的严格性并不是否定其他学科教师职业要求的严谨性，而是强调具体职业程度不一的差异，主要表现为以下三个方面：第一，严把政治关。思想政治工作是党和国家各项工作的“生命线”，思政课不仅关涉中国特色社会主义大学的办学方向，而且关系青年学生的健康成长。此外，从课程名称的构词角度来看，其关键词不管是“思想”还是“政治”，无不彰显课程的政治站位。因此，思政课教师必须首先自己信仰坚定，对所讲内容高度认同，主动做学习和实践马克思主义的典范、面临大是大非头脑清醒、行动自觉，才能引导学生真学、真懂、真信、真用。对此，中华人民共和国教育部令第46号《新时代高等学校思想政治理论课教师队伍建设规定》明确规定："对犯政治错误的高校思政课教师，在职称评定中实行'一票否决'。"[5]第二，严把师德关。"其身正，不令而行；其身不正，虽令不从。"[6]高校思政课教师作为引路者和铸魂者，只有把好师德建设第一关，才能以其高尚的人格感染学生、赢得学生。第三，严把业务关。教师的业务能力是教师立德树人、行为世范之本，是思想政治教育有效性的重要保障。思政课不容易讲好，因为它对教师的业务能力有很高的要求，需要高校思政课教师具备贯通古今、汇通中外的文化整合能力，与时俱进、守正创新的综合创新能力，也就是需要有战略思维、历史思维、辩证思维、底线思维、系统思维、创新思维。因此，从职业要求的严格性维度去解析高校思政课教师自我效能感，就在于研判自己的职业特性之后，将职业要求的外在规约奉为内在发展尺度，进而化为"立德树人"的坚定信念。

二、与时俱进：使命内涵的时代性解析

自我效能感的情境性特征决定了自我效能感并非一种凝固僵化、固定不变的结果，而是一个与时俱进、不断发展的过程。因而，新时代高校思政课教师自我效能感概念的研究应该常论常需、常讲常新。也就是说，任何时候研究思政课教师自我效能感都必须与具体的时代、教学阶段相结合。

（一）立德树人：人的时代性

"时代"作为人类生存和活动的时间标尺，"蕴含着历史发展的新趋势，体现着社会经济政治文化变化的新格局，凝聚着人类文明进步的新信息，展示着社会前进的新风貌"[7]。每个特定的时代都有反映这个时代本质特点的育人使命，因而每个时代都有打上属于自己时代烙印的思政课教师自我效能感。正如马克思所言："问题就是时代的口号，是它表现自己精神状态的最实际的呼声。"[8]立德树人根本任务来源于时代之问，思政课教师自我效能感的内涵也必然在解决时代之问中。因此，思政课教师的自我效能感在以学生需求为追求、以学生获得感为使命感、以学生价值的实现助推自我价值的实现中获得丰富的内涵与外延。

1949 年新中国成立，中国人民从此站起来了。随着国家和社会性质的改变，社会主要矛盾以及由此确立的国家发展战略，决定了培养有社会主义觉悟的有文化的劳动者和无产阶级革命事业的接班人成为这一时期人才培养的根本属性和基本指向。[9]改革开放，建立社会主义市场经济，富起来要有精神支撑。改革开放结束了物资短缺的历史，改善了生活质量，但真正的富有绝不仅仅是物质财富的占有，而是物质殷实和精神充实，精神空虚、道德败坏、理想信念淡化都会影响富裕的质量。伴随着改革开放的全面展开，邓小平对人才培养反复思索后，基于教育本质和价值导向，在给北京景山学校题词中作出了“教育要面向现代化，面向世界，面向未来”[10]的重要指示。因而，培养面向现代化、面向世界、面向未来的“四有新人”是党在改革开放新时期对“培养什么人”的战略选择。新时代，强起来要有政治灵魂。中国特色社会主义进入新时代，也进入了教育新时代，铸就了新时代教育观。“新时代教育观的第一要义是办人民满意的教育，核心是以学生发展为中心，基本要求是德、智、体、美、劳全面协调可持续发展。”[11]所谓人民满意的教育，就是让人民在教育发展改革中享有更多的获得感与幸福感。所谓以学生发展为中心，就是要把学生的成长成才作为一切教育教学工作的出发点和落脚点，不断满足学生成长成才的期待。所谓德、智、体、美、劳全面协调可持续发展，就是通过全面教育、和谐教育、终身教育造就“五育并举”“德才兼备”的时代新人。通过对三个时期“立德树人”之“人”的分析发现，新中国成立 70 多年来，立德树人的培养目标是一以贯之的，立德树人的内涵是与时俱进、不断完善的。从有文化的劳动者，到德智体全面发展，到德智体美劳全面发展，体现的是党和国家对新时代青年成长成人成才日益严格的要求，也体现了对新时代高校思政课教师能力素质、职业修养、道德情怀的高标准和严要求。因此，基于“立德树人”之“人”这一维度来解读新时代高校思政课教师自我效能感，则是高校思政课教师在遵循教育规律、把握时代发展大势中对一以贯之的立德树人目标在新时代的坚守，是在新时代致力于时代新人一生成长、培养未来社会主义建设者和接班人的职业自信。

（二）立德树人：德的阶段性

所谓阶段性，是指时间段或者事物发展的某一时期。人的认知理解能力、意志承载水平、理想信念追求以及身心发展的过程性决定了“立德树人”之“德”的阶段性。一个人的德行并非天然生成，德行的培养也并非一蹴而就，而是一个循序渐进、一以贯之、环环相扣的过程。“德”的养成阶段覆盖了人全部的成长历程。正如习近平总书记强调的，“在大中小学循序渐进、螺旋上升地开设思想政治理论课非常必要”[12]。对新时代高校思政课教师自我效能感概念的解读必须紧扣“培养什么样的人”的根本问题，必须紧密结合学生身心成长的阶段性与人才培养的与时俱进性，在实事求是、解放思想、求真务实、准确识变、科学应变、主动求变中推进“德”的涵养与时代同行、与现实同向、与实践同频。

小学阶段处于人生的“播种育苗期”，其思想政治教育重在进行道德情感启蒙，因而教师要以图片、故事、实地参观等形象化教学以及趣味性教学为主，以帮助学生产生爱党、爱国、爱社会主义、爱人民、爱集体的情感和做社会主义建设者和接班人的美好愿望。中学阶段处于人生的“拔节孕穗期”，相较于小学阶段的懵懂状态，中学生有了一定的知识积累和理论思维能力，其自我意识开始萌芽，独立人格逐步形成，开始思考人生的价值与意义。这就决定了思想政治教育以情境型教学为主，引导学生形成正确的价值判断，养成良好政治品格、政治素质。大学阶段处于人生的“灌浆期”，是学校思想政治教育的最后阶段，也是学生世界观、人生观、价值观的形成与定型期。相较于小学、中学的体验式、情境型教学，高校则更强调探究式教学，突出在“思”与“辩”中讲好马克思主义为什么行、中国共产党为什么能、中国特色社会主义为什么好以增强建设社会主义现代化强国及实现中华民族伟大复兴的信心；在国内外反复对比中增强做中国人的志气、骨气、底气；在火热的社会实践与广阔的天地中引导学生躬亲实践、知行合一，突破“躲进小楼成一统”的“纯学问”教学，实现“批判的武器”向“武器的批判”的转化。如此，高校思政课才能充满底气、接住地气、灌注生气，才能成为学生真心喜欢、终身受益、毕生难忘的“人生大课”，也才能使学生自觉将爱国之情、强国之志、报国之行融入坚持和发展中国特色社会主义事业、中华民族伟大复兴中国梦的伟大事业当中。由体验式教学、情境型教学再到探究式教学的转变，不仅是学生思想道德素质由低到高、由浅入深的阶段性体现，也是思政课教师“立德”使命的阶段性体现。因而，随着思政课教师不同阶段思想问题解决而增长的学生成长幅度、社会贡献力度便成为扩大教师影响力、提升教师自我效能的重要参数。从这一维度解析新时代高校思政课教师自我效能感，则是高校思政课教师在大中小学思政课一体化背景下对自我致力于新时代大学生“立德树人”之“德”的接力式传递与无缝对接，进而培养青年大学生以人民为师、与人民同行、为人民服务的大德的积极信念。

三、家国情怀：人才培养的人民性解析

所谓人民性解析，其侧重点在于以何高度、以何站位研究问题，强调的是“为谁培养人、怎样培养人、培养什么样的人”这一根本问题。习近平总书记反复强调要办好人民满意的教育，而人民满意的标准，从国家层面来讲，就是要培养一代又一代拥护中国共产党领导和我国社会主义制度、立志为中国特色社会主义事业奋斗终身的人才；从社会层面来讲，就是要培养明大德、守公德、严私德的人；从个人层面来讲，就是培养立志成才、渴望成才的人。这个集国家要求、社会需求、个人追求为一体的人才培养任务，需要与之相匹配的高校思政课教师来担当。总之，办人民满意的教育需要人民满意的教师。

（一）以国家要求为准则

恩格斯指出，“国家是整个社会的正式代表”，“是当时独自代表整个社会的那个阶级的国家”[13]。从马克思主义国家学说来看，国家是经济上占统治地位的阶级为运用国家政权来实现、巩固本阶级的统治，维护和实现自己的阶级利益而建立起来的政权组织形式。因此，国家的一切组织机构都要反映统治阶级意志、维护统治阶级利益，为统治阶级服务。作为无产阶级社会主义国家意识形态教育主阵地的高校思想政治理论课，必须“要放在世界百年未有之大变局、党和国家事业发展全局中来看待，要从坚持和发展中国特色社会主义、建设社会主义现代化强国、实现中华民族伟大复兴的高度来对待”[1]278。作为承担思政课教育教学任务的高校思政课教师则必须肩负攸关“国之大者”的课程责任和历史使命，致力于传道、授业、解惑的教育使命以及为中华民族千秋伟业培养后继者和接班人的政治使命。作为未来社会主义建设者和接班人，从国家层面来说，需达到三个条件：第一，未来社会主义建设者和接班人是具有“社会主义”属性、拥护社会主义制度、树立共产主义远大理想和中国特色社会主义共同理想的人。我国是社会主义国家，建设的是中国特色社会主义伟大事业，社会主义事业是人民的事业，是需要千百万人建设和延续的事业，因此培养具有“社会主义”属性的建设者和接班人是我国教育的重要使命。第二，未来社会主义建设者和接班人应该通过“四位一体”模式来塑造，即围绕学生发展这个中心，通过第一

课堂教师讲授、第二课堂学团活动、第三课堂社会实践、第四课堂海外研修来培养，任何一个课堂教学都要坚持知识传授、能力提高、素养提升、人格健全四个着力点并重来设计，只有这样，才能培养出适应社会需求的时代新人。第三，未来社会主义建设者和接班人是立志为中国特色社会主义事业奋斗终身的人才。我们党立志于民族千秋伟业，必须培养一代代拥护中国共产党领导和社会主义制度、立志为中国特色社会主义事业奋斗终身的时代新人。以上三个条件分别从培养什么样的人、怎样培养人、为谁培养人三个维度清晰明了地架构了中国特色社会主义教育所致力于培养的是具有家国天下、厚植为民情怀、兼具服务能力、立志引领未来的建设者和接班人。这需要新时代高校思政课教师在党的领导下坚持以人民为中心的教育宗旨，实事求是地讲好党的故事、革命的故事、英雄的故事。在解疑释惑的理论大课堂、火热朝天的实践大课堂、情景交织的网络大课堂中使学生产生服务意识、增强服务能力、提升服务素质、开拓服务格局，进而在服务民族、服务国家、服务人民、服务人类的实践中不断完善自己、影响世界、引领未来。只有这样的教育才能达到让党放心、让国家满意、让社会认可和让学生受益的效果。从国家层面解析新时代高校思政课教师自我效能感，则是高校思政课教师在为国育才的使命昭示下，对培养一代代具有爱国主义情怀、拥有超强服务能力、立志引领未来的建设者和接班人的能力自信。

（二）以社会需求为己任

从社会层面来看，作为系统缓解思想政治教育“有效”供给与学生“个性”需求，一定社会发展要求与大学生实际思想水平之间等矛盾的思政课教师，满足了“人之为人”“社会之为社会”的需要。因此，大学生的思想道德水平越接近社会要求就越能满足社会发展需要。犹如个体需要的多样性，社会需要也是丰富多样的，主要集中于社会认同、社会动员、社会精神构建方面的需求。所谓社会认同，是指人们在一定社会道德规范、目标、价值观念等方面所达成的一致认同。为了维护一定的社会秩序，协调在价值观念、生活习惯、道德水平、兴趣爱好等方面有显著差异的个体在社会共同体中和睦相处，推动社会生产发展有序进行，就必须用一定的道德规范、价值观念加以引导和规范。“人们基于基本的共同性行为规范、价值准则而构建起的秩序性，是人类社会存在与发展的基本条件。”[14]所谓社会动员，是社会为了实现特定目标，以社会身份对社会成员所进行的发动。从战天斗地的神话传说到可歌可泣的生动现实，从上古时期到今天，中国人民在抵御天灾人祸的紧迫关头，总能凭借内心强大的道德感悟力团结和凝聚起来，众志成城、攻坚克难。所谓社会精神构建，是指一个社会精神风貌的构建。一个时代的画卷，底色是人心；一个民族的复兴，关键在精神。社会的发展既需要物质“骨骼”，也需要精神“灵魂”，二者缺一不可。一个民族、一个国家，唯有在精神上达到一定高度才能在历史的洪流中屹立不倒、奋勇向前。社会精神的存在，使得社会号召力的发挥、社会秩序的建立获得无形却又强有力的效果。今天，建设社会主义现代化强国，实现中华民族伟大复兴的中国梦离不开一批批服务意识强、服务能力硬、服务素质高、服务格局大的大学生。质言之，作为思政课教师可塑的学生，“成长幅度”越大、越明显，“出口”学生与社会发展的匹配性就越强，为社会做贡献的能力就越大，也就越能证明思政课教师的教学有效、教学能力高超、教学技艺精湛，也就越能激发教师潜在效能。因此，从社会需求为己任的角度解析新时代高校思政课教师自我效能感，则是高校思政课教师立足社会本位站位，对自身致力于提升培养目标达成度、社会需求适应度、质量保障有效度、学生和用人单位满意度的坚定信念。

（三）以个人追求为依托

人的需要是人的内在的本质规定性，是人的全部生命活动的动因和根据。作为以教书育人、立德树人为天职的高校思政课教师，其内在需求的满足、生命价值的彰显唯有在教书育人的广阔天地中、在孜孜不倦的倾情投入中、在学生入学水平与毕业水平的显著增幅中、在毕业生对社会贡献的大小中才能有实现的可能。师生是彼此成就、相互成全的命运共同体。因此，要始终坚持以学生为中心，牢牢立足以学生需求为追求基本点，把学生对美好生活的向往作为思政课教师的职业追求。如此，才能在艰辛、繁杂的工作中守得住清贫、耐得住寂寞，有教学之乐而无教学之苦；才能把原本繁重的教学过程变成心甘情愿、相互扶持、不断生长的过程；也才能引导学生由“被动学”向“主动学”，由“被动成长”向“自主成长”，实现以一流课程育一流人才，倒推思政课教师行为动机的强化。就青年大学生而言，其内在需求集中表现为对社会适应需要的满足、对享受需要的满足、对发展需要的满足。所谓社会适应需要的满足，即人适应社会、处理社会关系的能力，反映的是人对社会所赋重任的承接力强弱。马克思在《关于费尔巴哈的提纲》中指出：“人的本质不是单个人所固有的抽象物，在其现实性上，它是一切社会关系的总和。”[15]个体作为社会“细胞”，其对社会的适应、社会关系的处理，既是个体生存与发展的基础，也是国家与民族生存的法则。个人只有在服务民族、服务国家、服务人民、服务人类的大格局中增长才干、锻炼本领，才能提高社会适应性。所谓享受需要的满足，即个体某种需要和愿望的满足，主要指精神上获得的快乐、幸福感体验。“人不仅为生存而斗争，而且为享受，为增加自己的享受而斗争”[16]，这种享受，既包括物质方面的，也包括精神方面的。如果说物质享受是个体生存发展的基础，精神享受则是人之为人的升华。人作为社会性的生命，对精神享受的追求构成个体生存发展的重要内容。所谓发展需要的满足，即个体自我完善、自我提高的需要。一种需要的满足是另一种需要的开启。人的需要是一个依次递进、螺旋上升的过程。如马克思所言：“这种需要具有很大伸缩性和变动性。”[17]人皆有对美好生活的向往之心，无论是对社会适应需要的满足、对享受需要的满足还是对发展需要的满足，其归旨在于美好生活的获得。因此，在精准识别学生内在诉求的基础上，通过先进的理论武装学生，让学生通过格物致知达到诚意正心，通过诚意正心达到修身、齐家、治国平天下的目的，既是学生成长的归路，也是思政课教师生命价值的归旨所在。从这一维度解析新时代高校思政课教师自我效能感，则是教师以学生需求为追求，以学生获得感为使命感，致力于以自我成长带动学生成才，以学生成长带动社会发展的坚定信念。

综合以上分析，所谓新时代高校思政课教师自我效能感，概括而言就是新时代高校思政课教师秉持“以人为本，立德树人”的教育理念，对自身立足本职工作，融合国家要求、社会需求、个人追求而与时俱进承担好立德树人，实现为党育可靠接班人、为国育合格建设者、培养担当民族复兴大任的时代新人历史使命的坚定信念。

［本文曾发表于《西华大学学报（哲学社会科学版）》2022年第5期。略有修改］

参考文献：

［1］习近平．习近平重要讲话单行本（2020年合订本）［M］．北京：人民出版社，2021．

［2］韩雅丽，丁三青．地方应用型大学思想政治理论课教师职业倦怠探析［J］．思想教育研究，2020（8）：125．

［3］曹胜亮．新时代高校思政课教师角色定位再思考［J］．湖北社会科学，

2021（5）.
［4］朱舜水：朱舜水集［M］. 北京：中华书局，1981：501.
［5］新时代高等学校思想政治理论课教师队伍建设规定［J］. 中华人民共和国教育部公报，2020（Z1）：10.
［6］杨伯峻. 论语译注：典藏版［M］. 北京：中华书局，2015：195.
［7］熊建生. 论思想政治教育内容建构的时代性［J］. 中南民族大学学报，2012，32（6）：156.
［8］中共中央马克思恩格斯列宁斯大林著作编译局. 马克思恩格斯全集：第40卷［M］. 北京：人民出版社，1982：289－290.
［9］王树荫. 立德树人70年——中国共产党“培养什么人”的战略抉择［J］. 教学与研究，2019（10）：77－78.
［10］邓小平. 邓小平文选：第3卷［M］. 北京：人民出版社，1993：35.
［11］张晓明. 以新时代教育观造就担当民族复兴大任的时代新人［J］. 创新，2019，13（6）：93.
［12］习近平. 习近平谈治国理政：第3卷［M］. 北京：外文出版社，2020：329.
［13］中共中央马克思恩格斯列宁斯大林著作编译局. 马克思恩格斯文集：第9卷［M］. 北京：人民出版社，2009：297.
［14］沈壮海. 思想政治教育有效性研究［M］. 武汉：武汉大学出版社，2016：137.
［15］中共中央马克思恩格斯列宁斯大林著作编译局. 马克思恩格斯选集：第1卷［M］. 北京：人民出版社，2012：135.
［16］中共中央马克思恩格斯列宁斯大林著作编译局. 马克思恩格斯全集：第34卷［M］. 北京：人民出版社，1972：163.
［17］中共中央马克思恩格斯列宁斯大林著作编译局. 马克思恩格斯全集：第25卷［M］. 北京：人民出版社，1974：210.

中华民族共同体意识融入高校思想政治理论课的文化路径探赜[①]

张　莉[②]

（西华师范大学马克思主义学院　南充　637000）

［**摘　要**］铸牢中华民族共同体意识，强化当代大学生对中华民族一致性或共识性的集体身份认同，是新时代民族工作的主旋律，更是高校思想政治理论课的重要任务。中华民族悠久的历史文化积淀着中华民族共同体最基础的价值认同和精神归依，中华民族共同体意识与中华文化之间存在深刻而复杂的互动，内在地决定了在高校思想政治理论课中培育中华民族共同体意识离不开中华文化的基本背景和依托。鉴于此，我们可以基于两者的历史渊源和时代价值，着重从教育内容渗透文化元素、教育过程体现文化精神、教学实践强化文化价值等方面来探寻中华民族共同体意识融入高校思想政治理论课的文化路径。

［**关键词**］中华民族共同体意识；高校思想政治理论课；文化路径

一、中华民族共同体意识的相关问题

（一）中华民族共同体意识的历史源流

“一切划时代的体系的真正的内容都是由于产生这些体系的那个时期的

①　本文系四川省思想政治教育研究项目“中华民族共同体意识融入大中小学思政课一体化建设研究”（SZQ2021－2－033）、南充市社会科学青年项目“新时代英雄精神的文化根基与培育机制研究”（NC2020C021）、西华师范大学党史学习教育专项“建党百年中华民族共同体意识培育的经验研究”的阶段性成果。

②　张莉，西华师范大学马克思主义学院讲师。

需要而形成起来的。”[1]“中华民族共同体”“中华民族共同体意识”作为新时代民族工作导向的重要概念，是反映我国民族工作的时代境遇与现实需要的思想理念，具有厚重的历史使命和鲜明的时代特色。从中华民族共同体意识的概念构成来看，包含了“中华民族”“中华民族共同体”和“中华民族共同体意识”三个层次的内涵，三者并不是简单的语义重复，而是对中华民族这一整体明显的认知和内涵转变过程的体现。根据其形成与发展过程，关于中华民族共同体意识的历史源流主要分为以下三个阶段。

1. 多元交融的历史阶段：中华民族共同体意识的孕育阶段

考古发现，中国的新石器时代开始于距今1.2万年前，虽然我们对这一时期的各个族群间的分分合合状况了解得并不多，但众多族群的存在应该是不争的事实。这些族群聚居区域内的众多山脉和大河将其划分为网络状的空间结构，加之中华文明“满天星斗”式的起源特征，使得各民族高度依赖的情景逐步显现，中华民族多元一体格局开始孕育。古代中国的政治统一与民族统一、天下一体和华夷一体是相辅相成的。按照古人的天下观念，中央与四方相对立而构成天下，相应的华夏与四夷相对立而构成全部民族，就整个春秋时期的“华”“夷”而言，华夏族存在于天下的中央，而四夷则是周边族群。在天下人群结构下的春秋时期，华夏诸侯从“尊王攘夷”的现实中逐渐达成了一个共识，即认为只有把“华夷”放在同一矛盾的统一体中才能解决面临的问题，进而强化“华夏”主体身份的认同。孔子在“四夷交侵”的春秋时期提出“夷夏之辩”的同时，并不排斥异族。他提倡“夷夏互变”的观点，两者转变的依据则是其行为是否符合周的礼乐文明。由此在这样一个“天下”的民族共同体之内，四海之内尽属一家的观念应运而生，使“华夷一体”思想的进一步丰富发展有了现实基础。除此之外，隋唐时期受统治政策的影响，中国境内各民族均有了空前的历史发展机遇、交流交融条件，“华夷一家”的民族观推动着中国统一多民族国家的巩固和发展，民族共同体的意识也愈加显现。由此可见，数千年来，天下一家的观念是各民族在长期历史进程中形成的共同追求，中华民族多元一体的思想一直是中国历史发展的主流和方向。

2. 自觉存亡的近代阶段：中华民族共同体意识初步形成的阶段

经过初期的孕育，中华民族共同体意识早已渗透于中国的政治社会土壤之中，但这时仅仅表现为一种发展态势。作为身份认同符号的“中华民族”

一词首次出现于1902年梁启超的文章《论中国学术思想变迁之大势》中，现代意义上的中华民族国家开始构建，但当时关于中华民族的语义内涵界定并不明晰，甚至部分学者仅将其理解为汉族，因而也并未真正成为社会共识。后来，在初具民族国家性质的中华民国的建立与发展过程中，孙中山提出“五族共和”的思想，使“中华民族”这一概念愈加具有鲜明的国族意识，推动“中华民族是由国内各民族组成的统一整体”的思想观点被认可，也体现了中华民族从一个自在的民族向具有自觉意识的共同体蜕变。在抗日战争期间，面对日本帝国主义的大举侵略，中华民族的民族意识迅速觉醒。这个时期也成为中华民族共同体意识形成的关键时期。1935年中国共产党在瓦窑堡会议上提出“统一的民族革命战线”的主张。1936年，在西安事变的推动下，国共两党结成了抗日民族统一战线，在此基础上，蒋介石发出了《对卢沟桥事件之严正声明》，明确表示分属不同民族群体的人民皆有责任、义务在战争中报以牺牲一切的决心，结成血肉联系，共同挽救中华民族于危亡。与此同时，学界关于中华民族共同体观念的辩论也迅速展开。“九一八事变”后，历史学家顾颉刚在其发表的《中华民族是一个》一文中表明中国仅存在自古就是一家的中华民族，警示关于“民族”二字的使用要慎之又慎。对于此见解，大多数的学者表示赞同，认为该观点在国家岌岌可危的情形下极具现实意义。唯有费孝通先生对此提出来不同意见，他根据自身丰富的民族学调查经验，对顾颉刚否认少数民族客观存在的事实提出质疑，并进一步指出，防止敌人分化，促进精诚团结、共御外敌的关键在于实现整体内部各个部分的平等。此后，顾颉刚又撰写了两篇文章回复费孝通先生。他指出，在国难当头的特殊形势下，“团结的情绪”成为构成民族的条件。学者傅斯年也附言表示，这是在当时环境下对待民族问题的唯一正确的政治立场。以上政治立场和学界讨论都表明，全国各族人民普遍认同“中华民族”是一个整体，中华民族休戚与共、命运相连的现实得到各族人民深刻认识和确认。至此，中华民族共同体意识初步形成，并不断得以强化和巩固，由此成为中国战胜日本帝国主义的强大精神力量。

3．奋发图强的当代阶段：中华民族共同体意识进一步得以重视和强化的阶段

新中国成立后，党和国家在坚持充分尊重和保护少数民族的原则基础上，开始进行民族的划分，即在全国范围内开展大规模的民族识别。这一举措将中国历史发展进程中形成和发展的各种族类群体确定为56个民族，使各个民族群体政治化、固定化。同时确立了民族区域自治的基本政治制度，

使得“中华民族”这一整体中的“多元”受到充分的重视，赢得了各族人民的信任和拥戴。改革开放后，我们党经过艰辛的实践探索和理论创新，又提出了“三个离不开”理念，内在地包含了休戚与共的中华民族共同体意识，进一步增强了中华民族凝聚力，凸显了中华民族的大团结。随着时代化和社会化进程的推进，费孝通先生在对中国社会结构研究的基础上，于1988年在学术会议上提出“中华民族多元一体格局”的论断，即“中华民族是由许许多多分散孤立存在的民族单位，经过接触、混杂、联结和融合，同时也有分裂和消亡，形成一个你来我去、我来你去，我中有你、你中有我，而又各具个性的多元统一体”[2]。该论断成功总结了中华民族的结构性特征，饱含着对其多元性与一体性的辩证统一的深刻理解。这不仅把对中华民族的认识提升到新的高度，还为我国民族问题的处理提供了理论导引。2014年5月，习近平总书记在第二次中央新疆工作座谈会上强调，我国的56个民族是不以人的意志为转移的客观存在，多民族、多文化的特色是国家发展的重要动力。因而“要高举各民族大团结的旗帜，在各民族中牢固树立国家意识、公民意识、中华民族共同体意识”[3]。由此，“中华民族共同体意识”一词正式被提出。同年9月，习近平总书记在中央民族工作会议上指出，我国在历史发展中的特点“形成了你中有我、我中有你，谁也离不开谁的多元一体格局”[4]23。首次提出要“积极培养中华民族共同体意识”[4]115，并多次在此后的重要讲话中强调这项工作的重要意义与培育路径。2017年10月，在党的十九大召开之际，中国共产党站在中华民族命运共同体伟大复兴的时代高度，正式提出“铸牢中华民族共同体意识”，并将其作为习近平新时代中国特色社会主义思想的重要内容写入党章，这足以体现“中华民族共同体意识”已成为处理民族工作的一个重要价值遵循，且彰显了党和国家对中华民族整体和各个民族个体的共同发展的高度重视。

（二）中华民族共同体意识的主要内容

1. 中华民族共同体统一归属的认同意识

几千年来各民族在共同的理论遵循、社会制度和发展道路的基础上形成了国家统一的政治共同体归属意识。早在国家形成的前奏的尧舜禹时代，夏启废“禅让”而“家天下”，通过建立政治机构、举行“钧台之享”，力图使各族听令于己，在这种简单的体制中孕育着国家一统的思想的萌芽。后来汤灭夏，西周代商，周天子以血缘和宗法为基础，通过大封建、分服定爵的方式确立了天下统于一尊的政治格局，使一统天下的局面及意识开始显现。

西周晚期至春秋时期，诸侯崛起，王权没落，政治上的分裂和无序促进了思想上的百家争鸣。尽管天下格局如何设定在思想和实践上的讨论各不相同，但毋庸置疑的是建立有序的政治秩序完成国家统一是各派讨论的中心议题以及达成的共识。秦汉建立了统一的多民族国家，推行一系列的改革措施把中国在政治、经济、文化等各个方面纳入统一的模式中，开创了支配中国两千余年大一统的政治格局。此后，无论汉族还是少数民族，无论是友好交往还是偶尔的兵戎相见，统一的政治理念始终占据主导地位，政治共同体意识成为中国历史的主流。因而历代王朝分分合合、政权的变更交替无不发生于国家统一的框架体系内，各个政权的目标和原则无不以国家统一大业作为首要。可见，祖国的统一是由各民族共同完成和维护的。也正是在这种国家长期统一的影响和熏染下，各民族间逐步接近、相互依存，日益强化了共生互补的民族关系，从而反过来推动统一多民族的祖国的巩固与发展，促进各民族在中华民族共同体中共同发展、密不可分。

2. 中华民族共同体共同发展的认同意识

“共同发展”生发于“各民族在中华民族大家庭中手足相亲、守望相助”[5]。从经济方面看，社会存在决定社会意识，共同的经济利益、共同的经济发展目标、相依互补的经济生产生活决定了民族共同体意识的产生。改革开放40多年来，各族人民“撸起袖子加油干”，中华民族在经济发展、社会进步、地位提升等方面取得了丰硕成果和巨大成效，中华民族各项事业的发展得到了各民族的认同与喝彩。而这些成就并不仅仅归功于汉族或某一民族的发展，而是每个民族共同进步与推动的必然结果。在此过程中，增强了各民族间互信互助的思想前提，培养了各民族共同发展、共同繁荣的共同经济意识。正如习近平总书记所强调的，“全面实现小康，一个民族都不能少”[6]。中华民族的“利益共同体”推动着各民族合作共建中华民族的美好未来。从文化方面看，“中华文化是各民族文化的集大成”[7]5，中华文明是各民族优秀文化在深度交流、彼此接纳、相互融合的基础上结晶而成的，它们内含着各民族成员普遍的参与精神以及在此过程中得以确立的互相尊重、彼此接纳、家园共有的情感共识。共建带来共享，各民族在共享中华文化的历史进程中，相互欣赏、相互学习、共同进步，文化差距逐步缩小，包容性逐步增强。因而，在现代多元文化冲击下，各民族坚守中华文化立场是中华民族共同体认同的基础，各民族成员在思想上对中华文化的认同至关重要，这也是中华文化高度自信的时代体现与发展。

3. 中华民族共同体命运与共的认同意识

习近平总书记曾将中华民族和各民族的关系比作一个大家庭和家庭成员的关系，强调“中华民族是一个命运共同体，一荣俱荣，一损俱损”[4]27。在中华民族这个大家庭中，各个民族虽起于多元，但相互吸收、交融汇聚，由分散融合为一体，从而你中有我，我中有你。近代以来，中华民族遭受了惨痛的侵略和挫折。鸦片战争期间，各族人民同仇敌忾、共御外侮；抗日战争期间，各民族人民团结一致，浴血奋战；面对无情天灾，各民族人民同舟共济、患难与共。多难兴邦，正是在这些血与火的洗礼中，在这些苦难和磨砺中，中华民族的命运与各民族的命运紧密相连，从而产生了守望相助、急难相扶的兄弟情谊，加深了祸福与共、休戚相关的思想意识。新中国成立以来，各民族携手走过新民主主义革命、社会主义革命和建设、改革开放等各个历史发展时期，牢固的命运共同体意识再次让各民族在国家发展、民族复兴等方面形成了共同的愿景和一致的路径，由此使得中华民族这一大家庭基础日益深厚、纽带愈发牢固。未来，中华民族这个大家庭中的各个成员仍将在中华民族伟大复兴的目标引领下，致力于建功圆梦新时代，并肩同行，不断奋进。

二、中华民族共同体意识融入高校思想政治理论课的现实意义

（一）文化之源：坚定文化自信和繁荣社会主义文化

“每一种文化必有一主体，此主体即民族。民族创造了文化，但民族亦由文化而融成。”[8]可见，民族是文化形成的前提，是文化的承载主体和传承主体。同时文化又是一个国家和民族赖以生存和发展的重要基础，是各民族人民达成思想共识和社会团结的重要动力，更是一个国家和民族不断增强凝聚力、向心力的源泉。习近平总书记在2019年全国民族团结进步表彰大会上提出“四个共同”，其中强调，“中华文化是各民族文化的集大成”[7]5。而中华民族共同体意识作为各民族在长期实践过程中共同创造的一种能动的“集体意识”，表现为各民族对中华民族特色、观念、精神形成的自我肯认，也就是共建共享中华文化意识。中华民族共同体意识的培育则表现为在社会不同成员间建构共同的历史文化记忆，建设各民族共有精神家园，并在此基

础上探寻共享现实文化的有效形式，最终为各民族人民生成共有的国家认同提供心理基础。这体现出在一定程度上对深层次的中华文化认同的强调，是对“情感共同体”的强调。中华民族共同体意识的培育虽然依托于具体的社会实践形式，但从根本上来讲，它融合于情感、观念、价值等意识的相互影响之中，形塑于情感生发和价值引导的文化源泉之中。这样一来，中华民族共同体意识培育在增强中华民族新时代文化自信的建设发展，在确保社会主义文化建设的正确导向的同时，还能够进一步丰富和繁荣中国特色社会主义文化。

（二）现实之需：应对西方意识形态冲击和挑战

伴随着经济全球化浪潮的不断推进，人们的普遍交往增多。在此过程中，经济活动超越国界的同时，各种思想文化、价值观念也相互激荡、交杂渗透。其中，西方一些错误思潮和理论，例如新自由主义论、“中国威胁论”，对我国主流意识形态带来了严峻的冲击和挑战，导致部分人的民族自信心丧失、个体社会责任意识逐渐淡漠和弱化等问题。中华民族共同体意识是各民族人民长期社会交往活动的产物，也是人们政治生活的产物，内含了新形势下的政治要求，承载着整个中华民族的价值追求与共同理想。它是新时代境遇下为我国民族工作顺利开展而高高举起的一面旗帜，涵盖、整合了包括政治、经济、文化、社会等各方面的认同。因而积极开展中华民族共同体意识培育能够建立起社会共同的认知取向及情感连接，从而最大限度地增强了国家认同和民族团结。从某种意义上来讲，对中华民族共同体意识的认同是政治认同、国家认同实现的一种方式，各族人民通过对中华民族命运与共的集体身份的认同来确立自身的政治信仰和价值观念，从而为自己在学习、工作、生活的选择上导航。所以，中华民族共同体意识培育是应对西方强势输入的意识形态威胁的客观需要。这不仅是一个坚定信仰的意识培养和价值观的树立问题，也是一个现实的政治认同与国家认同的问题。中华民族共同体意识培育不仅对内起着凝聚和吸收中华民族大团结的精神力量，对外还展示了中国特色社会主义的强大感召力和亲和力。

（三）时代之势：培养担当民族复兴大任的时代新人

新目标已经确定，新征程已经开启。社会主义现代化强国建成的目标、中华民族伟大复兴的前景、中华民族巍然屹立于世界民族之林的期望，这一切都将依赖一代代青年人的接力奋斗。因为他们将是社会各项事业发展的中坚力量、改革发展的中流砥柱，应然承载着国家发展和民族复兴的希望与责任。习近平总书记曾将这一时代青年人的价值观养成比喻为穿衣服扣扣子，以“一步错，步步错”的紧迫感和关键性来凸显青年人的这一时期对自身成长、国家和民族发展的重要意义。中华民族共同体意识培育不仅包含对命运与共的共享意识的培育，更强调和重视对全体社会成员的共同的责任意识的培育。因此，通过中华民族共同体意识培育，一是有利于青年人认清复杂、多样而又易变的社会现实，理解中国何以能够成为一个稳定和谐的多民族国家，同时感受到多民族国家的传统特色和发展优势；二是有利于增强青年人明辨是非的能力，消除各种错误思潮对自身的影响，不断提升年轻一代在更深层次、更高程度上的理论认同、文化认同、道路认同及国家认同；三是有利于激发青年人的自信心和责任感，敦促一代代有志青年自觉承担起对国家发展和民族振兴的责任与义务，树立为国家强盛、民族振兴而奋斗的思想意识和价值追求，在社会主义现代化建设的实践中，增长见识，苦练本领，完善自我，展现出最富有朝气、最富有梦想的担当民族复兴大任的时代新人的青春面貌。

三、中华民族共同体意识融入高校思想政治理论课的文化路径探究

文化是教育活动的基础，教育是文化活动的推力。将中华民族共同体意识融入高校思想政治理论课教学各个方面的目的是增强中华民族共同体意识文化的确信力，即增强大学生以历史的视域理解中华民族共同体意识的源流发展，以理性、辩证的视野认识理解它的传统和当下内涵的能力，并获得其处于当下文化体系意义合理性的自我确信与文化价值的自我笃信。

（一）教育内容渗透中华民族共同体意识的文化元素

1985 年《中共中央关于改革学校思想品德和理论政治课程教学的通知》明确指出各类高校思想政治理论课内容要包括对大学生进行历史教育、马克思列宁主义基本理论教育，并培养学生对各种社会思潮的鉴别和分析能力。2019 年 8 月，中共中央办公厅、国务院办公厅印发了《关于深化新时代学校思想政治理论课改革创新的若干意见》，进一步强调思想政治理论课是落实立德树人根本任务的关键课程，要坚持思政课建设与党的创新理论武装同步推进，坚持守正和创新相统一，继续发挥政治引领和价值引领作用。

因而将中华民族共同体意识的文化元素渗透到思想政治理论课的教学内容之中，正确地反映了思想政治教育的本质和时代特征，是思想政治教育在新时代发展的必然要求。

一是要使大学生历史、科学地认识中华民族共同体意识的形成过程。大学生增加文化自信既是对中华民族文化认同的过程，也是厘清本民族文化发展脉络，认清其精神特质和文化个性的过程。在此，思想政治教育应在教育内容中引入中华民族共同体意识的发展脉络，以历史的眼光梳理历史，理解当下。以反映中华民族共同体意识形成的关键性事件和节点为主要内容，如中华民族的多元起源促成了中华民族文化的多元性，中华民族大一统政治制度的发展又推动着国家统一的实现，近代以来的他国入侵引起了知识分子的民族觉醒，抗日战争激起了国人团结一致、联合抗战的民族决心，当下平等互助的民族关系巩固着中华民族共同体意识的进一步发展。这些文化元素的渗透是着重对当代大学生进行中华民族凝聚力形成和强化的过程教育，旨在增强其共同的历史认同感。在此基础上，使之能够从历史角度和民族发展的高度，理性把握我国作为统一的多民族国家在民族工作上的总体价值趋向和整体价值目标要求，培养当代大学生的思想意识认知能力。

二是要使大学生理性深刻地把握中华民族共同体意识的基本内涵。这要求思想政治教育引导大学生本真地理解中华民族共同体意识的实质和精髓，主要包括：在马克思主义基本原理课中把握中国历史发展的主流、中国民族关系史的主流、当前民族问题的主流，强调我国多民族国家的历史与现实的主流意识；在毛泽东思想和中国特色社会主义理论体系概论课中掌握当前处于社会主义初级阶段的基本国情、民族团结合作的和谐民族关系、解决民族问题的特色民族理论和共同发展的共建共享意识；在中国近代史纲要课中把握中国共产党的历史选择、中国特色社会主义道路的历史选择；在思想道德与法治课中把握爱国主义与民族团结的时代价值、理性的爱国主义方式以及政治法治意识。这些基本内容的学习能够避免大学生在理想和现实冲突的情境下出现全盘否定和全盘接受的偏执心态，使大学生正确认识人类社会发展规律，树立崇高理想和建设国家的信念，培养价值选择能力。

三是要使大学生更乐于接受中华民族共同体意识的价值观念。这要求思想政治教育要实现中华民族共同体意识培育的创造性转换。关键是要深入挖掘、整理、凝练、阐发中华民族共同体意识中的价值观念，赋予其新的时代内涵，使其化虚为实、化繁为简、化旧为新，以一种喜闻乐见的方式传递给当代大学生。比如，将中华民族共同体意识中包含的“尚和合”“讲仁爱”

的传统思想根据大学生的实际生活需要进行现代化转换，引申为人际关系和人际交往中的原则和方法，就是社会主义核心价值观中的“诚信”“友善”“和谐”；“天下兴亡、匹夫有责”的民族大义追求可以转换为社会主义核心价值观的“爱国”“敬业”。这样一来，不仅彰显了中华民族共同体意识内含的价值观念，还能够丰富中华民族共同体意识的时代内涵，推动其与现实文化价值观的融合。

（二）教育过程体现中华民族共同体意识的文化精神

思想政治教育过程中的良好互动关系强调“精神交往”的本质属性，而且是以价值导向为基础的精神交往。从本质上讲，中华民族共同体意识是文化的一种形态，承载一定的文化精神，传达了一定的文化价值观念。因此，深刻认识和把握思想政治教育过程的本质属性和规律，始终以中华民族共同体意识的文化精神为导向贯穿其中，不仅是思想政治教育过程良好互动关系的构建要求，也是提高中华民族共同体意识培育实际成效的重要举措。

中华民族共同体意识最重要的文化精神无疑是对多元一体的强调、对共同体意识的强调。它能够把社会不同成员联结起来，使大家成为利益共同体、命运共同体、责任共同体。这种共同意识的价值观念实际上就是集体主义价值取向的一种集中反映和表现。马克思和恩格斯指出：“只有在共同体中，个人才能获得全面发展其才能的手段，也就是说，只有在共同体中才可能有个人自由。”[9]因而在当前时代背景下，我国倡导的中华民族共同意识是真正符合历史和时代发展潮流的思想意识，与西方的自由主义存在着集体主义和个人主义的本质区别。作为中华民族共同体和中华民族共同体意识的内核，多元一体、包容共生规定和体现着中华民族共同体意识的文化精神，为当代大学生的民族交往、社会实践过程中应秉持的价值立场、观点和态度提供了根本参照。因此，我们要坚持在思想政治教育过程中显性教育和隐性教育共同推进，促进中华民族共同体意识的文化精神多方面渗透和体现。

一是要在思想政治教育过程中重视大学生的主体性，正视其相关的价值追求和利益追求，使中华民族共同体意识的文化精神真正地与大学生的精神世界发生关联，与大学生的人生经验发生联系。思想政治教育应注重挖掘中华民族共同体意识与大学生成长发展需求的同构性，依托语言载体，积极阐述、充实和重新诠释爱国主义、中华民族共同体意识包含的文化精神的内涵，形成大学生的整体精神与知识的对话关系和视野相容。一般而言，大学生成长发展需求主要包括学业需求、生活需求、文化需求等。中华民族共同体意识契合于这些具体需求，例如，“各民族平等和睦的交往交流”为这些需求提供了良好的社会环境，“民族区域自治制度”为这些需求提供了制度保障，“兼容并包”为这些需求提供了空间和舞台，“为中华民族伟大复兴的实现而奋斗”为这些需求提供了动力。在大学生中培育中华民族共同体意识，我们要在文化精神的传承中重视这种同构性的建设。

二是要在思想政治教育过程中，推动教师与学生之间的相互教育和理解，这是构成中华民族共同体培育中师生双方共同行动的基础。从教育过程来看，虽然思想政治理论课教学是以教学内容为媒介开展的教育活动，但在课堂教学中，教师的活动并不是以纯粹个人的身份，而是以教育者的身份介入教学过程。教师在教学过程中流露的情感、观点会不自觉地影响到学生，所以教师和学生的交往过程不是一种个人行为，而是一种角色化行为、一种职业行为，带有一定的责任和使命。为此，教育者要不断加强理论学习，增强对中华民族共同体意识的深刻理解，对马克思主义有着坚定的信仰，对中国共产党有着积极的拥护，对中国特色社会主义道路有着坚定的支持，对中华文化有着高度的自信。与此同时，调动学生的主动性和积极性是同样需要关注的问题，因为教学活动的完成及其效果最终都要体现在学生身上。学生只有积极参与，才能真正学到中华民族共同体意识知识，而且更能领悟这些知识背后的历史背景。这使得大学生在掌握知识的同时，获得对历史的移情和体验，获得对人生的体验，获得对精神的丰富和培养。

三是要坚持知识教育和价值教育的紧密结合，提高大学生将中华民族共同体意识与自身专业相联系的能力。在教育过程中，各个学科的课程教学并非只传递显性知识，它们本身就蕴含着一种隐性知识，传递着那些隐含的文化精神和价值观念。因此，高校教育、课程教学不能仅仅局限于大学生对某种知识或技能的实际获得，而应给予大学生道德品质的培养更多的关注和重视。也就是说，所有的文化课程都应该蕴含着德育的因素，“教学如果没有进行道德教育，只是一种没有目的的手段，道德教育（或品格教育）如果没有教学，就是一种失去了手段的目的”[10]。因而思想政治理论课教学必须遵循政治性和学术性的统一，把坚定正确的政治方向放在首位。即使是自然科学这样的课程，也应该使大学生明白“科学没有国界，但科学家有祖国”这样的道理。

（三）教学实践强化中华民族共同体意识的文化价值

教学实践强化中华民族共同体意识的文化价值，即以思想政治理论课为平台，以师生互动和生生互动为基础，针对体现中华民族共同体意识的中华文化的相关内容进行讨论交流。在此过程中，加深大学生对中华民族共同体意识理论的理解，提高学生分析解决问题的能力。具体而言，主要包括以下两方面的内容。

一方面，要促进当代大学生充分认识到新时代铸牢中华民族共同体意识的重要性。首先，要通过思想政治理论课加强对当代大学生关于中华民族历史的教育，使其了解中华民族近代以来革命斗争的艰难历史，了解中华仁人志士近代以来挽救民族危亡的艰难探索，了解党领导人民争取民族独立、人民解放和国家富强的奋斗历程。在此基础上，深化对当代大学生的“国情”教育，引导大学生横纵向比较历史国情和现实国情、中国国情和资本主义国家国情，在其中对中华民族的革命历程、发展规律有所把握。其次，在大学生对中国国史、国情有所了解的基础上，向其提出相关的问题，比如历史和人民选择马克思主义的必然性、中国选择社会主义道路的必然性和社会主义制度的优越性、中国作为统一的多民族国家的特点和优势、民族团结统一的重要作用和意义。同时，要求大学生针对这些问题广泛查找资料，认真思考，在充分准备的前提下开展激烈的讨论交流活动。最后，在讨论的过程中，教师要发挥主导作用，注重问题意识的突出、情景的创设。在这个过程中，既要激发大学生的讨论热情，又要掌控讨论的方向，并在讨论结束后，进行点评、归纳和总结，巩固讨论交流成果，从而达到画龙点睛的教学效果。以上讨论交流活动的开展，能够促进大学生认清我国是统一的多民族国家的基本国情，意识到正是中华民族和各民族的关系如同大家庭和家庭成员的关系，决定了我们利益相关、情感相连、命运共存，决定了中华民族的伟大复兴离不开各民族的共同团结奋斗、共同繁荣发展，决定了铸牢中华民族共同体意识是新时代民族工作的主线和核心内容。

另一方面，思想政治理论课要积极发挥中华民族共同体意识的文化育人功能。增强主流意识形态对当代大学生的教育和影响是思想政治理论课的题中应有之义，也是实现其社会主流意识形态的有效传承和健康发展目标的重要体现。在文化多元化和知识信息化的今天，互联网的介入使当代大学生与老一代的人在成长背景和生活方式上有很大差异，造就了当代大学生特殊的“眼界视域”和“话语体系”，同时也就扩大和加深了思想政治理论课在精神文化传承上的鸿沟和难度。在宏观层次上，要通过中华民族共同体意识文化的教育，使大学生树立起“五个认同”“四个自信”；在中观层次上，要通过中华民族共同体意识文化的引导，使大学生正确处理民族关系、维护民族团结，树立起“三个离不开”的思想；微观层次上，要通过中华民族共同体意识文化的熏陶，使大学生在日常社会生活中主动践行社会主义核心价值观，在实践中磨砺，以获得正确成熟的族际交往能力，具备中华民族成员的基本道德素养和人格修养。

简而言之，中华民族共同体意识既是一个理论形态的命题，又是一个全民践履的准则，带有鲜明的实践特征。当前，对中华民族共同体意识培育进行不断的强调和深化，实际上是要求思想政治理论课在教学内容、教学过程及教学活动等方面厚植中华民族共同体情感，从而在内容上加深对中华民族共同体的认知性，从行为上引导青年大学生践行中华民族共同体意识的自觉性。

参考文献：

［1］中共中央马克思恩格斯列宁斯大林著作编译局．马克思恩格斯全集：第3卷［M］．北京：人民出版社，1960：544.

［2］费孝通．中华民族的多元一体格局［M］．北京：中央民族大学出版社，1989：1.

［3］习近平在第二次中央新疆工作座谈会上发表重要讲话［EB/OL］．(2015－09－24)［2023－01－31］．https://www.neac.gov.cn/seac/c100500/201405/1085610.shtml.

［4］国家民族事务委员会．中央民族工作会议精神辅导读本［M］．北京：民族出版社，2015.

［5］兰红光．中央民族工作会议暨国务院第六次全国民族团结进步表彰大会在北京举行［N/OL］．人民日报，2014－09－30［2022－12－11］．http://182.150.59.104:8888/http/77726476706e69737468656265737421f4f6559d69206d5f6e048ce29b5a2e7b74a4/rmrb/20140930/2.

［6］李斌，李自良，张铎．“实现全面小康，一个民族都不能少”——习近平会见怒江州贡山独龙族怒族自治县干部群众代表［N/OL］．人民日报，2015－01－23［2022－12－11］．http://182.150.59.104:8888/http/77726476706e69737468656265737421f4f6559d69206d5f6e048ce29b5a2e7b74a4/rmrb/20150123/2.

［7］习近平．在全国民族团结进步表彰大会上的重要讲话［M］．北京：人民出版社，2019.

［8］钱穆．民族与文化［M］．北京：九州出版社，2012：3.

[9] 中共中央马克思恩格斯列宁斯大林著作编译局. 马克思恩格斯文集：第1卷［M］. 北京：人民出版社，2009：571.
[10] 单中惠. 西方教育史［M］. 太原：山西人民出版社，1996：346.

党史教育融入高校思政课的三重维度

曾献辉①

（赣南医学院马克思主义学院　赣州　34100）

［摘　要］党的历史是最生动、最有说服力的教科书，是鲜活的思政课教材。将党史作为思政课的教育内容，需正确认识党史融入思政课的历史、理论、时代三个维度。要把握党的历史脉络，讲清中国共产党的奋斗历程，以史鉴今地推动思政课建设守正创新；要以马克思主义为指导，厘清党史教育与思政课互融共荣关系，彰显其资政育人功能；要统合党史的丰富资源，拓宽其教学育人载体，提升党史教育融入思政课的实践价值，推动高校立德树人取得更大成效。

［关键词］党史教育；高校思政课；育人

习近平总书记在党史学习教育动员大会上指出："回望过往的奋斗路，眺望前方的奋进路，我们必须把党的历史学习好、总结好，把党的成功经验传承好、发扬好。"[1]5党的历史是中国共产党把马克思主义基本原理与中国具体实际相结合，创造性产生、发展的马克思主义理论史、实践史。思政课是全面贯彻党的教育方针的关键举措。2021 年发布的《关于在思政课中加强以党史教育为重点的"四史"教育的通知》要求学校在思政课中加强以党史教育为重点的"四史"教育，充分发挥思政课的主渠道作用。可见，将党史教育融入高校思政课教育体系的内在逻辑，对加强党对教育事业的领导，帮助大学生深化认识马克思主义和中国化、时代化的马克思主义为什么"行"、中国共产党为什么"能"、中国特色社会主义为什么"好"具有重要指导意义。

---

① 曾献辉，赣南医学院马克思主义学院讲师。

一、党史教育融入高校思政课的历史维度

习近平总书记指出："历史是最好的教科书。学习党史、国史，是坚持和发展中国特色社会主义、把党和国家各项事业继续推向前进的必修课。"[2]中国共产党百年来风雨兼程，自成立起就始终将马克思主义与中国国情相结合，以唯物史观把国情的形势看成是历史发展的基础作为前行航向，锚定历史性变革，抓住历史时机地走好中国自己的社会主义道路。如毛泽东所说："一九二一年产生了中国共产党，中国就改变了方向，五千年的中国历史就改变了方向。我们共产党是中国历史上的任何其他政党都比不上的，它最有觉悟，最有预见，能够看清前途。"[3]

（一）把握历史根源：发挥思政课主渠道、主阵地的育人本然

党的历史是一部生动的厚重教材，中国共产党自诞生之日起，就高度重视用自己的历史开展教育。一百年来，我们始终用党的历史教育青年学生，坚持把党的创新理论纳入学校课程教学，用科学理论的"路标"教育引导学生成为共产主义接班人，让学生认识体悟党史内涵丰厚的"知识宝库"，使其从历史中汲取成长力量。纵观复兴之路虽艰险困苦，但练就出我们党能够准确研判国内外复杂形势，正确处理中国和世界的关系，善于捕捉历史机遇并掌握社会主义事业发展，以大历史观境界，顺应先进取代后进的历史大势而勇立时代潮头的本领。用党史教育青年接续奋斗，我们党在革命、建设和改革时期是一以贯之的，用党的自我革命历史引领人民推进伟大社会革命，是我们党创造幸福生活的重要法宝。新时代，"要在学生中加强中国历史特别是中国近现代史、中国革命史、中国共产党史、中华人民共和国史、中国改革开放史等的教育"，"要给学生讲清楚这一被实践证明了的历史逻辑和现实逻辑，增强学生的中国特色社会主义道路自信、理论自信、制度自信、文化自信，不被任何干扰所惑，立志肩负起民族复兴的时代重任"[4]，才能促使学生真正做到学史明理、学史增信、学史崇德、学史力行，保持永不懈怠的精神姿态为中华民族伟大复兴建功立业。

思政课是落实立德树人根本任务的关键课程，其育人作用不可替代。它是高校培育社会主义建设者和接班人的主渠道、主阵地。思政课与党的历史发展相辅相成，紧密相承，做好思政课教学中的党史教育，要在思政课课堂上引入党史文献与红色文化，用具体的红色故事、生动的党史人物阐明百年

党史的经验启示和特殊历史规律，引导大学生从中国故事里了解中国特色社会主义发展道路的成功经验，使其在历史学习中培养历史思维，找到“我们从哪里来，现在处于哪个阶段，将来到哪里去”的问题答案；要在世界百年未有之大变局、党和国家事业发展全局中，牢牢掌握主动权，做好学生的思想政治教育，引导学生建构社会主义主流意识形态，增强其反对历史虚无主义等错误思潮的政治自觉，提高其明辨是非的洞察力和免疫力，使他们站在坚持和发展中国特色社会主义、建设社会主义现代化强国、实现中华民族伟大复兴的高度，从内心深处感悟马克思主义理论的力量之“源”，内筑起心灵柱石、灵魂灯塔，把爱国情、强国志、报国行融入所肩负的时代使命中，不断增强做中国人的志气、骨气、底气，努力将“两个一百年”奋斗目标推向前进。

（二）厘清历史脉络：坚持思政课知识性与价值性的实然原则

恩格斯曾说，“历史就是我们的一切，我们比其他任何一个先前的哲学学派，甚至比黑格尔，都更重视历史”[5]。党的百年是一幅“不懈奋斗史”“理论探索史”“自身建设史”的历史画卷。我们党非常重视党史教育，所开展的集中学习教育贯穿于党的革命、建设、改革等不同时期，并成为应对复杂多变的国际形势和风险挑战的重要法宝，它烙印在党的思想政治教育建设足迹上。如在革命战争年代开设的政治理论课，毛泽东同志将马克思列宁主义与中国革命实践相统一，集中党十八年的经验和最新经验来巩固党，使党避免历史上曾经犯过的错误，并多次号召大家学习和研究党史的论断；社会主义建设和发展时期，邓小平同志指出：“也要学点历史。青年人不知道我们的历史，特别是中国革命、中国共产党的历史。”[6]304“要懂得些中国历史，这是中国发展的一个精神动力。”[7]江泽民同志将党史工作与国家发展相联系，深刻阐述了“党的历史上许多光荣传统，就是我们党的极为重要的政治优势”[8]2，“用什么历史教育青年，实际上是一场争夺接班人的斗争。我们要充分认识到党史工作的深远的历史意义”[8]3。胡锦涛同志指出，“正确地对待历史，善于总结经验，这是一个郑重的马克思主义政党成熟的重要标志”[9]，强调进入 21 世纪应更充分运用党史的宝贵资源来教育干部群众，凝聚党心民心，共同推进社会主义事业。党的十八大以来，习近平总书记多次告诫全党同志，要深入领悟五千多年的中华文明史，尤其要将学习党史作为坚持和发展中国特色社会主义的必修课。党的历代领导人高度重视党史教育，为思政课的教育教学提供了知识体系和价值引领的“样板”。

思政课是内含着社会主义属性的价值性和马克思主义思想的知识性的课程。将党史教育融入思政课，要坚持价值性和知识性相统一的原则，要将党的历史脉络与思政课的知识传授进行融合，寓价值观引导于知识传授之中。在思政课中讲清楚党的奋斗史、建设史和发展史，才能彰显党史教育的价值意蕴，体现出共产党人的崇高价值追求。大学生是祖国的未来、民族的希望，汲取党史中的智慧和力量可谓正当其时、十分必要。高校在党史教育中以思政课载体来讲述中国共产党的历史故事，可促使学生将个人理想和国家命运相结合，聚焦奋斗方向、保持政治定力、锤炼意志品格，树立社会主义核心价值观，全面扣好人生第一粒扣子；能引导学生涵养民族气概、铭记革命英雄，激发爱国情感，厚植学生始终对党忠诚、对国家忠心、对社会担当和牢记为人民服务宗旨，感悟共产党人不断践行初心使命的信仰和信念，理解“了解历史才能看得远，理解历史才能走得远”的精神内涵，成长为知史爱党、知史爱国的社会主义有用人才。

（三）总结历史经验：深化思政课守正创新的现实必然

历史活动是群众的活动，中国共产党带领人民群众不断走向胜利的百年，很重要的一条就是不断重视历史的学习及重视党史的鉴今运用，在吸取历史经验中提高应对国内外风险挑战的治理水平。历史是过去的现实，它的发展有规律性，但人在其中不是完全消极被动的。百年党史告诫中国人民，党的成功是在经受艰难险阻、栉风沐雨的长期斗争中取得的，是在饱含着成败和得失的“路途”中通过总结历史经验摸索出来的。追忆过往是为了做好当下。走得再远，走到再光辉的未来，也不能忘记走过的过去，不能忘记为什么出发。我们党特有的优良传统和政治优势就是把思想政治工作作为全部工作的生命线。将党史“注入”思政课教学内容，也是思想政治教育的一贯特质。建党以来，思政课就以不同形式隐匿或彰显党史教育的宝贵资源，用党的历史教化育人，培养出“根正苗红”的革命者。新民主主义革命岁月，我们党在苏维埃大学、陕北公学、抗日军政大学等开设了党的建设和中国革命运动史等课程；新中国成立后，高校和中学把中国革命常识、中国革命史、马列主义基础、政治经济学、辩证唯物论与历史唯物论等列入教学计划，形成了以党史为学习内容的课程主线；社会主义建设时期，国家规定在高校开设中共党史、哲学、政治经济学、社会主义四门公共必修思政课程，使中共党史正式成为高校思政课程体系的一员；改革开放后，新开设的国际共产主义运动史、科学社会主义等课程推动了“05 方案”的重新设置，使得中国近现代史纲要得以单列，这是在思政课程体系中能完整地讲述中国革命史、中共党史、新中国史的一门必修课，一定意义上增强了党史教育教学的地位。这种做法折射出思政课建设紧随党的理论创新要求而不断改革，见证了党史教育融入思政课从无到有、从不完善走向规范和成熟的历史发展进程。

思政课守正就是落实立德树人根本任务，党史教育是思政课守正目标的内在要求，唯有思政课教学内容坚定正确的政治方向，才能守正定向地将党的教育理念及最新理论成果完整展示，使社会主义理论彻底说服人。高校担负着培育大学生“革命人生观”的政治任务，要“帮助学生树立科学的世界观、正确的人生观和价值观”[10]。要结合中华优秀传统文化等教育资源，以史铸魂，涵养大学生家国情怀，彰显社会主义大学育人的鲜明底色和中国特色；要让学生在课程学习中完整理解和把握百年党史的前因后果，深刻认识当今中国所处的历史方位和自己所担负的历史责任，切实提升政治认同、思想认同、理论认同、价值认同，并将其内化为求真务实、迎难而上、艰苦奋斗、无私奉献的精神品质，外化为坚定听党话、跟党走的行动自觉，在入脑入心入行中树立正确党史观，争做秉承红色基因、赓续共产党人精神血脉的红色传人，推动党的思想政治工作行稳致远。

二、党史教育融入高校思政课的理论维度

2020年，教育部等八部门印发的《关于加快构建高校思想政治工作体系的意见》指出，将“四史”教育融入高校思想政治理论课，推动理想信念教育制度化、常态化，引导师生增强“四个自信”。其中的党史就是党的奋斗史、发展史，是一代又一代共产党人在长期社会主义实践中创造性探索出的一系列中国化马克思主义的理论创新历史。将党史教育融入思政课能发挥资政育人功能，能帮助大学生牢牢掌握党史理论知识，从而厘清党史教育与思政课互融共荣的关系，回应好《共产党宣言》中提到的共产党人“没有任何同整个无产阶级利益不同的利益”[11]413，“过去的一切运动都是少数人的，或者为少数人谋利益的运动。无产阶级的运动是绝大多数人的，为绝大多数人谋利益的独立的运动”[11]411，彰显马克思主义政党的鲜明本色。

（一）感悟思想伟力：坚持马克思主义理论指导的应然遵循

马克思、恩格斯指出：“统治阶级的思想在每一时代都是占统治地位的

思想。这就是说，一个阶级是社会上占统治地位的物质力量，同时也是社会上占统治地位的精神力量。”[12]思想是力量，正确的思想指引是民族走在时代前列的基石。一百多年来，中国共产党高扬马克思主义伟大旗帜，始终将其作为指导思想和行动指南，不断从中认识世界、把握规律、追求真理、改造世界并汲取实践力量和真理力量。我们党是用马克思主义武装起来的政党，一直坚持把马克思主义基本原理同中国具体实际相结合，运用马克思主义立场、观点、方法解决中国革命、建设和改革等具体问题，不断丰富和发展出的毛泽东思想、邓小平理论、“三个代表”重要思想、科学发展观以及习近平新时代中国特色社会主义思想等理论创新成果是其一脉相承又与时俱进的“理论共鸣”，让中国化马克思主义焕发出源源不断的理论活力，使中国特色社会主义道路越发宽广。历史表明，我们党能够历经生死考验、艰难困苦而发展壮大，是因为始终重视思想建党、理论强党，是因为不断推进中国化马克思主义并进行理论创新、理论创造的结果。我们党把马克思主义写在自己的旗帜上并一以贯之地用它武装头脑、指导实践、推动工作是完全正确的。

恩格斯说：“一个民族要想站在科学的最高峰，就一刻也不能没有理论思维。”[13]理论越深厚，思政课就越有深度，党的历史承载着当代中国马克思主义、21 世纪马克思主义的理论内容，将党的历史成就以思政课形式展示，必定呈现出马克思主义博大精深的实践伟力。党史教育融入思政课要把握马克思主义科学性和实践性的内在特质，通过真实的党史事件、生动的党史人物和革命实地场景进行具象化“灌输”，立足马克思主义唯物史观，准确答好“我党因何而生”“红色政权从何而来”“新中国为何建立”“中国特色社会主义如何发展”等时代课题，使大学生在感悟党的百年奋斗历程和所取得的伟大成就的同时，领悟马克思主义是如何深刻改变中国、改变世界的。此外，用好党史纪念馆、革命英烈遗址、党史学习景点、博物馆等红色资源教育基地，让大学生亲身沉浸于场景之中触及思想、震撼心灵、获得启发，感悟为什么人民群众选择马克思主义、选择中国共产党、坚定社会主义理想信念、坚决走中国特色社会主义道路。这种融入式的点滴浇灌使大学生自觉用党史立心铸魂、凝聚奋进气力并肩负时代重任时行胜于言，在真刀真枪的实干中成就一番事业。

（二）加强党的领导：确保思政课建设坚持社会主义方向的政治必然

马克思、恩格斯指出，工人政党“应该使自己的每一个支部都变成工人协会的中心和核心，在这种工人协会中，无产阶级的立场和利益问题应该能够进行独立讨论而不受资产阶级影响”[14]。坚持党的领导，是中国共产党成为百年大党、创造世纪伟业的关键所在。一百年来，从小小红船到巍巍巨轮，从最初50多名党员发展到今天的9500多万名党员，从推翻“三座大山”压迫到现在的国强民富，从当初“一贫如洗”“一穷二白”，到如今发展成世界第二大经济体，从建党的开天辟地、新中国成立的改天换地、改革开放建设的翻天覆地到推进新时代中国特色社会主义的撼天动地，这些中国共产党成立以来的百年历史、中华人民共和国成立以来的70多年历史都充分证明，没有中国共产党，就没有新中国，坚持党对一切工作的坚强领导，是党和国家的根本所在、命脉所在。正如习近平总书记所言：“以史为鉴、开创未来，必须坚持中国共产党坚强领导。办好中国的事情，关键在党。”[15]8因此，加强党的领导是做好教育工作的根本保证。加强党对思政课建设的领导，思政课建设才能沿着正确的政治方向前行，这也是党全面领导教育事业的一条重要经验。我国的社会主义制度决定了教育性质是社会主义教育，决定了各类学校具有中国特色社会主义属性，决定了我国高等教育坚持社会主义办学方向。高校是党的领导下培养社会主义事业建设者和接班人的坚强阵地，是中国特色社会主义教育的辐射地[16]。党史教育的内容和目标与思政课建设相生相辅，即在党的坚强领导下，培育自觉在思想上、政治上、行动上同党中央保持高度一致的社会主义新人。百年党史中的“理论探索史”“不懈奋斗史”“初心使命史”“自身建设史”和“政治锻造史”深埋着丰富的思政教育资源。思政课上讲述党的历史发展中蕴含着的思想变革和社会使命的故事内容，能帮助学生清晰地认识到个体与社会之间的关联，使之在融入实现中华民族伟大复兴奋斗实践中做到知行合一；挖掘党史资源中所贯穿的历史事实和丰富的生动事例，能实现思政课的目标引领，让学生知史明智，接受党的理论、政策、路线，提升理论素养，坚信马克思主义信仰、坚定共产主义和社会主义信念。此外，高校要创造思政课建设的良好大环境，要将思政课建设作为党委工作的头等大事来抓。因为我国社会主义大学的领导不仅是教育者，更应成为政治家，这样才能保证坚持社会主义办学方向，才能增强办好思政课的认识自觉和行动自觉，才能发挥好思政课在立德树人中的关键作用，培养出一批又一批堪担大任的社会主义建设者和接班人。

（三）追寻精神价值：贯彻中国共产党教育方针的要求使然

习近平总书记指出：“我们党立志于中华民族千秋伟业，必须培养一代又一代拥护中国共产党领导和我国社会主义制度、立志为中国特色社会主义事业奋斗终身的有用人才。”[17]党的百年是一部不断学习、反思和提升的历史。它既是一本落实为党育人、为国育才的教育读本，也是共产党人在应对各种困难挑战中所锤炼出的不畏强敌、不惧风险、敢于斗争、勇于胜利的精神财富。追求革命理想高于天的精神价值是我们党的优良传统。将党史教育融入思政课，要用党的奋斗历程和伟大成就鼓舞斗志、明确方向，坚定不移地传承革命精神；要用党的光荣传统和优良作风坚定信念、凝聚力量，践行党的初心和使命；要用党的实践创造和历史经验启迪智慧、淬炼品格，增强大学生的中国自信和中国力量。我们党的教育方针本质是“培养什么人、怎样培养人、为谁培养人”，教育宗旨是培养德智体美劳全面发展的社会主义建设者和接班人。高校作为人才培养的集聚地，将党史教育融入思政课在育人标准、育人资源和育人原则上有天生耦合的关系，它能互融共荣地紧扣社会主义教育“四个服务”的根本向度，发挥其资政育人作用，达到思政课“往深里走、往心里走、往实里走”的教学效果。

首先，党史教育为“培养什么人”构筑育人标准。新民主主义革命时期的党校、红军学校等就为党培养了一大批优秀分子，当中的革命英雄和时代先锋为大学生成长提供了榜样力量，印证了现在为巩固新民主主义制度而斗争、将来为转变到社会主义制度而斗争、最后为实现共产主义制度而斗争的育人导向；社会主义建设时期，我国将党史教育纳入国民教育体系，开设的中国近现代史纲要、毛泽东思想和中国特色社会主义理论体系概论课程，所讲授的中国近代以来抵御外来侵略、争取民族独立、推翻反动统治、实现人民解放的历史，意在帮助学生在全方位了解历史中增进对社会主义建设艰辛的认知，提升学生铭记光辉党史并坚定社会主义制度的自信心。其次，党史教育为“怎样培养人”提供育人资源。中国共产党在领导全国人民实现民族独立、人民解放、国家富强、人民幸福的伟大征程中，用生命和鲜血铸就了长征精神、延安精神、抗疫精神等伟大精神，能阐明出党之所以历经百年而风华正茂、饱经磨难而生生不息的道理，使大学生更加清楚地感受我党为人民谋幸福和为民族谋复兴的初心和使命从未改变。最后，党史教育为“为谁培养人”指明育人原则。从党史中深刻认识到，党始终将办好人民满意的教育当作总目标，准确把握党的历史发展的主题主线、主流本质，引导大学生成为坚决执行党的教育方针、一心为党和为国家建设服务的社会主义生力军。

三、党史教育融入高校思政课的时代维度

2021年，中共中央印发《关于在全党开展党史学习教育的通知》，开启了党史学习教育。习近平总书记指出："在全党开展党史学习教育，是党中央立足党的百年历史新起点、统筹中华民族伟大复兴战略全局和世界百年未有之大变局、为动员全党全国满怀信心投身全面建设社会主义现代化国家而作出的重大决策。"[1]1时代是思想之母，一百年来，从上海石库门到嘉兴南湖，从一艘红船到屹立东方，从积贫积弱到震撼世界，党的每一次重大抉择都深受时代影响并印记时代。欲知大道，必先为史，学习党史能回望过往、镜鉴当下、谋划发展。把党的历史学习好、总结好能帮助大学生深刻领会"在近代以来中国社会发展进步的壮阔进程中，历史和人民选择了中国共产党，选择了马克思主义，选择了社会主义道路，选择了改革开放"[18]的要义精髓，激发他们爱党、爱国、爱社会主义的巨大热情。

思政课是高校培养时代新人茁壮成长的灵魂课程，其改革创新的时代要求需要党史学习资源的浸润，也关乎大学生是否领悟中国共产党为什么"能"和能否肩负起民族复兴的重任。2020年印发的《新时代学校思想政治理论课改革创新实施方案》提出"按照循序渐进、螺旋上升的原则，立足于思政课的政治性属性，对大中小学思政课课程目标进行一体化设计"，大学阶段"重点引导学生系统掌握马克思主义基本原理和马克思主义中国化理论成果，了解党史、新中国史、改革开放史、社会主义发展史，认识世情、国情、党情"[19]。这充分表明，党史已成为思政课教学体系中的必备教学内容，这对更好地推动高校思政课改革发展具有深远的时代价值。

（一）应时而兴：培养担当民族复兴大任时代新人的重要举措

进入新时代，培养担当民族复兴大任的时代新人是当前的紧迫任务。时代新人的成长质量将直接关乎国家的未来和民族的希望。高校是培养人才的阵地，开展党史教育需紧扣培养担当民族复兴大任的时代新人这一教育重大使命。要重点以思政课为载体，将党史融入思政课的课程体系和教学体系，以铸魂的教育引导大学生发扬红色传统、传承红色基因，赓续共产党人精神血脉。要立足思政课提升党史教育的"育新人"能力，首先需要统合党史自带的丰富资源。党的历史是中国近现代以来波澜壮阔的伟大史诗，也是中华民族文明史上可歌可泣的华彩乐章，要从党史文献与红色文化资源中挖掘

出我党为社会主义革命、建设、改革所做出的卓越贡献，厚植党史学习理论要素；要更新教学内容、创新教学形式，推动党史学习教育与思政课互动融合，充实党史学习实践要素；要增进教师的本领意识，对其进行深层次、跨领域、多视角的党史教育，使之在所学所思所悟中提升综合素养，发挥教师在教学过程中的主体地位和主导作用，优化思政课教学效果。其次，应提高政治站位，建立党史教育联动制度，形成高校党委统一领导的工作格局。分类打造多领域的教育平台，在课堂学习、党团活动、社会实践中常态化融入党史内容，帮助大学生强化社会主义思想的价值认同，牢记“四个正确认识”，培养“小我”融入“大我”的集体意识和社会责任感；要注重发挥学科集群优势，重塑党史教育课程体系，在不同课程上有机融入党史内容，拓宽大学生学党史的渠道，让大学生系统了解我们国家在经济建设、政治发展、文化繁荣、社会和谐等领域所取得的一系列重大成就得益于党的奋斗，激发学生树立共产主义远大理想和中国特色社会主义共同理想。最后，要发挥好党史教育的育人价值。大学生是与时代共命运、同前进的主体力量，需精心栽培。在思政课中讲党史就是让其聚焦党史学习，引导他们从党的百年史中深刻理解党的创新理论、品读共产党人奋斗的精神密码，体会共产党人为了国家解放和民族独立，抛头颅、洒热血，为国捐躯、至死不渝的情操，达到在学史明理中提升理论素养、学史增信中坚定信仰信念、学史崇德中砥砺品性品格、学史力行中感召拼搏的目的；要善用“大思政课”并将之与现实相结合，多维度地解读百年党史，使学生知其然、更知其所以然地悟透革命原理；要以从宏观出发、微观落脚的故事形式，启智学生在学习成长中把学业小目标与中华民族伟大复兴大目标相贯通，启迪他们从自身做起、从小事做起、从点滴做起，立鸿鹄志，做奋斗者。实践证明，将党史教育融入高校思政课已是我们党站在新征程上培养担当民族复兴大任时代新人战略需要的重要举措。如毛泽东所说：“如果不把党的历史搞清楚，不把党在历史上所走的路搞清楚，便不能把事情办得更好。”[20]

（二）顺时而进：做好新时代高校思想政治工作的实践要求

习近平总书记指出，“思想政治工作从根本上说是做人的工作，必须围绕学生、关照学生、服务学生，不断提高学生思想水平、政治觉悟、道德品质、文化素养，让学生成为德才兼备、全面发展的人才”[21]377，“要用好课堂教学这个主渠道，思想政治理论课要坚持在改进中加强，提升思想政治教育亲和力和针对性，满足学生成长发展需求和期待”[21]378。2017 年印发的

《关于加强和改进新形势下高校思想政治工作的意见》提出："坚持全员全过程全方位育人。把思想价值引领贯彻教育教学全过程和各环节，形成教书育人、科研育人、实践育人、管理育人、服务育人、文化育人、组织育人长效机制。"[22]党的一百年筚路蓝缕、披荆斩棘，是苦难中铸就辉煌、挫折后毅然奋起、探索中收获成功、失误后拨乱反正、转折中开创新局、奋斗后赢得未来的百年。[23]党的历史是丰沛充盈的精神富矿，是中华民族五千年历史中的重要分支。将党史教育融入思政课不仅能回应高校思想政治工作"十大育人体系"建设的时代关切，促进思政教育提质增效，而且可以从价值引领、知识传授、能力培养、人格塑造等方面帮助大学生更加全面深刻地了解党的奋斗历程，形成党史教育与思政育人的协同合作机制，在全场域"三全育人"的合力效应下，提升高校立德树人的功能效用。

习近平同志于2010年强调："要着力抓好青少年这个群体，开展形式多样的党的历史知识、光荣传统和优良作风、英雄模范事迹的教育，积极推动党史教育进学校、进课堂、进学生头脑，从小培养青少年热爱党、热爱社会主义的感情。"[24]高校将党史教育融入思政课教学应坚持"进教材、进课堂、进学生头脑"的原则。"三进"中的教材是课堂教学和高校育人实践性的前提。最新组织编写的党史教育大学生读本、中小学生党史学习读本等教材，发行的党史著作中将《论中国共产党历史》《毛泽东、邓小平、江泽民、胡锦涛关于中国共产党历史论述摘编》《习近平新时代中国特色社会主义思想学习问答》《中国共产党简史》这四本书作为党史教育的指定书目，为教师在教学内容和向学生介绍党史提供了理论素材；课堂是高校育人的主渠道，课堂教学是大学生全面、系统掌握知识的最优途径。无论是"第一课堂"或"第二课堂"，要增加讲授和解析党史内容，坚持历史与热点相结合、灌输与启发相统一，运用鲜活的课堂语言讲述我们党在风云激荡百年中党的故事、革命的故事、英雄的故事，加速学生深刻体验"红色学习"，提升课程的思想性。高校育人目标是培养社会主义建设者和接班人，将党史的文化渊源、思想内涵、历史地位和时代价值等知识传授给大学生就是指"进学生头脑"。要尊重学生的个体差异和成长规律，利用党的重大节庆，掌握时机，营造思政教育氛围，不断通过知识比赛、论文征集、摄影评选、网络作品推送、主题宣讲等丰富多彩的党史主题活动吸引学生参与；深挖红色资源的鲜活教材，启示学生在历史学习中实现个人理想抱负与民族发展同频共振，增强课程的亲和力和针对性。这些党史教育融入思政课的创新教学方式方法能提高思想政治工作成效，促使大学生坚定地拥护党的领导，把青春奋斗融入党和国家事业发展中，为社会主义现代化建设贡献应有力量。

（三）适时而谋：建设社会主义现代化教育强国的战略需要

建设教育强国是中华民族伟大复兴的基础工程。教育强国战略是在贯穿落实党中央“五位一体”总体布局、“四个全面”战略布局下，我国教育改革与发展的核心理念、总体方向和根本遵循。党的十九届五中全会，开启了全面建设社会主义现代化建设新征程，其中明确将教育强国列入九大愿景目标之一，说明这一战略关系全局、意义深远和尤为重要。当前世界形势复杂多变，我国发展也面临着前所未有的风险挑战。这就要求我们面对各种难以预见的事件时，必须从历史中获得启示、增强定力，从历史经验中找到克敌制胜的钥匙，突显开展党史学习教育的必要性。教育是人类传承文明和知识、培养年轻一代、创造美好生活的根本途径。回望党的百年历史进程，新中国成立前后，“实业教育救国”“国民教育救国”“乡村教育救国”“平民教育救国”的实践活动从未停滞，教育学者为了中华民族兴国富民之道而探寻与求索。社会主义建设时期，邓小平指出：“我们国家要赶上世界先进水平，从何着手呢？我想，要从科学和教育着手。”[6]48这开启了“科教兴国”思想体系并在邓小平、江泽民、胡锦涛等党中央领导人中不断发展完善，成为指导我国社会主义教育现代化建设的重要指向。党的十八大以来，习近平总书记站在治国理政的高度，进一步论述了我国教育的理论问题和实践问题，形成了系统科学的新时代中国特色社会主义教育理论体系并提出“教育强国”战略。可以看出，教育事业与国家命运紧密相连，教育自信始终是中华民族发展的坚实基底，通过发展教育实现国家富强、民族振兴是千百年来中华儿女共同的价值追求[25]。思政课的教学目标是教育强国战略目标的具体体现，根本目的就是帮助莘莘学子增强“四个意识”、坚定“四个自信”，着力培养德智体美劳全面发展的社会主义建设者和接班人。要以专题形式将党史中有关共产党人在不同时期干革命、搞建设、抓改革的典型案例阐述好，通过专题化方式，进而细化、深化、具体化、生动化党史学习内容，从不同侧面和层面加深对党的认识，引导学生深刻领悟中国特色社会主义道路的正确性[26]，要通过实践活动深化理论内容，秉承思政小课堂与社会大课堂相结合的教育理念，使思政课向实践延伸、向社会空间扩展，达到“思政课不仅应该在课堂上讲，也应该在社会生活中讲”的同向发力的成效，实现学生全面健康发展，为社会主义现代化教育强国建设汇聚青春智慧。

四、结语

习近平总书记指出："以史为鉴，可以知兴替。我们要用历史映照现实、远观未来，从中国共产党的百年奋斗中看清楚过去我们为什么能够成功、弄明白未来我们怎样才能继续成功，从而在新的征程上更加坚定、更加自觉地牢记初心使命、开创美好未来。"[15]8高校要用好用活百年党史这部最厚重的教科书，发挥党史教育在高校立德树人中更大的时代价值，发掘党史教育融入高校思政课的新要求新方向新实践，让大学生在课程中学习党的优良传统和革命精神，激发信仰、获得启发、凝聚力量，使其沉浸在革命精神的滋养中，树立为祖国为人民永久奋斗、赤诚奉献的坚定理想，不断成长为以实现中华民族伟大复兴为己任、接好历史发展"接力棒"的新时代青年。

[原文发表于《太原理工大学学报（社会科学报）》2022 年第 3 期。略有修改]

参考文献：

[1] 习近平. 在党史学习教育动员大会上的讲话［M］. 北京：人民出版社，2021.
[2] 习近平. 在对历史的深入思考中更好走向未来　交出发展中国特色社会主义合格答卷[N/OL]. 人民日报,2013 - 06 - 27[2022 - 12 - 07]. http://182.150.59.104:8888/http/77726476706e69737468656265737421f4f6559d69206d5f6e048ce29b5a2e7b74a4/rmrb/20130627/1.
[3] 中共中央文献研究室. 毛泽东文集：第 3 卷［M］. 北京：人民出版社，1996：397.
[4] 习近平. 论中国共产党历史［M］. 北京：中央文献出版社，2021：10 - 11.
[5] 中共中央马克思恩格斯列宁斯大林著作编译局. 马克思恩格斯全集：第 3 卷［M］. 北京：人民出版社，2002：520.
[6] 邓小平. 邓小平文选：第 2 卷［M］. 北京：人民出版社，1994.
[7] 邓小平. 邓小平文选：第 3 卷［M］. 北京：人民出版社，1993：358.
[8] 江泽民. 在上海党史工作会议上的讲话［J］. 中共党史研究，1989（5）.

[9] 胡锦涛. 在全国党史研究室主任会议和中共党史学会第四届理事会议上的讲话 [J]. 中共党史研究, 1995 (1): 1.
[10] 教育部社会科学司. 普通高校思想政治理论课文献选编 (1949—2008) [M]. 北京: 中国人民大学出版社, 2008: 204.
[11] 中共中央马克思恩格斯列宁斯大林著作编译局. 马克思恩格斯选集: 第1卷 [M]. 北京: 人民出版社, 2012.
[12] 中共中央马克思恩格斯列宁斯大林著作编译局. 马克思恩格斯文集: 第1卷 [M]. 北京: 人民出版社, 2009: 550.
[13] 中共中央马克思恩格斯列宁斯大林著作编译局. 马克思恩格斯选集: 第3卷 [M]. 北京: 人民出版社, 2012: 875.
[14] 中共中央马克思恩格斯列宁斯大林著作编译局. 马克思恩格斯文集: 第2卷 [M]. 北京: 人民出版社, 2009: 193.
[15] 习近平. 习近平谈治国理政: 第4卷 [M]. 北京: 外文出版社, 2022.
[16] 曾献辉, 叶芜为. 高校辅导员参与思想政治理论课教学的困境与对策 [J]. 赣南师范大学学报, 2021 (1): 139.
[17] 习近平. 习近平谈治国理政: 第3卷 [M]. 北京: 外文出版社, 2020: 328 -329.
[18] 胡锦涛. 在庆祝中国共产党成立90周年大会上的讲话 [M]. 北京: 人民出版社, 2011: 5.
[19] 中共中央宣传部　教育部关于印发《新时代学校思想政治理论课改革创新实施方案》的通知 [EB/OL] (2020 -12 -31) [2023 -01 -30]. http://www.moe.gov.cn/srcsite/A26/jcj_kcjcgh/202012/t20201231_508361.html.
[20] 中共中央文献研究室. 毛泽东文集: 第2卷 [M]. 北京: 人民出版社, 1993: 399.
[21] 习近平. 习近平谈治国理政: 第2卷 [M]. 北京: 外文出版社, 2017.
[22] 中共中央党史和文献研究院. 十八大以来重要文献选编: 下 [M]. 北京: 中央文献出版社, 2018: 480.
[23] 曲青山. 中国共产党百年辉煌 [J]. 兵团工运, 2021 (2): 11.
[24] 习近平. 在全国党史工作会议上的讲话 (摘要) [J]. 中共党史研究, 2010 (8).

［25］中国昌. 建设教育强国的时代使命及发展路径［J］. 教育文化论坛，2021（3）：6.

［26］黄蓉生，胡红梅. 党史学习教育融入高校思政课探析［J］. 中国大学教学，2021（8）：25.

结合抗疫斗争开展大学生爱国主义教育的有效教学路径探析[①]

王瑕莉　朱　逸[②]
（四川大学马克思主义学院　成都　610207；
四川师范大学马克思主义学院　成都　610066）

［**摘　要**］抗击新冠肺炎疫情是当今大学生的重大社会生活经历，可以转化为提升对其进行爱国主义教育教学成效的契机。依照“因事而化、因时而进、因势而新”的理念和有效教学的理论，教育者可首先将“新时代的爱国主义”设置为一个教学专题，依据其内涵要点分解为“初心使命”“制度优势”“人道主义精神”“家国情怀”“国际道义”五个主题，并将抗疫斗争作为教学素材融入这五个主题之中。教育者再通过诸如议题研讨、榜样学习、课外实践等方式，进行“活动化”的教学设计与实施，使爱国主义专题教学的过程与抗疫斗争相结合，帮助大学生将新时代的爱国主义观念内化于心、外化于行。

［**关键词**］抗疫斗争；大学生爱国主义教育；“三因”理念；有效教学

自新冠肺炎疫情暴发以来，全国各族人民在以习近平同志为核心的党中央的坚强领导下，团结一心、共克时艰，为战胜疫情积极贡献力量。习近平总书记在全国抗击新冠肺炎疫情表彰大会上的讲话中指出，“在这场同严重疫情的殊死较量中，中国人民和中华民族以敢于斗争、敢于胜利的大无畏气概，铸就了生命至上、举国同心、舍生忘死、尊重科学、命运与共的伟大抗疫精神”[1]12。“伟大抗疫精神，同中华民族长期形成的特质禀赋和文化基因

---

① 本文系2022年度四川省思想政治教育研究课题（思想政治理论课青年教师专项）“‘学科大观念’下的思想道德与法治课教学模式研究”（SZQ2022045）的阶段性成果。

② 王瑕莉，四川大学马克思主义学院助理研究员；朱逸，四川师范大学马克思主义学院副教授、硕士生导师。

一脉相承，是爱国主义、集体主义、社会主义精神的传承和发展，是中国精神的生动诠释，丰富了民族精神和时代精神的内涵。"[1]16抗疫斗争是中华民族爱国主义的伟大实践，是新时代爱国主义精神的升华，也为大学生爱国主义教育提供了鲜活的教科书。在疫情防控期间和"后疫情时代"，如何结合这场抗疫斗争对大学生进行爱国主义教育，是被热议与普遍关注的问题。从目前刊文的情况看，相关研究者都注意到以抗疫斗争为现实素材有利于增强大学生爱国主义教育的有效性，有利于丰富大学生爱国主义教育的内容；但其中有关教育方式的探究，则更多地局限在个别经验的总结与一般性原则的说明层面。本文依据"因事而化、因时而进、因势而新"的思想，借鉴"有效教学"的理论，从具体的教学方法和教学步骤的角度，对这一问题做出进一步思考和探索。

一、相机而教：将抗疫斗争转化为提升爱国主义教育教学成效的契机

中共中央、国务院印发的《新时代爱国主义教育实施纲要》指出，新时代加强爱国主义教育，对于中国特色社会主义事业的发展，具有重大而深远的意义[2]。高校思想政治理论课（以下简称"高校思政课"）是大学生爱国主义教育的主阵地，爱国主义是该课程的核心内容。习近平总书记在2016年全国高校思想政治工作会议上的讲话指出："做好高校思想政治工作，要因事而化、因时而进、因势而新。要遵循思想政治工作规律，遵循教书育人规律，遵循学生成长规律，不断提高工作能力和水平。"[3]其中"因事而化、因时而进、因势而新"的理念为新时代加强和改进高校思政课教学指明了基本方向。正如顾海良所言："应该认识到'三因'理念是增强思想政治理论课教学的时代感和吸引力的先导，也是提升思想政治理论课教学质量的根本。"[4]大学生爱国主义教育教学的有效开展需要把握契机，这种契机既存在于特定时期的社会形势和事件之中，也存在于作为教育对象的大学生的成长经历之中。抗击新冠肺炎疫情是当今大学生经历的重大社会事件，通过恰当合理的转化，可以成为对其进行生动而深入地爱国主义教育、提升教学成效的契机。

一方面，有效教学的契机存在于人的"生活世界"。我国著名教育家鲁洁指出，生活世界由人类特有的、自由能动的实践活动构成，既是人类生存发展的现实领域和基本事实，又是一个具有意义和价值的世界："人的生活

过程是一个不断发现意义、生成意义、实现意义的过程”，“意义世界离不开人的现实生活，它是在现实生活过程中形成的，每个人意义世界的广度和深度总是与他生活的广度和深度相对应的”[5]169。余文森也认为，通过情境设置与人的生活建立关联，是有效教学的基本准则——“知识也需要融入生活情境中，才能显示出活力和美感，才容易被学生理解、消化、吸收。”[6]85对于学生，爱国主义的养成离不开其生活经历；对于教师，教学唯有融入生活情境，才能在学生的心灵中厚植爱国主义精神。这场疫情防控的斗争，让今天的大学生看到了与寻常不同的生活景象：党和国家的及时决策部署、医务人员的“最美逆行”、科研学者夜以继日地研发疫苗、普通劳动者坚守在物资生产运输的一线等。对这场斗争的见证与亲历，为唤起大学生深厚的爱国热忱提供了有利条件。

另一方面，有效教学的契机还源于教育对象在学习和生活中产生的疑问。据《论语·八佾》记载，正是注意到子夏学习时的困惑与思考，孔子做出了“绘事后素”的教导，发出了“始可与言《诗》已矣”[7]的欣然感慨。这是对教育时机的把握，也暗示了通过“设问”引领教学有效开展的重要性。鲁洁认为，道德教育要从学习者对现实生活的关注开始，并要引导其将“原有的生活、生活经验置于一种被‘探问’的位置和状态之中。它要探问的主题是‘现在的生活还有可能使它变得更好吗?’”[5]166。这种“探问”有助于学习者逐步建构新的道德观，并激励学习者以自身的行动影响并促使现实生活朝理想的境况转变。余文森也认为，问题是有效教学的至关重要的情境类型：“没有问题、感觉不到问题的存在，学生也就不会去深入思考，那么学习也就只能表层和形式的。”[6]100这场疫情冲击了正常的社会生活秩序，使大学生产生了许多疑问。教育者要通过恰当的设问，适时引导大学生对有关爱国主义的课题展开探究，启发他们反思当下的处境，展望未来的理想生活，更加深刻地感受与思考个人与国家、与同胞之间的辩证关系，进而明确自身对于推动国家发展、增进同胞福祉所担负的责任。

二、主题统摄：将抗疫斗争融入爱国主义专题教学的内容

明确上述契机是将抗击新冠肺炎疫情融入大学生爱国主义教育的前提，做到了“因时而新”；而这种融入的实现，需要结合战“疫”进行教学，帮助大学生从中深入领会新时代爱国主义的内涵并付诸实践。新时代的爱国主义承接了中华民族的爱国主义传统，又体现了鲜明的时代特征，内涵更加丰

富。它的基本要求是“坚持爱国爱党爱社会主义相统一”“维护祖国统一和民族团结”“尊重和传承中华民族历史文化”“坚持立足中国又面向世界”[8]。新时代爱国主义，是既具有理论性、价值性、迁移性又包含着行动要求的“大观念”——超越知识碎片的、具有个性色彩的“观念的生成”是有效教学的至高追求[6]40-41。在战“疫”的背景下，教育对象结合自身的实际，深入地理解并践行这些观念，构成了抗疫斗争融入大学生爱国主义教育的教学目标。为此，教育者可分别从特定的主题切入，选取疫情防控斗争中的鲜活人物与事例作为课程资源，营造贴近现实生活的教学情境。“学习背景化——把教学与学生的真实生活联系起来，以此创造学习的意义”[9]39，正是有效教学的标准之一。换言之，教育者可将教材中有关爱国主义的章节设置为一个“教学专题”，再分解为若干相互关联的“教学主题”。这些主题起到的作用是，统摄新时代爱国主义的四个要点以及与抗疫斗争相关的现实素材。这就是在创设有效教学依托的“生活情境”，也是“因事而化、因势而新”的具体体现。

（一）中国共产党人的初心使命

从爱国和爱党的统一性角度创立主题。习近平总书记指出，中国共产党人，“守初心，就是要牢记全心全意为人民服务的根本宗旨，以坚定的理想信念坚守初心，牢记人民对美好生活的向往就是我们的奋斗目标”[10]523，“时刻不忘我们党来自人民、根植人民”[10]523，“永远不能脱离群众、轻视群众、漠视群众疾苦”[10]523，“担使命，就是要牢记我们党肩负的实现中华民族伟大复兴的历史使命，勇于担当负责，积极主动作为”[10]523-524，“保持斗争精神，敢于直面风险挑战，知重负重、攻坚克难，以坚忍不拔的意志和无私无畏的勇气战胜前进道路上的一切艰难险阻”[10]524。在抗疫斗争伊始，党中央就号召全党，让党旗在防控疫情斗争第一线高高飘扬。而在抗疫斗争进行时，中国共产党人用实际行动彰显了对初心使命的坚守。其间涌现出一大批挺身而出、英勇无畏、扎实工作、战斗在前的先锋模范和典型事例，充分体现了中国共产党人的担当和风骨。结合疫情防控期间党中央的坚强领导与有条不紊的部署，结合广大党员干部将初心使命化作冲锋在前的战斗姿态，能让大学生充分认识到在当代中国，国家、人民和党的命运密不可分，认识到中国共产党是中国特色社会主义事业的坚强领导核心，是高举爱国主义旗帜并躬身实践的光辉典范，“是风雨来袭时中国人民最可靠的主心骨”[1]17，从而更加深刻地领会热爱中国共产党、坚定拥护党的领导是新时代爱国主义的必然要求。

（二）中国特色社会主义制度的显著优势

爱国主义专题教学还要着力帮助大学生领会爱党与爱社会主义的统一性。为此，可选择从中国特色社会主义制度的显著优势切入。党的十九届四中全会审议通过的《中共中央关于坚持和完善中国特色社会主义制度　推进国家治理体系和治理能力现代化若干重大问题的决定》系统描述了中国特色社会主义的制度图谱，全面概括了13个方面的显著优势：坚持党的统一集中领导；紧紧依靠人民推动国家发展；坚持全国一盘棋，调动各方面的积极性，集中力量办大事……[11]。这种制度优势，突出地体现在应对疫情的显著效能之中：国务院联防联控工作机制立即启动，各地相继启动重大突发公共卫生事件一级响应，全国上下步调一致，统筹疫情防控和医疗救治。全国医疗救治队伍和医疗资源迅速得到统筹，各地的生活物资也迅速向湖北汇集。中国特色社会主义的制度优势还体现为它的与时俱进，在实践中发展，在改革中完善。正如习近平总书记指出的，我们“要放眼长远，总结经验、吸取教训，针对这次疫情暴露出来的短板和不足，抓紧补短板、堵漏洞、强弱项，该坚持的坚持，该完善的完善，该建立的建立，该落实的落实，完善重大疫情防控体制机制，健全国家公共卫生应急管理体系”[12]。在教学中，让大学生感受到中国特色社会主义制度在资源调度、组织动员和维护稳定方面展现出的令世界惊艳的效率、速度与力量，认识到实现中国之治的各项制度，正是在经历各种风险考验中不断趋于完善，能使大学生爱国主义的养成与“四个自信”的树立相得益彰。

（三）中国特色社会主义话语的人道主义精神

明确爱国与爱社会主义相统一，从思想道德层面加深大学生对中国特色社会主义的认同。为此，可聚焦中国特色社会主义话语固有的人道主义精神。这种人道主义精神有着社会主义500年的历史渊源，反映了中华民族敬仰生命的传统道德观念，体现为以人民为中心、相信和依靠人民、为人民谋幸福的价值追求，体现为关切同胞福祉、齐心协力、守望相助的高贵品质。中国特色社会主义话语的人道主义精神是感召和凝聚人心的力量，突出地展现在每一个群体和个人参与抗击疫情行动中：为争分夺秒救治病患并节省一度紧张的医护资源，隔离病房的医务人员减少饮食、穿纸尿裤长时间艰苦作战；中国工人夜以继日地辛勤劳动，奋力修筑火神山、雷神山和方舱医院，诠释了挽救同胞生命的“中国速度”；等等。这种人道主义精神，还体现为平等地尊重和护佑每个人的生命。那些战斗在抗疫一线、为战胜疫情做出突出贡献的医务人员，应当受到全社会更多的关爱。从“人道主义精神”切入，有助于大学生理解为什么说马克思主义占据着“真理和道义的制高点”，兼而把握新时代爱国主义关于“爱自己的骨肉同胞”“促进祖国统一和民族团结”的基本要求。

（四）植根于中华民族优秀传统文化中的家国情怀

对祖国悠久历史、深厚文化的理解与接受，是大学生爱国主义情感培育和发展的重要条件。民族危机总能唤起中国人共赴国难、坚强抗争的文化自觉。家国情怀正是中华民族团结一心、攻坚克难、坚守正道、不屈不挠的高贵品质。在疫情防控的斗争中，这种家国情怀尤其表现为“崇尚天下为公、克己奉公，信奉天下兴亡、匹夫有责，强调和衷共济、风雨同舟，倡导守望相助、尊老爱幼，讲求自由和自律统一、权利和责任统一”[1]21。它植根于中华民族几千年的历史与文化中。正如习近平总书记在统筹推进新冠肺炎疫情防控和经济社会发展工作部署会议上讲话指出的：“中华民族历史上经历过很多磨难，但从来没有被压垮过，而是愈挫愈勇，不断在磨难中成长、从磨难中奋起。”[13]因此，在进行有关“爱祖国的灿烂文化”“尊重和传承中华民族历史文化”的教学时，将“家国情怀”作为主题是合理的。关注、收集和分享中国历史上家国情怀的典型象征和今天不同职业的人们攻坚克难、顽强战“疫”的故事，上升至精神层面，有利于大学生在历史与现实的张力中感悟传统文化赋予中国人的铮铮铁骨与乐观进取，认识到疫情防控的斗争淬炼的时代精神延续并激活了中华民族优秀传统文化的生命力。

（五）捍卫国家利益与维护人类共同利益相统一的国际道义

新时代的爱国主义还涉及如何正确认识和处理当今中国与世界的关系。这里所谓的“国际道义”，既包括立足中国，从现实国情出发，坚决捍卫国家的主权、利益、荣誉与尊严；又包括面向世界，尊重和欣赏世界文明的多样性，倡导国际交流与合作，维护全人类共同利益。习近平主席在第73届世界卫生大会开幕式上的致辞指出：“中方始终本着公开、透明、负责任的态度，及时向世界卫生组织及相关国家通报疫情信息，第一时间发布病毒基因序列等信息，毫无保留同各方分享防控和救治经验，尽己所能为有需要的国家提供了大量支持和帮助。”[14]中国为抗击疫情和防止疫情扩散所做出的努力、贡献与牺牲有目共睹，得到了世界卫生组织和国际社会的一致肯定与感激。但在世界某些地方，仍有部分媒体和某些国家的政客，借对中国的无端指责、肆意抹黑和栽赃嫁祸，以混淆视听、谋取私利、转移本国面临的危机。将“国际道义”作为主题，能帮助大学生从中国人民和与世界人民携手抗疫的行动中，了解中国作为负责任的大国的担当，树立捍卫国家利益与尊严的坚定立场和开放包容的全球视野，更加深入地认识到友好对话、多边合作是处理国际事务的基本原则，认识到今天中国的命运与世界的命运休戚相关。

三、情境活动：结合抗疫斗争实施爱国主义专题教学的方式

教学主题扮演了整合有关新时代爱国主义的知识要点与疫情防控的生活素材的重要角色，是沟通教材与生活的桥梁，也由此创设了生活化的教学情境。在此基础上，实现有效教学的关键，是使师生在情境中“动起来”，即以“活动”为导向，使抗疫斗争融入爱国主义专题教学的过程。在有效教学的一般标准中，“师生共同参与创造性活动（Joint Productive Activity），以促进学习”[9]38“挑战性的活动，教学生复杂的思维技能，通过思维挑战发展学生的认知技能”“教学对话——通过对话进行教学”[9]39等，无不具有显著的“活动”色彩。缔造活动型课程、强调“活动”在课程内容呈现和教学方式创新中的重要作用，是新一轮普通高中思想政治课程改革的鲜明特点。2017 年版新课标修订组专家韩震解释了“活动型课程”的基本内涵：“学科内容采取基于社会实践活动的课堂模拟活动、探索活动和思维活动等方式呈现，即所谓‘课程内容的活动化’；换言之，学科内容的展开方式往往采取一系列活动的结构化设计”[15]49。这里一以贯之地运用，也有利于两个学段思想政治课教学的一体化。使课程内容活动化的教学设计，可采取多种方式，结合笔者在疫情期间线上线下教学的经验与观察，试举出三种。

（一）议题研讨活动

这种活动是通过设置议题，让教育对象在感知生活素材的基础上，进入“探问”的状态——考察情境、运用资源、展开探究、表达交流——促进其爱国主义思想观念的树立。在当前普通高中思想政治课改革中，它被认为是实现“课程内容活动化”从而激发学生自主思考、提高学生价值判断能力的基本的教学设计策略。设置议题要与抗疫斗争的现实和前文所述的主题紧

密关联。如就“初心使命”而言，可设置的议题是“中国共产党人的初心和使命是什么”“在此次抗疫斗争中是如何具体体现的”等；就“制度优势”而言，可设置的议题是“中国特色社会主义制度如何保障举全国之力防控疫情、救治生命”“针对疫情暴露的问题，当前正在如何推进制度的完善”等；就“人道主义精神”而言，可设置的议题是“我国抗疫斗争付出什么样的经济代价”“相关举措如何体现‘生命至上、人民至上’的价值取向”等。就“家国情怀”而言，议题设置可主要围绕“中华民族在磨难中奋起的历史根源与文化基因”展开。就“国际道义”而言，可设置的议题包括“在患难之际，世界人民如何对中国表达友善与提供帮助”“当全球疫情恶化时，中国投桃报李竭尽所能向各国所做的援助行动有哪些”“什么是人类卫生健康共同体”“全球疫情防控合作受到哪些阻碍与挑战”等。

在实际的教学过程中，教师可能面临诸多挑战。如在组织有关“初心使命”和“人道主义精神”的议题研讨时，有学生可能会提出关于一些地方个别干部的负面评价，关于部分群众对待感染人员的不理智举动。对此，毋庸讳言，教师应当加以正面引导，让大学生认识到我们党对这些背离初心使命而懒政卸责的干部，进行了及时的查处，充分体现了刀刃向内，永葆党员干部队伍纯洁性、先进性的决心与魄力；让大学生体察在生命受到威胁时个人的脆弱、恐惧与焦虑，从而更加同情不幸遇难的同胞，也更加敬重那些勇于担当、舍己为人的英雄。在议题研讨中，学生真实的、质疑的声音对于有效教学是有益的——这种声音能够拓展学生的视野，激发其思维的深度与辩证性。因此，为充分调动教育对象思维活动与课堂参与的积极性，讨论的过程有时甚至需要引入和保持一定程度的争议。

（二）榜样学习活动

对于同样的与主题相关的生活素材，议题研讨关注事理，榜样学习聚焦人物。这种活动对于大学生爱国主义教育有着重要价值：榜样充当了大学生有关爱国主义的认知、体验过渡到行动的桥梁。榜样富有感染力和吸引力的言行，能把新时代爱国主义抽象的理论内涵和基本要求形象化、人格化，使之转化为在实际生活中可以操作、参照、模仿和迁移的具体行动。如何处理个人与国家之间的关系、如何协调个人的前途与国家发展的要求，是每一位大学生面临的现实挑战。有效地回应这种挑战，完成政治社会化的成长任务，也足以使其产生向爱国的榜样学习的内在动机。

在这场疫情防控的斗争中，涌现出大批爱国的榜样。他们的事迹为大学生提供了示范，也激励着大学生争当爱国的行动者。但榜样学习活动应当具有一定的探究性：让教育对象调查榜样作为真实而鲜活的人的生活经历，体察他们在面对疫情时的感受，了解他们的相关言行、决定与选择，才能产生更多的共鸣。榜样学习活动还应当注意贴近教育对象的实际，满足其成长发展的需要。一方面，要从先进个人延伸到其所代表的社会群体。他们用各自恪尽职守的行动展现了高度的爱国热忱，是“一线抗疫群英谱”中的杰出代表，有的被追为烈士。而在他们身后，是广大的医务工作者、科研学者、政法干警等。这种引导旨在让大学生认识到新时代的爱国者，是有强烈的家国情和使命感的拔尖创新人才，是在各自岗位敬业奉献的劳动者，也是关心公益、遵纪守法的公民。他们虽在不同领域，但都奋力承担国家兴亡的责任。这就为大学生规划个人成长的愿景提供了示范与指引——作为推进国家建设和事业发展的生力军，大学生践行爱国主义的根本途径是既要做合格的中国公民，还要从自身实际出发，努力成长为有理想、有本领、有担当的时代新人。另一方面，要从大学生同辈群体中突出典型模范，拉近榜样与教育对象的年龄与心理距离。在抗疫斗争前线，也活跃着许多“95 后”“00 后”大学生。要引导教育对象关注身边的同辈榜样，学习他们如何在非常时期不怕苦、不畏难、不惧牺牲，用自己的行动展现爱国的青春风采与担当。

（三）课外实践活动

课外实践活动是课堂教学活动的补充和延伸。这种活动对于促进“学习迁移”的发生具有重要意义。学习是连续的过程，任何新的学习都是在学习者已有的知识、经验、技能和情感态度的基础上进行的，而新的学习成果又会对已有的学习产生积极或消极的影响[16]。学习迁移指的正是原有学习和后继学习之间的相互影响，它是衡量爱国主义教育教学有效性的重要尺度。例如，通过课堂上相关议题的讨论，大学生习得了如何从国家利益至上的立场对待国际社会有关中国应对疫情的错误言论。在日常生活中，这种正确的态度被用以抵制类似的言论，就是积极迁移。课外实践活动的采用，旨在进一步肯定教育对象的主体性，促进积极迁移的发生，强化在课堂上习得的有关爱国主义的思想观念与情感体验，也为大学生践行爱国主义提供了机会。

课外实践活动可按照如下步骤进行。第一，教师布置课后任务。这些任务既在教学主题的范围内，又具有一定的开放性；完成任务的方式也由学生自由选定，可效仿教师组织议题研讨和榜样学习，可制作与战“疫”主题相关的情景剧、微视频、诗歌、海报，还可在社区做志愿服务等。例如，围绕“各国疫情防控的方式有何不同”的议题展开研讨，通过“速度”和“效果”方面的比较，充分印证了我国社会主义制度的显著优势；以“抗疫援助物资上的中国古典诗词”为题展开研讨，探究这些诗词的来源出处、最初含义和精神实质，既展现中国优秀传统文化饮誉世界的魅力，也巧妙地回应中国与世界携手并进、风雨同担的国际道义这一主题；以“抗击疫情中的‘00后’大学生的身影与担当”为题展开学习，广泛收集为抗疫斗争做出突出贡献的大学生先进个人的事迹，生动地展现“00后”大学生群体从关心个人享乐到勇担社会责任的成长蜕变。第二，学生通过小组合作，利用课余时间自主完成任务，教师提供辅助，学生提升学习的自主性。第三，教师安排一定的课时，让学生展示活动成果，并进行考评。由此，既能够在学生之间形成相互交流、相互学习的氛围，也能增加学生实践的成就感和获得感。

四、结语

如何遵循“因事而化、因时而进、因势而新”的理念，提升高校思想政治理论课教学的有效性，是高校思想政治教育工作者普遍关心的问题。目前学术界对此的研讨，更多的是关于这一理念的一般内涵的分析。本文则针对大学生爱国主义教育，将“事”“时”“势”具体化为当前的抗疫斗争，并借鉴有效教学的理论，对以上两者的融合展开了教学路径方面的探索。我们发现，有效教学的理论及其实施策略对于“三因”理念在高校思政课教学中的贯彻落实是有益的。余文森认为，有效教学是“提高学习效率、增进学习效果、提升学习体验”的教学，是学生学得多、学得快、学得深、学得透并且乐在其中的教学[6]4。这是有效教学的一般特征。但鉴于思想政治理论课的特殊性，联系“八个相统一”的要求，高校思政课程的有效教学或可从“更及时、更深刻、更主动”三个维度去把握。就本文的主题而言，有效教学理论为探究如何结合抗疫斗争对大学生有效地进行爱国主义教育的问题提供了学理支撑，使之超越了纯粹的经验性的总结。抗击新冠肺炎疫情是中华民族和世界人民同灾难搏斗的壮举，也是让爱国主义在大学生心中拔节孕穗的生活课堂。提升教育教学的有效性，抓住时机是起点，贴近现实、主题统摄是中介，围绕“活动”展开教学是关键；本文列举的三种组织情境教学活动的方法，皆离不开教师的自觉引导和学生的积极参与，体现了主导性与主体性的统一。值得一提的是，在“停课不停学”期间，各高校涌现了许多结合抗疫斗争进行爱国主义教育的有效做法，理论工作者也就如何讲好这堂生动的爱国主义教育课提出了若干有益的建议[17]。这些做法与建议，都具有显著的“活动化”的特点。无论采用何种方法，最终目的是帮助大学生将新时代的爱国主义内化于心、外化于行，“知行合一”是衡量思政课教学有效性的根本尺度。

参考文献：

[1] 习近平．在全国抗击新冠肺炎疫情表彰大会上的讲话［M］．北京：人民出版社，2020.

[2] 中共中央国务院．新时代爱国主义教育实施纲要［M］．北京：人民出版社，2019：1－2.

[3] 习近平．习近平谈治国理政：第2卷［M］．北京：外文出版社，2017：378.

[4] 顾海良．“三因”理念与思想政治理论课教学质量的提升——结合学习习近平总书记“7·26讲话”精神的体会［J］．思想理论教育导刊，2017（9）：5.

[5] 鲁洁，夏剑，侯彩颖．鲁洁德育论著精要［M］．福州：福建教育出版社，2016.

[6] 余文森．有效教学十讲［M］．上海：华东师范大学出版社，2009.

[7] 杨伯峻．论语译注：典藏版［M］．北京：中华书局，2015：37.

[8] 本书编写组．思想道德与法治（2021年版）［M］．北京：高等教育出版社，2021：77.

[9] 张璐．略论有效教学的标准［J］．教育理论与实践，2000（11）.

[10] 习近平．习近平谈治国理政：第3卷［M］．北京：外文出版社，2020.

[11] 中共中央关于坚持和完善中国特色社会主义制度　推进国家治理体系和治理能力现代化若干重大问题的决定［M］．北京：人民出版社，2019：3.

[12] 中共中央党史和文献研究院．习近平关于统筹疫情防控和经济社会发展重要论述选编［M］．北京：中央文献出版社，2020：51.

[13] 习近平．在统筹推进新冠肺炎疫情防控和经济社会发展工作部署会议上的讲话［M］．北京：人民出版社，2020：29.

[14] 习近平. 习近平谈治国理政：第 4 卷 [M]. 北京：外文出版社，2022：415.
[15] 韩震. 以学科核心素养为主线优化思想政治课学科育人目标 [J]. 人民教育，2018 (7).
[16] 李红. 教育心理学 [M]. 武汉：武汉大学出版社，2007：255.
[17] 吴涯. 讲好疫情这本爱国主义教科书 [EB/OL]. (2020-04-16) [2022-11-20]. https://edu.gmw.cn/2020-04/16/content_33744997.htm.

新时代军队院校思政课的创新发展

杨 燕[①]

（中国人民解放军陆军勤务学院基础部 重庆 401331）

［**摘 要**］新时代对军队院校的思政课发展提出了新要求，必须贯彻落实新时代军事教育方针，坚持立德树人、为战育人，坚持精准滴灌，坚持全员思政，强化思政课服务强军打赢的指向，构建思政课教学的大格局，不断提升思政课教学的针对性和实效性。

［**关键词**］新时代；军校；思政课

进入新时代，国防和军队建设处在新的历史起点上，我军建设的使命任务不断拓展。军队院校思想政治教育必须紧跟时代步伐不断创新发展。面对强军兴军的时代重任，面对军队院校人才培养的新形势、新任务，面对学员的新特点、新需求，军队院校思政课还存在一些不适应、跟不上、时代性和感召力不强等问题。站在新的时代起点上，要贯彻落实新时代军事教育方针，坚持立德树人，聚焦备战打仗，紧紧扭住用习近平强军思想铸魂育人这个根本，进一步优化教育理念，更新教育内容，创新教育方式，进一步提高军队院校思政课教学的针对性和实效性，着力打牢学员听党话、跟党走的思想政治根基，培育学员能打仗、打胜仗的战斗精神，强固学员法纪严、风气正的优良作风。

一、坚持向战为战，强化军队院校思政课服务强军打赢的指向

军队是要打仗的，与地方院校不同，军队院校是因打仗而生，为打仗而

---

① 杨燕，中国人民解放军陆军勤务学院基础部讲师。

建的。因此，军队院校必须立起为战育人的鲜明导向，一切办学活动都要聚焦能打仗、打胜仗。习近平主席在全军院校长集训开班式上指出："新时代军事教育方针，就是坚持党对军队的绝对领导，为强国兴军服务，立德树人，为战育人，培养德才兼备的高素质、专业化新型军事人才。"[1]新时代军事教育方针明确标定了立德树人这个根本任务、为战育人这个核心指向，抓住了军事教育的根本使命，回答了军事教育"怎么培养人"的根本问题。思政课是落实立德树人根本任务的关键课程，新时代军队院校思政课要充分发挥自身作用，在立德树人上走在前列，强化服务强军打赢的指向。

（一）以培养听党指挥的接班人为出发点

我军是党绝对领导下的人民军队，是执行党的政治任务的武装集团。回望我军90多年的历史，坚持党对军队的绝对领导，让枪杆子永远听党指挥，是人民军队由小到大、由弱到强，不断从胜利走向胜利的根本保证。习近平主席在古田全军政治工作会议上郑重指出，坚持党对军队绝对领导是强军之魂，铸牢军魂是我军政治工作的核心任务，任何时候都不能动摇[2]。因此，军队院校教育必须强化政治保证，坚持把铸魂育人作为根本任务，确保培养的人绝对忠诚、绝对纯洁、绝对可靠。"当前，一些年轻学员对党指挥枪的极端重要性、科学真理性和历史必然性的认识不足、理解不透，必须着力把引导学员铸牢军魂意识作为立德树人工作的重中之重，真正把军魂铸入学员灵魂、融入学员血脉。"[3]军队院校思政课要进一步强化军魂教育，在各门课程中分别从理论、历史、现实等不同视角，讲清党指挥枪是保持人民军队本质和宗旨的根本保障，是在血与火的斗争中得出的颠扑不破的真理；讲清党对军队绝对领导是我军的"命根子"、军委主席负责制是坚持党对人民军队绝对领导的根本实现形式，旗帜鲜明地批驳"军队非党化、非政治化"和"军队国家化"等错误论调，确保坚持党对军队绝对领导深深扎根在学员思想中、融化在学员灵魂里，培育新时代"四有"革命军人。

（二）以用习近平新时代中国特色社会主义思想铸魂育人为根本

思想政治教育是灵魂工程、固本工程。坚持用习近平新时代中国特色社会主义思想，特别是习近平强军思想灌注部队、武装官兵，是构建新时代人民军队思想政治教育体系的根本任务，也是新时代军队院校思政课教学的根本任务。新时代军队院校做好铸魂育人工作，最根本最核心的是用习近平新时代中国特色社会主义思想，特别是习近平强军思想武装学员。思政课要适应新时代新要求，着眼贯彻政治建军要求，把思政课打造成为军队院校政治建设的重要阵地、铸魂育人的重要渠道。要以习近平新时代中国特色社会主义思想概论和习近平强军思想两门课程为核心，及时扎实做好“三进入”工作，向学员讲清习近平新时代中国特色社会主义思想，尤其是习近平强军思想的核心要义、主要内容和理论特质，引导学员深刻领会蕴含其中的科学立场、观点和方法，努力在增进认同上下功夫，以思想理论上的清醒保证政治上的坚定。

（三）以夯实学员向战为战的思想基础为重要抓手

军人是要时刻为打仗做好准备的，军队院校的思政课堂必须对接未来战场，夯实学员向战为战的思想基础。要按照《关于构建新时代人民军队思想政治教育体系的意见》要求，围绕“归谁领导、听谁指挥”，讲清党的领导是根本力量所在，必须做到党指向哪里、就打到哪里；围绕“为谁扛枪、为谁打仗”，讲清我军来自人民、为了人民，必须时刻为祖国和人民而战；围绕“当兵干什么、练兵为什么”，讲清军队是个战斗队，是为打仗而存在的，必须随时拉得出、上得去、打得赢。围绕“本色是什么、制胜靠什么”，讲清作风优良才能塑造英雄部队，必须用铁的纪律凝聚铁的意志、锤炼铁的作风。军队院校思政课要根据自身人才培养特点，结合各兵种特色，采取专题讲座、实践教学等形式，在培育学员战斗精神上下功夫，树牢随时准备打仗的思想，强化忧患意识、危机意识、打仗意识，激发学员为使命而战、为荣誉而战、为胜利而战的血性胆气，敢于亮剑、敢当先锋、敢打必胜。

二、坚持精准滴灌，提升军队思政课教学的针对性实效性

（一）精准思政：思想政治教育的新形态

自“精准思政”提出以来，学者们围绕精准思政的生成背景、核心内容、主要特征、实现路径等，展开了深入探索，形成了一批具有代表性的研究成果。“一般讲，精准思政是指基于大数据、人工智能等前沿技术的介入，在精准思维和理念的引导下，实现思想政治教育的精准育人活动。”[4]精准思政的提出，一方面是基于思想政治教育发展的现实需要。我们在看到我国各级各类学校思想政治教育取得显著成效的同时，也必须清醒认识到普

遍存在的针对性不强和实效性不足的问题。其中，“突出的问题是思想政治教育的针对性和精准性不足，集中表现为教育内容过于宽泛、教育方式方法单一、教学内容与学生个人的匹配度不高以及评价方式机械”[5]。习近平总书记在学校思想政治理论课教师座谈会上强调，“推动思想政治理论课改革创新，要不断增强思政课的思想性、理论性和亲和力、针对性”[6]330。可以说，精准思政是对新时代思想政治教育发展新要求的积极回应，为提升思想政治教育针对性实效性提供了新的思路。另一方面，信息技术的飞速发展为精准思政的实施提供了有效技术支撑。互联网、大数据的迅猛发展，既给新时代的思想政治教育带来了新挑战，也带来了新的发展机遇。互联网、大数据能实时而全面地记录受教育者的网络行为，为思想政治教育提供丰富的受教育者的信息，使得精准思政成为可能。习近平总书记在全国高校思想政治工作会议上指出：“要运用新媒体新技术使工作活起来，推动思想政治工作传统优势同信息技术高度融合，增强时代感和吸引力。”[7]

（二）积极推进军队院校精准思政发展

与地方院校精准思政热形成鲜明对比的是，军队院校对精准思政的关注明显不足。事实上，新时代军队院校思政课同样面临着新问题新挑战。“这些年，随着强军兴军步伐加快，我军建设在使命任务要求、官兵成分结构、外部社会环境等方面正面临许多新情况新变化，给新时代思想政治教育带来深刻影响。”[8]现在的学员以“00后”为主，属于典型的“Z世代”，受网络影响大，思维活跃，价值观念相对多元多样多变。时代变了，对象变了，思想政治教育也必须跟着变，精准思政正是适应新时代要求的新教育模式。军队院校的思政课要结合自身特点，积极推进精准思政，不断提升思政课教学的针对性实效性。一是要加强军队院校精准思政的理论研究。要着眼新时代强军目标对中心环节的新要求，贯彻落实《军队思想政治教育规定》《关于构建新时代人民军队思想政治教育体系的意见》的要求，借鉴地方院校已有研究成果，结合军队院校思政课的教学特点规律，研究军队院校精准思政的时代背景、基本内涵、基本特征和实现路径。二是要扎实推进军队院校精准思政的实践。尽管与地方院校相比，军队院校在互联网、大数据使用方面受到一些限制，但是仍然可以充分利用其为精准思政提供技术支撑。军队院校首先要破除恐网、堵网、拒网的陈旧观念，创新教育理念，积极探索信息化背景下的思想政治教育新模式。《关于构建新时代人民军队思想政治教育体系的意见》明确提出，要建立大数据分析系统，建好用好强军网，加强网络资源建设、使用和安全管理。各军队院校要充分利用全军网络资源和大数据分析系统，并结合自身智慧校园建设，构建学员学业成绩、考勤管理、食堂消费、门禁出入等大数据平台，全方位、精准分析学员个体特征，实现对学员的精准把控，为精准思政实施提供基础数据支持。三是要建立和完善思政课考核评价标准。精准思政最终必须落实到教学实效上来，从这个角度而言，精准评估是精准思政的旨归。2021 年中央军委制定印发的《以实际成效检验思想政治教育办法（试行）》（以下简称《办法》）提出，教育检验是对思想政治教育服务保证强军打赢成效质量的评价，是提高教育铸魂育人质效、强化中心环节重要作用的重要手段。《办法》对检验内容、检验项目、组织实施、结果运用等都做了具体规定。军队院校思政课是军队思想政治教育的重要组成部分，要根据军队院校思政课的特点和实际，结合精准思政的要求，制定具体细化的考核评价标准，进一步推进军校思政课育人质效的精准化。

（三）结合总体上的“浸灌”和因人而异的“滴灌”

精准思政的目的，是要贯彻“以学员为本”的教学理念，准确把握不同学员的思想行为特点，精准定位、精准滴灌，提高思政课教学的针对性和实效性。从理想的状态看，精准思想要求关注具体的学员个人，针对学员个体精准发力，找准穴位、有的放矢，实现“一人一策”，提升育人效果。但是考虑到军队院校思政课教学的实际，这样理想化的精准思政是难以实现的。按照目前军队院校的课程安排，以军官本科学员为例，多是采取大班教学，思政课课堂少则三十人，多则接近一百人。面对这样的课堂教学，上述教学模式肯定是无法实现的。实际上，我们提出实施精准思政，并不是说不要灌输，课堂理论灌输仍然是主渠道。精准思政要坚持统一性与多样性相结合，强调的是在更加全面了解学员思想状况的前提下，提高理论灌输的针对性和实时性。当然，每名学员的思想状况各不相同，我们不可能为每一名学员提出有针对性的教学方案。要分析提炼出一些带有倾向性、规律性的问题，在此基础上来制订教学实施计划。《关于构建新时代人民军队思想政治教育体系的意见》提出，把总体上的“浸灌”和因人而异的“滴灌”结合起来，这应该是我们实施精准思政的指导性原则。在教学实践中，要建立完善任课教员与学员队固定联系机制，经常性地与学员开展交心谈心；要创新课堂教学方式手段，有针对性地让不同学员参与到教学活动中来；要充分利用全军和军队院校大数据和网络平台，建立有效的学员信息收集、处理、利用机制。

三、坚持全员思政，构建军队院校思政课教学的大格局

党的十八大以来，以习近平同志为核心的党中央就思想政治工作提出了协同育人理念和构建“大思政”格局的工作部署。《军队思想政治教育规定》明确规定，军队思想政治教育应当遵循的原则之一，就是树立大教育观，坚持全员全程全方位育人。《关于构建新时代人民军队思想政治教育体系的意见》提出，要“形成党委统筹、齐抓共管的思想政治教育大格局”[9]。具体到军队院校思政课，重点是要坚持全员思政，构建“一体化领导、专业化运行、协同化育人”的体制机制。

（一）发挥领导干部身教示范的标杆引领作用

军队院校党委在思想政治理论教育中负有主体责任，党委管教抓教是贯彻落实军委主席负责制的内在要求和具体体现。因此，要坚持党管思想政治教育，加强对军队院校思政课的工作统筹和分类指导。要坚持领导带头，发挥领导干部身教示范的标杆引领。尤其是军队院校主要领导，要带头把方向、抓导向、管阵地、强队伍。就某种意义而言，一个军队院校思政教育的水平，与其主要领导的政治能力和对思政课教学的重视程度密切相关。习近平主席明确要求，军队院校的校长要讲政治、懂教育、钻打仗、善管理、严自律，做办学治校的行家里手，要具备同岗位要求相匹配的政治素质和政治能力，坚持从思想上政治上建校治校[1]。坚持教育者要先受教育，领导干部要做到言行一致、以上率下、以身作则，坚持带头学、带头讲、带头干，真学笃信。目前，各军队院校普遍实行主要领导带头讲思政课的制度，但是领导讲思政课讲什么、如何讲，如何与政治教员讲课有效衔接等缺乏统一标准，还需要进一步规范，以充分发挥军队院校领导领学领教、带教领教的表率作用。此外，要注重发挥学员队干部的言传身教作用。学员队干部与学员朝夕相处，他们的一言一行、一举一动对学员会产生潜移默化的重要影响。要不断优化学员队干部结构，提高其思想政治素养，强化其身教重于言传，推进政治教员队伍专业化发展。习近平总书记强调，办好思想政治理论课关键在教师，关键在发挥教师的积极性、主动性、创造性[6]330。军队院校思政课堂要充分发挥主渠道作用，首先要建立一支高素质的专业化教员队伍。政治教员专业化发展，既是思想政治教育学科和教育专业化发展的

要求，也是军人职业化发展的需要，更是精准思政的必然要求。政治教员是思政供给侧的主要提供者，其自身能力素质直接决定着最终的教学水平和效果。要根据新时代军队思想政治教育面临的新情况、新变化，积极探索军队院校思政课教学的特点规律，着眼精准思政的需要，大力推动政治教员专业化发展。一是要树立专业化发展意识，提升政治教员个人的专业意识和专业认同感。二是要建立严格的准入退出制度。以贯彻落实《关于推进军官职业发展路径管理的意见》等为契机，建立规范的政治教员任职资格制度，对政治教员职业发展进行路径管理，严把“入口关”，畅通退出通道。三是要加大专业化培训力度，加强对政治教员队伍的在职在岗培训，建立全方位的培训体系。

（二）实现军队院校思政课程与课程思政有机协同发展

课程思政是指“将思想政治教育元素，包括思想政治教育的理论知识、价值理念以及精神追求等融入各门课程，潜移默化地对学生的思想意识、行为举止产生影响”[10]。推进“思政课程”建设，就是在“大思政”育人格局，挖掘其他课程和教学方式中蕴含的思想政治教育资源，使非思政课程与思政课程同向同行，形成互促互进的协同效应，实现全员全程全方位育人。军队院校课程体系分为公共基础课程、专业基础课程和专业课程三大类，除政治理论课程外，其他课程都需要贯彻落实课程思政的要求。《军队思想政治教育规定》明确提出，要注重挖掘其他课程和教学方式中蕴含的思想政治教育资源。从实践来看，各军队院校这几年对课程思政高度重视，在理论和教学实践上都取得了显著成效。但是要看到的是，在实践中对推进课程思政还存在一些认识误区，在与思政课协同育人上有些倾向性的问题需要引起我们的注意。一是课程思政不是要另起炉灶。推进课程思政不是要否定军队院校思政课的地位作用和育人成就，而是在“大思政”的格局下，破解思政课程“单兵作战”和“孤岛化”困境，实现课程思政与思政课程的同向同行，充分发挥共同育人作用。二是课程思政不是要搞“全思政”。不能搞成课课都是思政课、人人都是政治教员。军队院校每门课程在人才培养中都具有不可替代的独特作用，推进课程思政不是要弱化其他课程特别是专业课程的作用，而是要充分发掘这些课程中蕴含的思想政治教育资源。要按照《关于构建新时代人民军队思想政治教育体系的规定》提出的“坚持中心环节融入中心任务”的要求，在围绕实战搞教学、着眼打赢育人才中充分发挥课程思政的隐性教育功能，着力培养听党指挥、能打胜仗、作风优良的新型军事人才。

参考文献：

[1] 习近平在全军院校长集训开班式上强调　贯彻新时代军事教育方针　深化军事院校改革创新　培养德才兼备的高素质专业化新型军事人才[N/OL]. 解放军报,2019－11－28[2022－12－07]. http://www.81.cn/jfjbmap/content/2019－11/28/content_248550.htm.

[2] 古田全军政治工作会议召开两周年回望：书写政治建军时代篇章[N/OL]. 解放军报,2016－12－21[2022－12－07]. https://www.81.cn/sydbt/2016－11/08/content_7349312.htm.

[3] 陶传铭. 坚持把立德树人作为院校人才培养中心环节——学习贯彻习主席在全军院校长集训开班式上的重要讲话[N/OL]. 解放军报,2019－12－16[2022－12－07]. http://www.81.cn/jfjbmap/content/2019－12/16/content_250041.htm.

[4] 吴满意，景星维. 精准思政：内涵生成与结构演化［J］. 学术论坛，2019（5）：134.

[5] 都晓. 论精准思政概念生成及其与课程思政的辩证关系［J］. 新疆师范大学学报（哲学社会科学版），2022，43（2）：50.

[6] 习近平. 习近平谈治国理政：第 3 卷［M］. 北京：外文出版社，2020.

[7] 习近平. 习近平谈治国理政：第 2 卷［M］. 北京：外文出版社，2017：378.

[8] 龙凤. 探索构建新时代思想政治教育体系［N/OL］. 解放军报，2020－06－10[2022－12－07]. http://www.81.cn/jfjbmap/content/2020－06/10/content_263449.htm.

[9] 中央军委印发《关于构建新时代人民军队思想政治教育体系的意见》[N/OL]. 人民日报，2021－04－08[2022－12－08]. http://182.150.59.104：8888/http/77726476706e69737468656265737421f4f6559d69206d5f6e048ce29b5a2e7b74a4/rmrb/20210408/1.

[10] 王学俭，石岩. 新时代课程思政的内涵、特点、难点及应对策略［J］. 新疆师范大学学报（哲学社会科学版），2020（2）：51.

专题三　学习贯彻党的十九届六中全会精神研究

天下情怀：中国共产党胸怀天下的情感密码①

李辽宁　魏倩倩②
（四川大学马克思主义学院　成都　610065）

［**摘　要**］中国共产党是厚植天下情怀的政党，其天下情怀主要表现为“站在历史正确的一边、站在人类进步的一边”的价值立场、“为世界谋大同”的价值目标、“为人类作贡献”的价值实现。中国共产党的天下情怀不是凭空产生的，而是有其特定的生成基础。它肇始于马克思主义政党“为人类求解放”的政治追求，植根于中华优秀传统文化“谋天下大同”的理想抱负，升华于中华民族伟大复兴战略全局与世界百年未有之大变局的历史交汇。在不同的历史时期，中国共产党的天下情怀有不同的表现形态，在当代主要表现为：以自身发展惠及世界的“中国行动”、以人类命运共同体理念助力全球治理的“中国智慧”、以现代化发展新方式引领人类文明新形态的“中国道路”。中国共产党的天下情怀具有重大的时代价值，它有助于树立中国国际形象，向世界讲清楚“中国共产党是什么、要干什么”；有助于凝聚国际共识，形成推动构建人类命运共同体的最大公约数；有助于开放包容，深入推进21世纪马克思主义创新发展。

［**关键词**］中国共产党；天下情怀；胸怀天下；情感密码

党的十九届六中全会通过的《中共中央关于党的百年奋斗重大成就和历史经验的决议》（以下简称《决议》）将“坚持胸怀天下”作为中国共产党百年历程的重要经验之一，强调“党始终以世界眼光关注人类前途命运，

---

①　本文系国家社科基金重大招标项目“推动青年理想信念教育常态化制度化研究”（20ZDA054）的阶段性成果。

②　李辽宁，四川大学马克思主义学院教授、博士生导师；魏倩倩，四川大学马克思主义学院博士研究生。

从人类发展大潮流、世界变化大格局、中国发展大历史正确认识和处理同外部世界的关系”[1]68。习近平总书记在中国共产党与世界政党高层对话会上的主旨讲话中也指出：“中国共产党从人民中走来、依靠人民发展壮大，历来有着深厚的人民情怀，不仅对中国人民有着深厚情怀，而且对世界各国人民有着深厚情怀，不仅愿意为中国人民造福，也愿意为世界各国人民造福。”[2]9这些论述揭示了中国共产党理想信念的世界维度，破译了中国共产党胸怀天下的情感密码，即中国共产党拥有“天下情怀”。作为一种深层次的精神力量，天下情怀贯通于中国共产党的过去、现在与未来。因此，研究探索中国共产党的天下情怀，对于理解和把握共产党坚持胸怀天下的历史经验，具有重要意义。

一、中国共产党天下情怀的三维要义

《说文解字》将“情”解释为“人之阴气有欲者”，即内心有所欲求的隐性动力；“怀”意为“念思也”，即内心挂念。“情怀”二字都以“心”作为偏旁，喻义着内心的所求所念。情怀是一种态度，也是一种境界，它是个体或群体内在的、积极的心理品质。拥有某种情怀，意味着愿意为其承担责任、作出奉献。情怀的覆盖范围有大小，范围越大，其所包含的道义层次越高，需要承担的责任也就越大。所谓天下情怀，顾名思义是指对于全人类历史命运和未来发展的主动关注与愿意做出贡献的情感与胸怀。中国共产党拥有天下情怀，不是为了维护特定利益集团，更不是为了谋取世界霸权，而是为了全人类的共同福祉。中国共产党的天下情怀超越了西方的意识形态偏见与狭隘利益集团的短视，着力于以自身发展促进世界发展，为全人类的进步和解放贡献力量。从内容来看，中国共产党的天下情怀表现为三个层面：在价值立场上，关注人类前途命运，坚持站在历史正确的一边、站在人类进步的一边；在价值目标上，着眼于全人类的幸福状况，追求为人类谋幸福；在价值实现上，致力于实干笃行，为人类发展作贡献。简言之，中国共产党的天下情怀是面向全人类的积极情感与博大胸襟，蕴含着鲜明的价值逻辑，是价值立场、价值目标与价值实现共生演进的复合性概念。

（一）价值立场：站在历史正确的一边、站在人类进步的一边

习近平总书记指出，“中国共产党愿继续同各国政党和政治组织一道，站在历史正确的一边，站在人类进步的一边”[3]。100多年来，中国共产党

始终关注人类前途命运，充分发扬历史主动精神，推动历史车轮朝着光明前进。在新民主主义革命时期，中国共产党率先高举武装反抗日本帝国主义的旗帜，成为世界反法西斯战争东方主战场的中坚力量，为维护世界和平正义、促进人类文明进步作出了巨大牺牲。在社会主义革命和建设时期，中国共产党领导的中国人民志愿军为了维护国际道义、反对霸权主义，毅然决然跨过鸭绿江，同“武装到牙齿”的所谓“联合国军”英勇战斗，打破了美帝国主义不可战胜的神话，有力地捍卫了国家利益和民族尊严，为亚洲乃至世界和平发展作出了重大贡献。在改革开放和社会主义建设新时期，中国共产党科学研判国际形势，提出“和平与发展”是时代主题，在对外交往中坚持维护世界和平、促进共同发展的外交宗旨，不断壮大世界和平力量。新时代以来，面对世界百年未有之大变局的时代之变以及甚嚣尘上的经济逆全球化浪潮，中国共产党在历史的逻辑中前进，坚持和平合作、互利共赢，提出“人类命运共同体”“全人类共同价值”等重要理念，并通过实施“一带一路”倡议，为破解全球治理难题贡献中国智慧。100 多年来的奋斗实践有力证明：中国共产党是一个使命型政党，彰显出推动历史发展与人类进步的先进品质。

（二）价值目标：为世界谋大同

习近平总书记指出：“办好中国的事，让 14 亿多中国人民过上更加美好的生活，促进人类和平与发展的崇高事业，这是中国共产党矢志不渝的奋斗目标。”[3]7 中国共产党的天下情怀具有清晰的价值目标，即为人类谋幸福。关于这一点，习近平总书记曾多次论述。2017 年 12 月，在中国共产党与世界政党高层对话会上，他强调“中国共产党是为中国人民谋幸福的党，也是为人类进步事业而奋斗的党”[2]8，“中国共产党所做的一切，就是为中国人民谋幸福、为中华民族谋复兴、为人类谋和平与发展”[2]8。2018 年 4 月，在人民大会堂会见联合国秘书长古特雷斯时，习近平主席强调：“我们所做的一切都是为人民谋幸福，为民族谋复兴，为世界谋大同。”[4] 2021 年 11 月，《决议》在总结党的百年历程时指出，“一百年来，党既为中国人民谋幸福、为中华民族谋复兴，也为人类谋进步、为世界谋大同”[1]64。可以看出，“人民—民族—世界”构成了中国共产党践行初心使命的三重主体维度。这里的“人民”从国家维度延伸到全人类维度，也昭示着中国共产党的初心使命从“为人民谋幸福”到“为世界谋大同”的自然延伸。概言之，中国共产党对世界人民有深厚的情怀，愿意为世界人民谋幸福。当今世界百年未有之大变局与新冠肺炎疫情全球大流行交织影响，各国人民对和平发展的期盼更加殷切，对公平正义的呼声更加强烈，对合作共赢的追求更加坚定。中国共产党坚持以人民为中心的发展理念，倡导国际合作以推进实现全人类共同利益，深刻体现了中国共产党为人类谋和平与发展的精神品质。

（三）价值实现：为人类作贡献

中国共产党的天下情怀具有自觉的实践品格，不仅体现为站在历史和人民一边的价值立场、为世界谋大同的价值目标，更体现了为人类作贡献的实践向度。早在1956年毛泽东同志就指出，“中国是一个大国，它的人口占全世界人口的四分之一，但是它对人类的贡献是不符合它的人口比重的。将来这种状况会改变的”[5]124，“中国应当对于人类有较大的贡献。而这种贡献，在过去一个长时期内，则是太少了。这使我们感到惭愧”[5]157。随着我国社会主义建设事业不断发展，中国共产党对社会主义本质的认识更加深入，对“为人类作贡献”的认识更加自觉。邓小平同志指出：“衡量我们是不是真正的社会主义国家，不但要使我们自己发展起来，实现四个现代化，而且要能够随着自己的发展，对人类做更多的贡献。”[6]139-140邓小平同志深化了对社会主义本质的认知，强调国家利益超越意识形态，要大胆吸收和借鉴人类社会创造的一切文明成果，社会主义的中国要对人类做更多贡献。“如果中国发展了，意味着争取世界和平的力量壮大了，我们对和平的贡献也就更多了。”[6]576以江泽民同志为主要代表的中国共产党人团结带领全党全国人民，乘风破浪，把中国特色社会主义伟大事业推向21世纪。21世纪以后，中国特色社会主义事业不断开创新局面。胡锦涛同志指出：“我们将坚持不懈为人类和平与发展的崇高事业作出自己的努力，争取对人类作出新的更大的贡献。”[7]新时代以来，习近平总书记多次强调“大就要有大的样子”[2]8，“我们的责任，就是要团结带领全党全国各族人民，接过历史的接力棒，继续为实现中华民族伟大复兴而努力奋斗，使中华民族更加坚强有力地自立于世界民族之林，为人类作出新的更大的贡献”[8]4。从“对人类有较大的贡献”到“对人类做更多的贡献”再到“对人类作出新的更大的贡献”，充分彰显了一代代中国共产党人胸怀天下的历史主动和行动自觉。由此，中国共产党的天下情怀实现了从价值立场、价值目标到价值实现的重大飞跃，凸显了天下情怀的现实性特质。

二、中国共产党天下情怀的生成基础

中国共产党的天下情怀不是凭空产生的，其生成发展有特定的理论基础、文化基础与现实基础。它肇始于马克思主义政党“为人类求解放”的政治追求，植根于中华优秀传统文化“谋天下大同”的理想抱负，升华于中华民族伟大复兴战略全局与世界百年未有之大变局的历史交汇。

（一）肇始于马克思主义政党“为人类求解放”的政治追求

习近平总书记指出：“马克思主义博大精深，归根到底就是一句话，为人类求解放。”[9]8 马克思主义的最高价值理想是实现每个人自由而全面的发展，着眼于全人类解放，蕴含着深厚博大的天下情怀。马克思主义不仅提出了解放全人类的社会理想，而且造就了解放全人类的政治力量——马克思主义政党。马克思主义政党关注的是全人类的利益、首先是无产阶级的利益。“他们没有任何同整个无产阶级的利益不同的利益”[10]413，“共产党人强调和坚持整个无产阶级共同的不分民族的利益”[10]413。正是关注全人类共同利益的价值诉求决定了“为人类求解放”的政治目标：解放全人类，使人成为自身的社会结合的主人，成为自然界的主人，也成为自身的主人——自由的人。恩格斯在《共产党宣言》1888 年英文版序言中指出：“被剥削被压迫的阶级（无产阶级），如果不同时使整个社会一劳永逸地摆脱一切剥削、压迫以及阶级差别和阶级斗争，就不能使自己从进行剥削和统治的那个阶级（资产阶级）的奴役下解放出来。”[10]385 他也进一步论述道：“完成这一解放世界的事业，是现代无产阶级的历史使命。”[11] 可以看出，恩格斯将无产阶级自身的解放事业与整个社会乃至全人类的解放事业联系在一起。因此，“为人类求解放”体现了马克思主义政党的政治自觉。中国共产党是依据马克思主义建立起来的政党，自登上历史舞台，就一直肩负着实现无产阶级解放并最终实现全人类解放的历史使命。在百年奋斗的伟大实践中，中国共产党着眼于人的自由全面发展，带领占世界五分之一的人口实现了全面小康，有力带动了全人类发展水平的重大跃升。联合国开发计划署发布的《2019 年人类发展报告》指出，“包括中国在内的亚太地区是全球人类发展进步最快的地区”[12]。联合国开发计划署驻华代表白雅婷称：“自 1990 年引入人类发展指数以来，中国是世界上唯一一个从‘低人类发展水平’跃升到‘高人类发展水平’的国家。”[12] 中国共产党带领中国人民在多个领域创造了“中国奇迹”，为推进人类进步注入强大正能量，充分彰显了马克思主义政党“为人类求解放”的政治追求。

（二）植根于中华民族五千年文明孕育的优良传统

习近平总书记强调，要“深入挖掘和阐发中华优秀传统文化讲仁爱、重民本、守诚信、崇正义、尚和合、求大同的时代价值，使中华优秀传统文化成为涵养社会主义核心价值观的重要源泉”[8]164。在中华优秀传统文化中，“和合共生”“天下大同”“以人为本”等理念蕴含着中华民族博大的天下观，滋养着中国共产党人的天下情怀。习近平总书记指出，“和平、和睦、和谐是中华民族5000多年来一直追求和传承的理念”[13]16。“和”文化涵养了中国共产党“维护世界和平”“维护人类文明多样性”的对外交往观。“合”则蕴含合作、融合之意。“万物并育而不相害，道并行而不相悖”的合作发展观孕育着中国共产党“共商共建共享”的全球合作观。“天下大同”的理想境界是中国共产党建设美好世界的文化指引。家国情怀是中华民族的精神密码，天下情怀是中国共产党家国情怀的发展与延伸。“修身齐家治国平天下”是中国历代仁人志士的人格理想，其中“个人—家庭—国家—天下”的意识发展结构体现了中华民族家国同构的国家共同体意识和兼济天下的世界共同体意识。沿着这一由内而外、立己达人的逻辑，天下情怀就是家国情怀向世界维度的延伸，凝聚着中华民族文化血脉的情感基因。千百年来，“修身齐家治国平天下”“达则兼济天下”“修之于天下，其德乃普”“大道之行，天下为公”等理念涵育了中国共产党“为世界谋大同”的天下理想，凝铸成新时代中国共产党胸怀天下的标识性话语——“构建人类命运共同体”。从这一意识结构的演进中，我们可以更加清晰地溯源中国共产党“为世界谋大同”的天下情怀。

（三）升华于“两个大局”的历史交汇

新时代以来，中华民族伟大复兴战略全局与世界百年未有之大变局相互交织，实现了历史性交汇，客观上要求中国共产党要善于从世界变局中谋求中华民族伟大复兴战略全局。习近平总书记强调要深刻认识“两个大局”的辩证关系：“领导干部要胸怀两个大局，一个是中华民族伟大复兴的战略全局，一个是世界百年未有之大变局，这是我们谋划工作的基本出发点。”[14]胸怀“两个大局”、于世界变局中谋复兴全局既是中国共产党的战略自觉，也推动了中国共产党厚植天下情怀的行动自觉。同时，中华民族伟大复兴的价值逻辑里必然包含着世界维度。习近平总书记指出，中国共产党“在宏阔的时空维度中思考民族复兴和人类进步的深刻命题”[3]7。中国共产党肩负着世界历史使命，始终是在全人类发展进步的宏大视野中思考中华民族伟大复兴进程，使实现中华民族伟大复兴成为百年未有之大变局中的积极因素，为复杂多变的世界格局注入更多正能量。当然，世界面临百年未有之大变局的进一步演化，客观上要求中国共产党为变局创新局贡献中国智慧。新时代以来，中国共产党遵循人类历史发展规律、顺应经济全球化的历史大趋势，从全人类的共同利益出发，提出构建人类命运共同体理念和“一带一路”倡议，为应对世界大变局提供中国方案。这些都从实践层面彰显出中国共产党的天下情怀。质言之，“两个大局”的历史交汇直接升华了中国共产党于变局谋全局、为变局创新局的情怀担当。

三、中国共产党天下情怀的当代实践

习近平总书记指出，当前，“世界进入新的动荡变革期。每一个负责任的政治家都必须以信心、勇气、担当，回答时代课题，作出历史抉择”[15]112。作为当今世界舞台上重要的政治力量，中国共产党始终关注世界发展，并以自身发展惠及世界，以共同体理念解决世界难题，以现代化发展新道路引领人类文明新形态。

（一）“行惠天下”：以自身发展惠及世界

中国共产党的天下情怀不仅体现在价值理念层面，还体现在实践成效层面。作为一个人口占世界五分之一的大国，中国的发展本身就是对世界的贡献。自改革开放尤其是党的十八大以来，我国逐步实现从“富起来”向“强起来”的伟大飞跃，成为世界第二大经济体、第一大工业国、第一大货物贸易国、第一大外汇储备国，全面建成小康社会目标如期实现，开启了全面建设社会主义现代化新征程。在追求自身发展的进程中，中国也以推动世界共同繁荣发展为己任，在促进经济发展、消除绝对贫困、应对气候变化、抗击新冠疫情、维护世界和平等众多层面作出了创造性贡献，向世界展现了“负责任大国”的形象。一是促进经济发展。面对全球经济增长乏力的风险，中国倡导构建全球发展命运共同体，为发展中国家恢复经济社会发展提供大量资金支持。特别是中国提出的“一带一路”倡议，已经实现了从“大写意”到“工笔画”的发展。至 2021 年 9 月，我国与“一带一路”沿线国家货物贸易额累计达10.4万亿美元[16]，“一带一路”成为当今世界深受欢迎的国际合作平台。二是消除绝对贫困。2021年2月25日，习近平总书记在全国脱贫攻坚总结表彰大会上宣告“我国脱贫攻坚战取得了全面胜利”“完成了消除绝对贫困的艰巨任务”[17]。提前10年实现《联合国2030年可持续发展议程》减贫目标，为全球减贫贡献率超过70%，创造了减贫治理的中国奇迹。三是应对气候变化。面对全球气候日益恶化的态势，中国自主提出经济发展的碳达峰、碳中和目标，多路径推进低碳绿色发展，为保护地球和节约资源树立典范。四是抗击新冠肺炎疫情。面对全球疫情肆虐，中国在做好自身防控的同时，全力支持国际抗疫合作，向世界输送大量抗疫物资、疫苗药品等，为世界疫情防控作出了重大贡献。五是维护世界和平。面对复杂的国际局势与地区争端，中国倡导以和平对话方式解决国际争端，至今已派出5万多人参加联合国维和行动，成为安理会常任理事国第一大出兵国、第二大维和摊款国，为维护世界和平、促进共同发展作出了不可磨灭的贡献。事实有力证明：“中国的新发展为世界提供新机遇。”[18]中国共产党以实实在在的行动践行着天下情怀，有力证明了中国始终是世界和平的建设者、全球发展的贡献者、国际秩序的维护者。

（二）“智启天下”：以共同体理念启迪解决世界难题的智慧

当今世界面临百年未有之大变局，各种风险挑战层出不穷，特别是新冠肺炎疫情在全球蔓延，加剧了逆全球化的“回头浪”。习近平总书记指出：“有关研究表明，10年来‘世界开放指数’不断下滑，全球开放共识弱化，这值得高度关注。”[19]2019年，习近平在巴黎出席中法全球治理论坛闭幕式上首提“信任赤字”，与发展赤字、和平赤字、治理赤字共同构成了全球发展面临的“四大赤字”。世界怎么了？人类怎么办？这是各国所面临的“世界之问”。中国共产党充分发挥历史主动精神，实现从“国家主体”到“人类主体”的责任角色转换，提出了应对“世界之问”的中国方案：构建人类命运共同体，实现合作共赢。在把脉世界之问基础上，中国共产党“对症下药”：通过“一带一路”倡议，以“共建共商共享”的价值观超越本国利益至上逻辑，破解发展赤字；永远不称霸的和平发展理念超越国强必霸逻辑，破解和平赤字；以公平正义的全球治理理念超越霸权逻辑，破解治理赤字；以合作共赢的新型国际关系观超越零和博弈逻辑，破解信任赤字。通过各国的共同努力，力争建立一个“持久和平、普遍安全、共同繁荣、开放包容、清洁美丽”的美好世界。同时，习近平总书记创造性地提出“全人类共同价值”：“和平与发展是我们的共同事业，公平正义是我们的共同理想，民主自由是我们的共同追求。”[20]5全人类共同价值的提出使得构建人类命运共同体的愿景有了正确价值理念的指引。中国不仅是这样说的，也是这样做的。比如，中国与巴基斯坦加强全方位合作，打造“中巴命运共同体”；中国与老挝推动传统友好向深层次、宽领域方向全面发展，共同打造“中老命运共同体”；中国加强与非洲国家的合作，携手构建“中非命运共同体”；中国加强与东盟国家的合作，共同构建中国－东盟“利益共同体”与“命运共同体”……此外，习近平总书记还与时俱进地提出“核安全命运共同体”“网络空间命运共同体”“海洋命运共同体”“人类卫生健康共同体”“全球发展命运共同体”“地球生命共同体”等崭新倡议，使得人类命运共同体理念更加具体，内涵更加丰富。概言之，“人类命运共同体”理念是解决当前全球问题的中国方案，也启迪世界各国塑造人类新未来的新智慧、新思路。

（三）“道引天下”：以现代化发展新道路引领人类文明新形态

“引领时代”是当代中国共产党践行天下情怀的重要体现，也是中国共产党先进性的具体表现。早在1987年，邓小平同志就指出：“我们要赶上时代，这是改革要达到的目的。”[21]习近平总书记在2018年春节团拜会上的讲话中强调：“改革开放四十年来，我们以敢闯敢干的勇气和自我革新的担当，闯出了一条新路、好路，实现了从‘赶上时代’到‘引领时代’的伟大跨越。”[22]如何引领时代？在庆祝中国共产党成立100周年大会上，习近平总书记郑重宣布：“我们坚持和发展中国特色社会主义，推动物质文明、政治文明、精神文明、社会文明、生态文明协调发展，创造了中国式现代化新道路，创造了人类文明新形态。”[13]13－14这一论述振聋发聩。实现现代化是各国人民的共同追求。回顾人类现代化的历程，西方现代化曾经对人类文明作出重大贡献，但是随着经济社会的发展，其弊端也日益凸显。西方国家将其自身的价值观当作“普世价值”强行向其他国家和地区推销，引发许多矛盾和冲突。然而，现代化之路绝不只有西方道路。“一个和平发展的世界应该承载不同形态的文明，必须兼容走向现代化的多样道路。”[15]115 100多年来，中国共产党将马克思主义基本原理同中国具体实际相结合、同中华优秀传统文化相结合，经过艰苦探索，终于走出一条中国特色社会主义道路，创造了中国式现代化新道路。这条道路经历了对西方现代化“反思—超越”的逻辑脉络。一是中国式现代化是对西方“物的现代性”造成的人的现代性危机的反思，是对资本逻辑支配现代化的超越，是驾驭资本并以个体的全面发展与群体的共同富裕为价值旨归的人本性现代化。二是中国式现代化是对西方工具理性遮蔽价值理性的现代性危机的反思，是对物本逻辑、精神虚无逻辑支配现代化的超越，是物质文明与精神文明协同发展的兼容性现代化。三是中国式现代化是对殖民掠夺式现代化的反思，是对零和思维及国强必霸的强盗逻辑的超越，是独立自主、走和平发展道路的包容性现代化。四是中国式现代化是对西方以牺牲自然资源为代价的“人类中心主义”的反思，是对人与自然对立关系的超越，是人与自然和谐共生的可持续现代化。质言之，中国式现代化道路是对西方现代化发展逻辑和发展方式的超越，展现了一种崭新的、多元共生的现代化图景。这是一条物质文明、政治文明、精神文明、社会文明、生态文明协调发展的新型现代化道路，为广大发展中国家提供了走向现代化的新选择，开启了人类文明新形态。

四、中国共产党天下情怀的时代价值

中国共产党的天下情怀贯穿于党“胸怀天下”的百年发展历程，涵养着党“胸怀天下”的当代实践与未来走向，具有重要的时代价值。中国共产党的天下情怀有助于树立国际形象，向世界讲清楚“中国共产党是什么、要干什么”这一根本问题；有助于凝聚世界共识，形成构建人类命运共同体的最大公约数；有助于开放包容，深入推进21世纪马克思主义的创新发展。

（一）树立国际形象，讲清楚“中国共产党是什么、要干什么”

“进入21世纪以来，当代世界和当代中国都发生了深刻而重大的变化，可以说我们面对的是百年未遇之大变局。中国与世界的关系也发生了根本性变化，今天的中国，前所未有地走到世界舞台的中心。”[23]中华民族伟大复兴迎来了不可逆转的历史进程。面对这一进程，国际上表现出不同的样态，焦虑者有之，期盼者有之，抹黑者有之。如果说，中华人民共和国成立、中国人民从此“站”起来，解决的是中国人不再“挨打”的问题；通过改革开放，极大促进了生产力的发展，中国人民从此“富”起来，解决的是中国人不再“挨饿”的问题；那么，在迈向第二个百年奋斗目标、实现“强”起来的过程中，中国人要重点解决“挨骂”的问题。中国的崛起意味着什么？中国共产党是什么、要干什么？对这些问题的回答直接关涉中国的国际形象，关涉中国与世界的关系模式。习近平总书记强调“党和人民事业是人类进步事业的重要组成部分”[1]64，这一论断清晰地表达了实现中华民族伟大复兴的世界历史意义。但是，西方国家愿意客观理性分析这个问题的人太少，他们不愿意看到一个崛起的中国，不愿意承认中国对于世界的贡献。部分西方政客热衷于搞新“冷战”，故意罔顾事实，操纵国际舆论，在人权等问题上设置虚假命题，肆意干涉中国内政，炮制所谓“中国威胁论”“中国霸权论”，严重损害中国的国际形象。因此，向世界讲清楚“中国共产党是什么、要干什么”这一根本问题必要且迫切。中国共产党的天下情怀是全世界看得见、听得懂的自我表达。天下情怀贯通于中国共产党胸怀天下的过去、现在及未来。中国共产党以实际行动向世界证明：中国是坚决维护以联合国宪章宗旨和原则为核心的国际秩序的存量巩固者，是推动全球治理体系朝着公正合理方向发展的增量改革者，是倡导普遍的全球共同价值观体系的智慧创新者，是促进国际关系民主化的倡导者与践行者，是世界和平与全球发展的捍卫者与贡献者。事实证明，中国共产党既是为中国人民谋幸福、为中华民族谋复兴的政党，也是为人类谋进步、为世界谋大同的政党。天下情怀深切回应了世界对中国共产党的关切，澄清了世界对中国共产党的误解，能消除世界对中国共产党的顾虑。

（二）凝聚世界共识，形成构建人类命运共同体最大公约数

推动构建人类命运共同体，是“不同社会制度、不同意识形态、不同历史文化、不同发展水平的国家在国际事务中利益共生、权利共享、责任共担，形成共建美好世界的最大公约数”[20]6。构建人类命运共同体不是要形成一个新的社会形态，而是要汇聚共建美好世界的磅礴力量。人类发展到今天已经经历了太多磨难，特别是两次世界大战，让人们看到了战争的残酷与和平的可贵。当前，国际形势复杂多变，动荡和危机随时牵动着人们的神经。在此背景下，更加需要树立“共同体”意识，用“共同体”思维解决各种争端。比如，在俄乌冲突中，中国再三强调，要通过外交途径解决冲突，各国主权和领土完整应当得到尊重和维护，联合国宪章宗旨和原则也应当得到共同维护。中方主张“应当彻底摒弃冷战思维，通过对话谈判寻求乌克兰及相关问题的全面解决，最终形成均衡、有效、可持续的欧洲安全机制”[24]。中国的主张和欧美不断“火上浇油”的做法形成鲜明对比。虽然世界各国社会制度有所不同，发展水平也有很大差异，但是都有对于美好生活的向往。特别是在全球性问题凸显的背景下，没有一个国家能够独善其

身，也没有一个国家能够单独应对，需要国家之间加强团结合作、共同面对。构建人类命运共同体理念的提出，既顺应了历史发展的大趋势，也是维护人类整体利益的客观要求。“构建人类命运共同体”曾四次被写入联合国决议便是有力证明。2021 年 7 月，中国共产党举办中国共产党与世界政党领导人峰会，来自 160 多个国家的 500 多个政党和政治组织领导人、逾万名政党和各界代表共聚“云端”，探讨“为人民谋幸福与政党的责任”这个重大命题。这是世界各国政党努力达成共识并推动构建人类命运共同体的重大实践，也表明中国共产党的国际影响力显著提升。正如阿尔及利亚争取和平社会运动主席摩克里所说的：“在中国共产党领导下，中国经济社会各领域取得巨大进步和发展，并积极承担起构建公正国际关系、促进世界和平与发展的重任，赢得了世界各国人民特别是渴望发展的各国人民的赞赏与尊重。”[25]

（三）助力开放包容，深入推进 21 世纪马克思主义创新发展

马克思指出：“理论在一个国家实现的程度，总是取决于理论满足这个国家的需要的程度。”[10]11 同样的道理是：理论在一个时代创新的程度，总是取决于理论满足这个时代的需要的程度。但是理论创新不是自动发生的，除时代的客观需要以外，还需要发挥创新主体的积极能动性。至于积极能动性发挥到什么程度，关键在于主体的情怀。100 多年来，中国共产党人将马克思主义基本原理与中国具体实际相结合，形成了丰富的中国化马克思主义理论成果。这些成就的取得，离不开中国共产党人对于世情国情党情的深刻洞察，离不开中国共产党的家国情怀和天下情怀。习近平总书记强调，“马克思主义是不断发展的开放的理论”[9]9。习近平新时代中国特色社会主义思想作为 21 世纪马克思主义，继承了马克思主义的开放性特质，内含着中国与世界的交流与互动，其理论视野必然是世界性的。事实上，习近平新时代中国特色社会主义思想中蕴含着丰富的国际化元素，比如反贫困理论、中国式现代化道路、人类文明新形态等，这些既是对中国实践的深刻解读，也是对世界文明进步的重大贡献，彰显了中国共产党以理论创新推进人类进步的天下情怀。可以说，21 世纪马克思主义与中国共产党的天下情怀相互证成，互为深化：一方面，中国共产党着眼世界发展与人类进步的天下情怀必然要求 21 世纪马克思主义要着眼于世界；另一方面，21 世纪马克思主义对于全球性问题的解释和论证，必然要求中国共产党要拥有全球视野、厚植天下情怀。伴随着中华民族伟大复兴的历史进程，胸怀天下的中国共产党必

将以更强的底气与更丰富的智慧推动21世纪马克思主义的创新发展，为世界发展与人类进步作出新的理论贡献。

结语

“大时代需要大格局，大格局呼唤大胸怀。”[3]3 当今世界，百年未有之大变局加速演进，人类面临更多的不确定性。每一个负责任的国家和政党都应为解决世界性难题贡献力量，共同塑造人类的美好未来。作为推动人类发展进步的重要政治力量，中国共产党始终从人类命运与共的角度看世界，以宽广博大的胸襟谋发展，以互利共赢的理念促合作。在通往实现第二个百年奋斗目标的新征程上，中国共产党将继续厚植天下情怀，同世界上一切进步力量一起携手前进，与各国人民一起建设一个更加美好的世界，为人类进步贡献更加磅礴的力量，为社会历史开创更加光明的前景。

［原文发表于《思想教育研究》2022年第3期。略有修改］

参考文献：

［1］中共中央关于党的百年奋斗重大成就和历史经验的决议［M］. 北京：人民出版社，2021.

［2］习近平. 携手建设更加美好的世界——在中国共产党与世界政党高层对话会上的主旨讲话［M］. 北京：人民出版社，2017.

［3］习近平. 加强政党合作　共谋人民幸福——在中国共产党与世界政党领导人峰会上的主旨讲话［M］. 北京：人民出版社，2021.

［4］杨晔，刘卫兵. 习近平会见联合国秘书长古特雷斯［N/OL］. 人民日报，2018-04-09［2022-12-11］. http://182.150.59.104:8888/http/77726476706e69737468656265737421f4f6559d69206d5f6e048ce29b5a2e7b74a4/rmrb/20180409/1.

［5］中共中央文献研究室. 毛泽东文集：第7卷［M］. 北京：人民出版社，1999.

［6］中共中央文献研究室. 邓小平思想年编：1975—1997［M］. 北京：中央文献出版社，2011.

［7］胡锦涛. 胡锦涛文选：第3卷［M］. 北京：人民出版社，2016：542.

［8］习近平. 习近平谈治国理政：第1卷［M］. 北京：外文出版社，2018.

［9］习近平. 在纪念马克思诞辰200周年大会上的讲话［M］. 北京：人民出版社，2018.
［10］中共中央马克思恩格斯列宁斯大林著作编译局. 马克思恩格斯选集：第1卷［M］. 北京：人民出版社，2012.
［11］中共中央马克思恩格斯列宁斯大林著作编译局. 马克思恩格斯选集：第3卷［M］. 北京：人民出版社，2012：817.
［12］杨逸夫. “中国取得的发展进步最为显著”——联合国开发计划署发布二〇一九年《人类发展报告》［N/OL］. 光明日报，2019-12-10［2023-06-07］. https://epaper.gmw.cn/gmrb/html/2019-12/10/nw.D110000gmrb_20191210-03-12.htm.
［13］习近平. 在庆祝中国共产党成立100周年大会上的讲话［M］. 北京：人民出版社，2021.
［14］习近平. 习近平谈治国理政：第3卷［M］. 北京：外文出版社，2020：77.
［15］习近平. 习近平重要讲话单行本（2021年合订本）［M］. 北京：人民出版社，2022.
［16］杜海涛，罗珊珊. 自2013年至今年9月，我国与“一带一路”沿线国家货物贸易额累计达10.4万亿美元　贸易畅通　硕果累累（“一带一路”建设成就）［N/OL］. 人民日报，2021-11-28［2022-12-11］. http://182.150.59.104:8888/http/77726476706e69737468656265737421f4f6559d69206d5f6e048ce29b5a2e7b74a4/rmrb/20211128/1.
［17］习近平. 在全国脱贫攻坚总结表彰大会上的讲话［M］. 北京：人民出版社，2021：1.
［18］习近平. 在庆祝中国共产党成立100周年大会上的讲话［M］. 北京：人民出版社，2021：16.
［19］习近平. 让开放的春风温暖世界——在第四届中国国际进口博览会开幕式上的主旨演讲［M］. 北京：人民出版社，2021：2.
［20］习近平. 在中华人民共和国恢复联合国合法席位50周年纪念会议上的讲话［M］. 北京：人民出版社，2021.
［21］邓小平. 邓小平文选：第3卷［M］. 北京：人民出版社，1993：242.
［22］中共中央党史和文献研究院，中央“不忘初心、牢记使命”主题教育领导小组办公室. 习近平关于“不忘初心、牢记使命”论述摘编

[M]. 北京：党建读物出版社，2019：242.

[23] 姜辉. 21世纪中国特色社会主义的世界意义 [J]. 世界社会主义研究，2017 (4)：4.

[24] 马卓言，潘洁. 外交部发言人——中方一向站在和平、正义一边[N/OL]. 人民日报，2022－02－26 [2022－12－11]. http://182.150.59.104：8888/http/77726476706e69737468656265737421f4f6559d69206d5f6e048ce29b5a2e7b74a4/rmrb/20220226/3.

[25] 多国政党政府领导人等继续祝贺中国共产党百年华诞[N/OL]. 人民日报，2021－07－06[2022－12－11]. http://182.150.59.104:8888/http/77726476706e69737468656265737421f4f6559d69206d5f6e048ce29b5a2e7b74a4/rmrb/20210706/3.

从“九个必须”到“十个坚持”

——两个历史经验的比较研究

明 智 李莉莉[①]

（安徽省阜阳市颍东区委党校图书信息中心 阜阳 236000

安徽省阜阳市委党校党史党建教研室 阜阳 236000）

［**摘　要**］“九个必须”“十个坚持”都是在总结党的百年历史经验，解决的是今后“怎么做”的问题。两者同中有异，体现党的政策的稳定性、发展性。“七一”重要讲话着眼于中国共产党建党100周年；《中共中央关于党的百年奋斗重大成就和历史经验的决议》侧重于总结历史经验，统一思想，侧重于评价。比起“九个必须”，“十个坚持”突出了党的核心、权威地位，强调人民至上、理论创新，强调形势的严峻性与斗争的坚定性，强调要筑牢中华民族共同体意识，强调党要勇于自我革命；《中共中央关于党的百年奋斗重大成就和历史经验的决议》重视独立自主、开拓创新，带有理性色彩，体现党的百年历程中第三个历史决议的严肃性。研究两者关系，有利于充分认识党所发挥的主心骨作用，更好地推动党的各项事业永续发展。

［**关键词**］“七一”重要讲话；《中共中央关于党的百年奋斗重大成就和历史经验的决议》；“九个必须”；“十个坚持”；比较

中国共产党百年奋斗的历史证明，党形成了善于总结历史经验的优良传统，积累了宝贵的历史经验。2021年7月1日，习近平总书记发表“七一”重要讲话；2021年11月11日，党的十九届六中全会通过了《中共中央关于党的百年奋斗重大成就和历史经验的决议》（下文简称《决议》），是百年党史的第三个历史决议。“七一”重要讲话和党百年奋斗的主题都是实现中

① 明智，中共阜阳市颍东区委党校研究员；李莉莉，中共阜阳市委党校讲师。

华民族伟大复兴，党的百年奋斗把为中国人民谋幸福、为中华民族谋复兴作为自己的初心使命[1]13。习近平新时代中国特色社会主义思想，是当代中国马克思主义、21世纪马克思主义，是中华文化和中国精神的时代精华，实现了马克思主义中国化新的飞跃[1]32。“七一”重要讲话和《决议》都是马克思主义的纲领性文献，都丰富和发展了习近平新时代中国特色社会主义思想。“七一”重要讲话指出：“我们要用历史映照现实、远观未来，从中国共产党的百年奋斗中看清楚过去我们为什么能够成功、弄明白未来我们怎样才能继续成功，从而在新的征程上更加坚定、更加自觉地牢记初心使命、开创美好未来。”[2]10为此，在“七一”重要讲话中，习近平总书记总结了“九个必须”。《决议》第六部分冠名“中国共产党百年奋斗的历史经验”，提出“坚持党的领导”“坚持人民至上”“坚持理论创新”“坚持独立自主”“坚持中国道路”“坚持胸怀天下”“坚持开拓创新”“坚持敢于斗争”“坚持统一战线”“坚持自我革命”，一共十个，简称“十个坚持”，并概括指出：“以上十个方面，是经过长期实践积累的宝贵经验，是党和人民共同创造的精神财富，必须倍加珍惜、长期坚持，并在新时代实践中不断丰富和发展。”[1]66本文拟对“九个必须”和“十个坚持”进行比较研究，以期有所发现。

“九个必须”第一个是“必须坚持中国共产党坚强领导”。“十个坚持”第一个也是“坚持党的领导”。两者都强调党的领导的历史意义、现实意义，后者没有“增强‘四个意识’、坚定‘四个自信’、做到‘两个维护’，牢记‘国之大者’，不断提高党科学执政、民主执政、依法执政水平”[2]11，但增加了“坚决维护党的核心和党中央权威”[1]62，是对党的核心和党中央权威的强调。“增强‘四个意识’、坚定‘四个自信’、做到‘两个维护’”两次出现在《决议》中，即第四部分“开创中国特色社会主义新时代”[1]30、第七部分“新时代的中国共产党”[1]68。“国之大者”出现在《决议》第四部分[1]34。

“九个必须”第二个是“必须团结带领中国人民不断为美好生活而奋斗”，因为“中国共产党根基在人民、血脉在人民、力量在人民”，这与“十个坚持”第二个“坚持人民至上”高度契合，只是在语言表达方面稍有区别。后者语言更简练，更有概括力，而且补充了“人民是党执政兴国的最大底气，正义是最强的力量。党的最大政治优势是密切联系群众，党执政后的最大危险是脱离群众”[1]62-63。后者在前者党“没有任何自己的特殊利益，从来不代表任何利益集团、任何权势团体、任何特权阶层的利益”[2]11-12的基础上，另增加“这是党立于不败之地的根本所在”[1]63一句。总体上看，《决议》的“坚持人民至上”更加突出人民的地位，强调人民性。

“九个必须”第三个是“必须继续推进马克思主义中国化”，这与“十个坚持”第三个“坚持理论创新”保持一致，又有补充。比如，“必须继续推进马克思主义中国化”指出“马克思主义是我们立党立国的根本指导思想”[2]12；《决议》则说“马克思主义是我们立党立国、兴党强国的根本指导思想”[1]63，突出强调了马克思主义的指导地位。后者在前者“两个结合”即“坚持把马克思主义基本原理同中国具体实际相结合、同中华优秀传统文化相结合”[2]13的基础上，引用习近平总书记讲话补充指出，“当代中国的伟大社会变革，不是简单延续我国历史文化的母版，不是简单套用马克思主义经典作家设想的模板，不是其他国家社会主义实践的再版，也不是国外现代化发展的翻版”[1]63。后者站在百年党史、站在中华民族伟大复兴高度，强调理论创新的伟大意义，把理论创新放到突出位置。

“九个必须”第四个是“必须坚持和发展中国特色社会主义”，这与“十个坚持”第五个“坚持中国道路”保持大体上的一致。走中国特色社会主义道路，是党百年奋斗得出的历史结论，这条道路是实现中华民族伟大复兴的正确道路[2]13。“九个必须”的“必须坚持和发展中国特色社会主义”强调，我们所走的这一道路，推动“五个文明”（物质、政治、精神、社会、生态文明）协调发展，创造了中国式现代化新道路，创造了人类文明新形态[2]14。“‘五个文明’协调发展”在“十个坚持”中，以另一种表述出现，即“富强民主文明和谐美丽”，与“五个文明”一一对应。“中国式现代化新道路”“人类文明新形态”没有出现在“十个坚持”的“坚持中国道路”中，而出现在《决议》第五部分“中国共产党百年奋斗的历史意义”之四[1]61。“统筹推进‘五位一体’总体布局、协调推进‘四个全面’战略布局”“新发展阶段”“新发展理念”“新发展格局”“高质量发展”也没有出现在“十个坚持”的“坚持中国道路”中，而出现在《决议》第七部分“新时代的中国共产党”中，这样就形成互补。“九个必须”的“必须坚持和发展中国特色社会主义”结尾也表达了走中国特色社会主义道路的决心：“我们积极学习借鉴人类文明的一切有益成果，欢迎一切有益的建议和善意的批评，但我们绝不接受‘教师爷’般颐指气使的说教！”[2]14-15相比之下，“十个坚持”第五个“坚持中国道路”结尾强调：“我们既不走封闭僵化的老路，也不走改旗易帜的邪路，坚定不移走中国特色社会主义道路”[1]64，这是对“必须坚持和发展中国特色社会主义”的巧妙回应，带有理性色彩。

“九个必须”第五个是“必须加快国防和军队现代化”，这个在“十个坚持”中没有对应内容。

“九个必须”第六个是“必须不断推动构建人类命运共同体”，这与“十个坚持”第六个“坚持胸怀天下”在文字表述上具有相似性。在“必须不断推动构建人类命运共同体”中，“和平”“和睦”“和谐”“合作”“共赢”“没有侵略他人、称王称霸的基因”“坚持走和平发展道路”“坚持合作、不搞对抗”“坚持开放、不搞封闭”“坚持互利共赢、不搞零和博弈”“反对霸权主义和强权政治”[2]16是关键词句，而“十个坚持”的“坚持胸怀天下”的关键词句有“坚持开放、不搞封闭，坚持互利共赢、不搞零和博弈”“坚持和平发展道路”“不掠夺别人、永远不称霸”[1]65。以上是两者的共同之处，但是“十个坚持”的“坚持胸怀天下”强调“主持公道、伸张正义，站在历史正确的一边、站在人类进步的一边”[1]65。“推动构建人类命运共同体”虽然没有出现在“十个坚持”的“坚持胸怀天下”中，但在《决议》中共出现三次，分别在《决议》第四部分“开创中国特色社会主义新时代”开头的第三段[1]31和这部分的第十三个伟大成就“在外交工作上”[1]58、第五部分“中国共产党百年奋斗的历史意义”第四个“党的百年奋斗深刻影响了世界历史进程”中[1]61。“坚持胸怀天下”站在中华民族千秋伟业高度，一开始就强调“大道之行，天下为公。党始终以世界眼光关注人类前途命运，从人类发展大潮流、世界变化大格局、中国发展大历史正确认识和处理同外部世界的关系”[1]64-65，用语重，与百年党史第三个历史决议的重要地位相匹配。

“九个必须”第七个是“必须进行具有许多新的历史特点的伟大斗争”，对应“十个坚持”第八个“坚持敢于斗争”。“必须进行具有许多新的历史特点的伟大斗争”强调“增强忧患意识，始终居安思危”和“两个统筹”“两个大局”（统筹国家发展和安全，统筹中华民族伟大复兴战略全局和世界百年未有之大变局[2]17-18）。“十个坚持”的“坚持敢于斗争”则在前者基础上，强调百年大党所经历的不平凡岁月，强调形势的严峻性，强调斗争的坚定性：“党在内忧外患中诞生、在经历磨难中成长、在攻坚克难中壮大，为了人民、国家、民族，为了理想信念，无论敌人如何强大、道路如何艰险，党总是绝不畏惧、绝不退缩，不怕牺牲、百折不挠。只要我们把握新的伟大斗争的历史特点，抓好和用好历史机遇，下好先手棋、打好主动仗，发扬斗争精神，增强斗争本领，凝聚起全党全国人民的意志和力量，就一定能够战胜一切可以预见和难以预见的风险挑战。”[1]65–66

“九个必须”第八个是“必须加强中华儿女大团结”，对应“十个坚持”第九个“坚持统一战线”。“必须加强中华儿女大团结”认为，爱国统一战线是党团结海内外全体中华儿女实现中华民族伟大复兴的重要法宝，新征程上必须坚持大团结大联合，努力寻求最大公约数、画出最大同心圆，汇聚起实现民族复兴的磅礴力量[2]18–19。“坚持统一战线”在“必须加强中华儿女大团结”基础上，增加了一些新提法：“不断巩固和发展各民族大团结、全国人民大团结、全体中华儿女大团结，铸牢中华民族共同体意识。”[1]66“铸牢中华民族共同体意识”就是做好统战工作的目的之一。

“九个必须”第九个是“必须不断推进党的建设新的伟大工程”，对应“十个坚持”第十个“坚持自我革命”。两者有很多共同点，兹略。后者补充指出，“先进的马克思主义政党不是天生的，而是在不断自我革命中淬炼而成的。党历经百年沧桑而更加充满活力，其奥秘就在于始终坚持真理、修正错误。党的伟大不在于不犯错误，而在于从不讳疾忌医，积极开展批评和自我批评，敢于直面问题，勇于自我革命”[1]66。党的可贵之处就在于，敢于直面存在的问题，敢于接受人民监督，敢于揭短，不隐瞒错误，这样就增强了党的自我净化、自我完善、自我革新、自我提高能力。这是我党区别于其他政党的显著标志。“坚持自我革命”强调党勇于自我革命。

综上所述，“九个必须”先后对应“十个坚持”的第一、二、三、五、六、八、九、十个内容（第五个“必须”在“十个坚持”中没有体现），内容大体相同，又有所区别。“十个坚持”的第一、二、三、五、六、八、九、十个内容，篇幅相对要小，内容相对要简洁、凝练一些。

相比“九个必须”，“十个坚持”增加了第四个“坚持独立自主”和第七个“坚持开拓创新”，但是这两个又与“九个必须”中的第四个“必须坚持和发展中国特色社会主义”、第六个“必须不断推动构建人类命运共同体”部分内容有重合。

“坚持独立自主”单列一条，指出：“独立自主是中华民族精神之魂，是我们立党立国的重要原则。”[1]64“九个必须”第六个“必须不断推动构建人类命运共同体”则说：“奉行独立自主的和平外交政策。”[2]16“坚持独立自主”说：“走自己的路，是党百年奋斗得出的历史结论。”[1]64“九个必须”之“必须坚持和发展中国特色社会主义”中说：“走自己的路，是党的全部理论和实践立足点，更是党百年奋斗得出的历史结论。”[2]13“坚持独立自主”一条则说：“党历来坚持独立自主开拓前进道路，坚持把国家和民族发展放在自己力量的基点上，坚持中国的事情必须由中国人民自己作主张、自己来处理。人类历史上没有一个民族、一个国家可以通过依赖外部力量、照搬外国模式、跟在他人后面亦步亦趋实现强大和振兴。那样做的结果，不是必然遭遇失败，就是必然成为他人的附庸。”[1]64“九个必须”之“必须不断推动构建人类命运共同体”中说：“中国人民也绝不允许任何外来势力欺负、压迫、奴役我们，谁妄想这样干，必将在14亿多中国人民用血肉筑成的钢铁长城面前碰得头破血流！”[2]17“九个必须”之“必须坚持和发展中国特色社会主义”说：“中国共产党和中国人民将在自己选择的道路上昂首阔步走下去，把中国发展进步的命运牢牢掌握在自己手中！”[2]15“坚持独立自主”同样有类似表达：“只要我们坚持独立自主、自力更生，既虚心学习借鉴国外的有益经验，又坚定民族自尊心和自信心，不信邪、不怕压，就一定能够把中国发展进步的命运始终牢牢掌握在自己手中。”[1]64总之，“十个坚持”的第四个“坚持独立自主”，与“九个必须”之第四个“必须坚持和发展中国特色社会主义”、第六个“必须不断推动构建人类命运共同体”有水乳交融的联系，但是，《决议》把“坚持独立自主”单列出来，充分说明在继承以往的基础上，站在党的百年发展史高度，充分认识到独立自主的重大而深远的历史意义，体现了党中央对独立自主的重视。

“十个坚持”增加的第七个“坚持开拓创新”，是百年党史的重要理论创建，在“九个必须”中没有出现，反映了党在理论总结上的进一步完善。“坚持开拓创新”指出：“创新是一个国家、一个民族发展进步的不竭动力。越是伟大的事业，越充满艰难险阻，越需要艰苦奋斗，越需要开拓创新。党领导人民披荆斩棘、上下求索、奋力开拓、锐意进取，不断推进理论创新、实践创新、制度创新、文化创新以及其他各方面创新，敢为天下先，走出了前人没有走出的路，任何艰难险阻都没能阻挡住党和人民前进的步伐。只要我们顺应时代潮流，回应人民要求，勇于推进改革，精准识变、科学应变、主动求变，永不僵化、永不停滞，就一定能够创造出更多令人刮目相看的人间奇迹。”[1]65党中央专门把“开拓创新”作为十大历史经验之一写进《决议》，体现出“开拓创新”的重要性。中国共产党带领14亿多人走的是前无古人的事业，今后的前进道路上还会遇到更多风险挑战，就要有开拓创新的决心、意志、行动。应对正在面临的百年未有之大变局，要实现2035年远景目标，基本实现现代化，到21世纪中叶全面建成社会主义现代化强国，进而实现中华民族伟大复兴，都离不开开拓创新。党的十八大以来，党的理论创新在《决议》中被概括出来。简言之即“十个明确”是党的十八大以来新飞跃的理论基础，是习近平新时代中国特色社会主义思想核心内容的进一步概括。“坚持理论创新”在“十个坚持”中居第三，单列为一条，“坚持开拓创新”包括“坚持理论创新”的内容，但是“坚持理论创新”是专门强调党的指导思想的创新。党的实践创新体现在新时代取得的十三项伟大成就，是党的十八大以来新飞跃的实践基础。党的十八大以来，党把制度建设放在重要位置。制度创新有助于推进国家治理体系和治理能力现代化。文化创新包括推进中国哲学社会科学学科体系、学术体系、话语体系建设，注重用社会主义先进文化、革命文化、中华优秀传统文化培根铸魂等。特别是近年来，由于基础研究薄弱，面对西方的高科技封锁，我国数十项关键核心技术领域被卡脖子。要解决“卡脖子”问题，就必须创新，从而实现科技自立自强，而不是仅仅依赖外国，目前已经在一些领域取得了进展，这离不开国家政策的大力支持。

总之，党的十九届六中全会“用‘十个坚持’深刻总结了党百年奋斗的历史经验，揭示了党和人民事业不断成功的根本保证、党始终立于不败之地的力量源泉、党始终掌握历史主动的根本原因、党永葆先进性和纯洁性始终走在时代前列的根本途径”[3]。“‘十个坚持’是系统完整、相互贯通的有机整体，既是‘过去我们为什么能够成功’的深刻总结，更是‘未来我们怎样才能继续成功’的行动指南。”[3]“十个坚持”的内在逻辑是这样的：百年为什么成功？党的领导。党的领导为了什么？人民。党靠什么领导人民？马克思主义、理论及创新。理论也不能照抄照搬，不唯书，不唯上，不靠别人，独立自主。独立自主走自己的路，中国道路。走自己的路也不能忘记理想，胸怀天下。天下形势不断变化，要开拓创新。天下也不都是朋友，事业也有风险挑战，要勇于斗争。斗争要取得胜利，就要团结大多数，巩固统一战线。统战要取得成功，要想长远，关键在自身硬，要自我革命。自我革命为了什么？党的领导。党的领导为了什么？人民。《人民日报》评论员撰文指出：“这十条历史经验是系统完整、相互贯通的有机整体，深刻揭示了党和人民事业不断成功的根本保证，深刻揭示了党始终立于不败之地的力量源泉，深刻揭示了党始终掌握历史主动的根本原因，深刻揭示了党永葆先进性和纯洁性、始终走在时代前列的根本途径，具有重大的历史意义和现实指导意义。”[4]

在重要时间节点，习近平总书记发表“七一”重要讲话，党的十九届六中全会通过《决议》，两个文件的出台仅仅相隔四个多月。两者有很多共同点，比如，都是马克思主义中国化的理论成果，都着眼于总结过去的经验，把这些经验作为党取得成功的法宝以文献形式表述出来，要求全党要把这些经验继承下去，发扬光大，解决的是下一步"怎么做"的问题，所以都是党今后各项工作的行动指南，可谓你中有我我中有你。"九个必须""十个坚持"都以党的领导开头，以党的建设结尾，体现党总揽全局、协调各方的领导核心作用。"十个坚持"对"九个必须"在继承中有发展，体现党的政策的稳定性、发展性。"七一"重要讲话着眼于中国共产党建党100周年，《决议》侧重于党中央对党的百年奋斗取得的重大成就和历史经验进行总结，侧重于统一思想，侧重于评价。《决议》突出党的核心和权威地位，强调人民至上、理论创新，强调形势的严峻性与斗争的坚定性，强调筑牢中华民族共同体意识，强调党勇于自我革命，重视独立自主、开拓创新。《决议》带有理性色彩，体现百年党史第三个历史决议的严肃性、权威性。研究两者的关系，找出共同点、不同点，总结规律，有利于更好地推动党的各项事业发展下去。

参考文献：

[1] 本书编写组. 党的十九届六中全会《决议》学习辅导百问［M］. 北京：党建读物出版社，2021.

[2] 习近平. 在庆祝中国共产党成立100周年大会上的讲话［M］. 北京：人民出版社，2021.

[3] 安徽日报评论员. 提高政治站位　切实学深悟透——论学习贯彻省委十一届二次全会精神［N/OL］.（2021－12－02）［2023－06－08］. http://ah.people.com.cn/GB/n2/2021/1202/c358428－35032016.html.

[4] 人民日报评论员. 深刻领会党百年奋斗的历史经验——论学习贯彻党的十九届六中全会精神［N/OL］. 人民日报，2021－11－15［2022－12－11］. http://182.150.59.104:8888/http/77726476706e69737468656265737421f4f6559d69206d5f6e048ce29b5a2e7b74a4/rmrb/20211115/1.

新时代中国共产党培育“新人”的三维探析①

葛士新②
（海南大学马克思主义学院　海口　570228）

［**摘　要**］党的十九大提出培养“时代新人”命题，对“培育担当民族复兴大任的时代新人”进行育人目标的新阐发。新时代，中国共产党培育“新人”在育“新”特质上，指向“堪当大任”的育人目标，培育具有国际视野的爱国者、具有坚定理想的奋斗者、为人民谋幸福的开拓者和为民族谋复兴的奉献者；在育“新”理念上，坚持“立德树人”的根本任务，体现“人之为人”的社会属性以及“五育并举”的辩证统一；在育“新”机制上，从政府、家庭、学校和社会层面构建“三全育人”的工作体系。

［**关键词**］新时代；中国共产党；新人；教育体系；工作体系

自习近平总书记在党的十九大报告中首次提出培养“时代新人”命题，有关“时代新人”的内涵解读、生成逻辑以及培育路径等成为学术界重要的理论研究课题和实践探索主题。2021 年 11 月，党的十九届六中全会通过的《中共中央关于党的百年奋斗重大成就和历史经验的决议》（以下简称《决议》），在新时代文化建设内容部分提出要“育新人”；在社会建设内容部分进一步强化要“培养德智体美劳全面发展的社会主义建设者和接班人”。《决议》最后指出：“党和人民事业发展需要一代代中国共产党人接续奋斗，必须抓好后继有人这个根本大计。”[1] 2022 年 5 月 10 日，习近平总书记在庆祝中国共产主义青年团成立 100 周年大会上再次强调，要“牢

---

① 本文系 2020 年度国家社科基金青年项目“培养担当民族复兴大任的时代新人对马克思主义新人观的原创性贡献研究”（20CKS017）的阶段性成果。

② 葛士新，海南大学马克思主义学院讲师。

牢把握培养社会主义建设者和接班人这个根本任务”[2]。为走好实现第二个百年奋斗目标新的赶考之路，必须继续培育“新人”，培养造就大批堪当时代重任的接班人。

中国共产党在领导中国人民进行革命、建设和改革的过程中，始终秉承马克思主义关于塑造“新人”的基本思想和理论，把培养一代“新人”作为重要任务，用新思想和新文化培养和造就了一代又一代的“新人”。党的十九大提出培养“时代新人”命题，对“培育担当民族复兴大任的时代新人”进行育人目标的新阐发。习近平总书记强调，广大青年要肩负历史使命，坚定前进信心，立大志、明大德、成大才、担大任，努力成为堪当民族复兴重任的时代新人[3]。“时代新人”之所以“新”，不仅要立足于新时代方位下社会历史条件发生深刻变化的时代之新，还要厘清中国共产党在培育“新人”背后所蕴藏的新理念、新机制以及大智慧、大视野。新时代中国共产党结合新要求、新实践，从特质、理念、机制三重维度培育“新人”，对实现中华民族伟大复兴、全面建设社会主义现代化强国具有重要意义。

一、育“新”特质：指向“担当大任”的育人目标

“新人”的标准和要求是一个科学探索的过程。新时代，“新人”以形象化的新品格、新风貌表示一种新的标准和要求。中国共产党在培育“新人”的过程中，从具有国际视野的爱国者、具有坚定理想的奋斗者、为人民谋幸福的开拓者、为民族谋复兴的奉献者把握其“担当大任”的育人目标，四者相互交织、相互联系。

（一）具有国际视野的爱国者

习近平总书记指出：“中国人是讲爱国主义的，同时我们也是具有国际视野和国际胸怀的。”[4]志存高远方能登高望远，胸怀天下才可大展宏图。今天，中国同世界一起和衷共济、有福同享，共同建设全球治理的新世界，是适应国内发展需要和百年未有之大变局的主动选择。“时代新人”作为担当民族复兴大任的实践主体，应当立足中国又面向世界。一是要具有国际视野、世界格局。当前，社会挑战频发、社会思潮涌入、诸多难题不解，新冠肺炎疫情的蔓延加剧了世界的不稳定性，人类面临许多广泛的共同利益和诉求。中国共产党把中国的发展置于人类命运共同体之中，主动承担历史自觉和世界责任，塑造“新人”成为国际社会的参与者、支持者和推动者，彰

显了国际视野下的育人大格局。“新人”要处理好爱国主义与全球化之间的关系，同世界各国积极交流，以“天下为公”的世界观念浸染人类情怀，以海纳百川的胸怀推动爱国主义的践行，维护我国的国际地位和利益，成为中国走向世界舞台中央的关键力量。二是要具有家国情怀、人民立场。中华优秀传统文化浸染中国人民，血液中流淌着深深的“爱集体”的家国情怀，提倡在家尽孝、为国尽忠。回顾中华民族的峥嵘岁月，中国共产党人的每一次奋战与牺牲、每一次历经的苦难和磨炼，都彰显出从“家”层面的行孝尽忠到“国”层面的对党忠诚。新时代，全体社会成员都应该汲取中华优秀传统文化之精髓，形成“忠孝”合一的“国家”价值观；应该积极践行中华民族之传统美德，以“一家亲”的格局在新时代的征程中、民族复兴的赶考路上弘扬中国精神；应该将最深沉、最持久的爱国情感同中华民族的奋战史、光荣史相结合，内化为新时代中国人的民族自豪感和文化自信心，在建设社会主义现代化的征程中贡献青春力量，谱写美妙乐章。

（二）具有坚定理想的奋斗者

理想信念是“时代新人”精神世界的核心，奋斗是“时代新人”的最亮丽底色，行动是“时代新人”最有效的磨砺。当人的生存需要得到满足的时候，就会追寻更高层面的精神需要和享受，当物质利益、生活诱惑与人的道德底线交织时，理想信念是精神之“钙”，奋斗是一针“强心剂”，是保持人们昂扬向上、不得“软骨病”的重要因素。理想信念指引人生方向，在中国共产党的带领下，浴血奋战百年之久才有了中国今天的样貌和人们的美好生活。党的十八大以来所取得的历史性成就证明，要坚定对马克思主义的信仰，用真理之光点亮“新人”的思想灯塔，化为“实证科学”同中国的具体国情相结合的实践指向，用信仰点燃思想之光、点亮奋斗之路。同时，要坚定对共产主义的信念，历史是社会的，也是发展的，尽管我们正处在社会主义初级发展阶段，但仍然要在心中勾画共产主义社会的理想蓝图，用信念支撑通往理想社会的艰难之路，化为实现自由全面发展的奋斗动力。同时，要坚定对中国特色社会主义的信心，中国共产党在带领中国人民走社会主义的道路上，不断总结历史经验教训，经受多重严峻考验，在危机中作出新决策、开新局面，以顽强的品格、艰苦奋斗的毅力和实事求是的态度昂首阔步向前。没有离开理想的奋斗，也没有离开奋斗的理想。习近平总书记在庆祝中国共产主义青年团成立 100 周年大会上对青年团员提出“五个模范”的具体要求，表达了新时代党和人民对青年的殷切希望。新时代中国共产党培育有生气、有闯劲、有理想、敢担当、能吃苦、肯奋斗的新时代好青年，就要胸怀“国之大者”，把坚定的理想信念作为奋斗的精神动力，在社会主义现代化伟大实践中持续接力奋斗、开拓创新奋斗。

（三）为人民谋幸福的开拓者

建党百年来，中国共产党始终坚持为人民谋幸福、为民族谋复兴的初心和使命。作为世界上最大的政党，始终坚守人民立场，与人民同呼吸、共命运，始终代表人民利益，洞察每一历史时期人民对“幸福”的理解，培育一代“新人”以开拓者的精神状态去克服前进道路中的困难，不断推进人民对美好生活的向往的伟大目标的实现。战争时期，人民对“幸福生活”的理解是希望能够吃饱穿暖，希望战争早日结束，尽早恢复和平，中国共产党本着为人民利益工作的理念，屡次强调“要保证人们吃饱饭，然后人们才能继续生产”[5]，始终以人民利益为思考问题的出发点，满足人民的日常生活需要和物质生产条件。改革开放初期，人民对“幸福生活”的理解是提高生活水平，中国共产党注重物质文明建设，实现战略转移，进行现代化建设，目的是“一定要致力于发展生产力，并在这个基础上逐步提高人民的生活水平”[6]，丰富社会财富。新时代，社会主要矛盾发生转化，人民在物质生活满足的基础上向往更加美好的生活，中国共产党提出以人民为中心的发展思想，关注人民的幸福需求，通过一系列举措增进民生福祉，永远把人民对美好生活的向往作为奋斗目标。面对竞争日益激烈的国际社会，面对千帆竞发、百舸争流的时代，一代代“新人”在为人民谋幸福的践行与发展中，坚持开拓创新，在实践中艰苦锤炼敢为人先的创新意识和核心竞争力，始终不忘初心，开拓为人民谋幸福的现实路径，保持定力，坚定信念，不负明天的伟大梦想，做创造人民美好生活的优秀答卷人。

（四）为民族谋复兴的奉献者

在中国共产党的领导下，一代又一代“新人”把青春播撒在民族复兴的征程上，把光荣镌刻在历史行进的史册里。当今时代的竞争，归根结底是人才的竞争，“新人”应有的素质构成和精神状态最终都要落脚于使命和作用上，既需要仰望星空，又需要脚踏实地，成为民族谋复兴的奉献者。从创办特区、加入世界贸易组织、“一带一路”建设到稳步推进中国特色自由贸易港建设，中国不断拓展开放合作新局面，展现世界最高水平开放形态的大国形象；从神舟飞天、北京奥运、上海世博会到抗击新冠肺炎疫情的中国行动，一系列标志性成就事件，不仅承载了中国自主创新再攀世界科技高峰的梦想，也检阅了中国的综合国力和社会主义制度优势，让国际社会对中国、对中国共产党刮目相看。因此，“新人”作为为中华民族谋复兴的奉献者，首先，需要以坚定信念塑“魂”，坚持为民，在行动中服务。接过历史的接力棒，“时代新人”应当与中国共产党同心同力，不忘初心，坚定信念，在实践中将个人幸福与国家幸福相统一，不断增进人民的幸福感、安全感和获得感。其次，要以踏实本领填“体”，扎实工作，在尽责中成长。天道酬勤，中华民族给我们留下的勤劳智慧与传统美德，“时代新人”应当在劳动中践行，在平凡岗位中创造不平凡的人生价值，认真负责，勤恳工作，踏实成长。最后，要以开拓创举立“形”，勇于担当，在担当中历练。质言之，中国的未来需要年轻一代去创造，伟大复兴的梦想需要一代“新人”去接力完成，“新人”作为中国共产党培育的担当者、奋进者、开拓者、奉献者，应着眼于全局视野，与变局搏击，将个人追求与时代使命相结合，用智慧、用汗水，坚定走好中国道路，推进中华民族日益走向复兴。

二、育“新”理念：坚持“立德树人”的根本任务

“立德树人”是教育的根本任务。作为新时代中国共产党培育“新人”的新理念，它既是对古代治国理政经验的新应用，也是对中华民族尊师重教传统核心要义的新理解，更是对新时代“立什么德、树什么人”的教育根本问题的解答。

（一）理论维度：“立德树人”体现“人之为人”的社会属性

新时代中国共产党培育“新人”以马克思主义新人观为指导，根据马克思主义对人的属性、主体性、需要、价值、自由以及全面发展的理解，“立德”与“树人”绝非纯粹抽象意义上的讨论，而是与社会发展、社会生产力和生产关系紧密相连。

一方面，从历史和传统中寻求智慧和启示。古代《左传》谈“立德”，《管子》谈“树人”，是对人们的一种社会规范，人们在制定为统治阶级服务所需要的礼仪、教训、赏罚等行为规范时，不管是通过强制性的手段还是温和的教育方式，都是一种行为社会化的过程，人们在不知不觉中将社会规范内化为一种信念或是一种习惯，久而久之形成一种传统，最终达到约束自己行为的目标，许多理论和要求已经成为中华优秀传统文化中的重要内容，

在今天中国共产党培育“新人”的过程中仍然发挥着重要作用，这是“立德树人”通过行为规范社会化来实现人的社会化的过程，此为一。到了近代，随着西方“自由”“民主”的思想传入中国，尽管人们赖以生存的经济基础并没有发生根本改变，但深深影响人们的价值观念，在人们追求社会理想的过程中，对人们的社会行为起着引导、支持和调节的作用。因而，社会对人的素质要求发生转变，社会发展，人们价值理想的选择也随之发生变化，社会制度的建立实现了社会关系的根本性变革，为人的社会性发展创造了条件，人们在不断学习和实践中形成正确的理想观，这也是“立德树人”通过价值观念社会化来实现人的社会化的过程，此为二。改革开放以后，社会主义生产关系的优越性进一步展现，为建设社会主义现代化，中国共产党提出“四有”新人，人的社会性得到了前所未有的发展，人们学习科学文化知识，学习人类实践的精神成果，社会对人们提出了更高要求，这也是“立德树人”通过文化知识社会化来实现人的社会化的过程，此为三。

另一方面，从思想政治教育的角度，“立德树人”也是要解决“树什么人”的问题。习近平总书记在学校思想政治理论课教师座谈会上强调：“努力培养担当民族复兴大任的时代新人，培养德智体美劳全面发展的社会主义建设者和接班人。”[7]他在中国人民大学考察时再次强调，青年要“向英雄学习、向前辈学习、向榜样学习，争做堪当民族复兴重任的时代新人”[8]。高校思政课的本质是讲道理，在鼓励青年做社会主义核心价值观的坚定信仰者、积极传播者、模范践行者的同时，让青年深刻理解“立德”与“树人”背后蕴藏的深刻道理。这就需要探究“立德树人”的文字起源。所谓“立德”，意为建树德业、树立道德，探求“德”之于人的意义，思想精深、意境深远，它出自叔孙豹提出的“立德”，对后世有深远影响。新时代中国共产党在培养“新人”的基本素质规定中，将“德”立于首位，德智体美劳全面发展，“德”立于所有素质构成之首，具有统领地位，因而人之为人，应先“立德”，成为一个有德之人，修炼崇高德行，有至善大美的操守。所谓“树人”，即指培育人才，论人的培养、教育，在于培养有高尚品德的人才，树人在《管子》中被当作“终身之计”，好似人们秋种才能丰收、植树才能造林，对人的培养也是一个需要灌溉、呵护与栽培的过程，是关系长远、成效百倍的大事。“立德”与“树人”两个概念看似独立却关系紧密，“立德”本来就是“树人”的题中要旨，“树人”本身就要树“立德”之人，将两个概念并用借以表述一种培育“新人”的新教育理念。值得一提的是，历史已经充分证明，“德”不可能自然形成，也不可能一日促成，因此才需要“立”。“立”就是培育、修养、践行。从“立者”的角度，首先需要确立正确的教育思想，树立良好的职业形象，发展好自身的自主性，而人也不可能自发成才，不能闭门成才，因此才需要“树”。“树”就是培养、造就、锻炼，从“被树者”的角度也需要有一定的自主性和自立意识，遵循自身发展规律和教育规律，尊重“立者”的教育理念，正确发挥自身作用，提高主体性发展，锤炼社会责任感，提高创新精神和实践能力。而“立者”与“被立者”、“树者”与“被树者”之间互动的过程，本身就体现了人的实践性的过程，这也是教育和生产劳动相结合的过程，它是新时代“立德树人”的基本途径，是发展社会主义教育的重要途径。

（二）现实维度：“立德树人”体现“五育并举”的辩证统一

将“立德”置于“树人”之前，意在强调“立德”对于为国家培养合格人才具有的前提意义。马克思主义新人观表明人是“现实的个人”，今天之于教育培养的目的，所树之人，不仅是“现实的个人”，还要是“德智体美劳全面发展”的社会主义建设者和接班人。

中国共产党一向注重“新人”的素质培养，关注“新人”的全面发展。新中国成立初期，中国共产党批判地继承了传统儒家文化中三达德“智仁勇”的思想，将其改造为马克思主义的“德、智、体”三方面，倡导“新人”要做各方面都充分发展的“社会多面手”，鼓励“新人”要树立远大理想，在争取成为“新人”的实践中，不断改善认识世界和改造世界的方法，以“德智体全面发展”确立培养“新人”的基本目标和要求，力求每一个社会成员都能实现身心全面发展。1953 年 6 月，毛泽东提出“要使青年身体好，学习好，工作好”[9]的全面发展目标，“三好”的提法是“新人”在德智体三方面都应具备的基本素质的形象表达，“三好学生”一度成为中国各级各类学校奖励全面发展学生的重要标尺。1957 年 2 月，中国共产党在教育方针上作出要“使受教育者在德育、智育、体育几方面都得到发展”的规定。改革开放以后，中国共产党用“德智体美”四育替代了“德智体”三方面，并坚持以“四个统一”和“五个成为”作为改革开放以后德智体美全面发展的社会主义新人应该具备的基本素养，体现了党对“新人”全面发展素质培养的重视和要求。党的十八大以来，中国共产党高度重视劳动教育在“时代新人”全面发展中的作用，将“德智体美劳”并列作为党的教育方针，确立了“五育并举”的崭新教育体系，开启了培养“时代新人”的教育进路新纪元。

可见，“五育并举”延续了中国共产党培育“新人”的基本素养规定。从新中国初期的“德智体全面发展”的“新人”，到1999年正式将“美”纳入全面发展教育培养体系，再到今天将“劳”列入教育方针，形成“德智体美劳”的崭新教育体系，这与中国共产党“培养什么人”的教育目标是一脉相承的，是中国共产党关于“新人”素质构成的丰富和发展。可以看到，“立德树人”在新的历史阶段被赋予了新的时代内涵。因此，作为“新人”，一要坚持信仰引领方向，强化思想引领，加强对马克思主义是科学信仰的笃信，形成“担当民族复兴大任的时代新人”的理论自觉；二要明确思路决定出路，以文化人，在文化自觉和文化自信中养成新思维，树立科学的发展观、教育观和人才观，在文化传承中完成时代新人的使命担当；三要明晰方法指导实践，“立德树人”要构建全员、全过程、全方位的育人工作体系，要提高“立者”的科学化水平，紧扣新媒体、人工智能、大数据等新发展、新动态，创新育人模式，建设高素质“立者”队伍，凝聚“立者”智慧和力量，通过“立德树人”的教育教学，培养一代“新人”。

构建德智体美劳全面培养的教育体系，是新时代形成更高水平的人才培养体系的必然要求。新时代，中国共产党对“五育”内涵作出丰富阐释，从树德、增智、强体、育美的角度将劳动融合于“德智体美”中，使其成为造就“时代新人”全面发展的现实途径，表明了新时代的劳动教育是构建全面教育体系不可或缺的一环，标志着“立德树人”教育理念进入新境界。“德智体美劳”五者相互联系，不能彼此替代。“德育”体现“善”的要求，是对人的基本道德、理想信念的要求，解决人的世界观、人生观、价值观的问题，为人的发展正心立路；“智育”体现“真”的要求，是对人的智力发育和理智思维的培养，为人的发展增才长智；“体育”体现“健”的要求，是对人的身体功能和毅力品格的塑造，为人的发展提供基本的身体素质基础；“美育”体现“美”的要求，是对人的审美素养的提升和精神世界的满足，为人的发展塑造心灵、陶冶情操、荡涤心怀；“劳育”体现“实”的要求，是对人的劳动态度、劳动观念的提醒，以及对人的劳动技能的提升和劳动精神的激励，为人的发展植入实现幸福的行动基因。

三、育“新”机制：构建“三全育人”的工作体系

中国共产党培育“新人”需要全社会齐抓共管、多维着力。新时代构建“全员、全过程、全方位”的工作体系，即从范围、时间和空间的各个

角度打造全面、整体的育人格局，凝聚政府、家庭、学校、社会协同育人的合力。这是新时代中国共产党培育“新人”的新机制，形成人人、时时、处处践行“时代新人”要求、争做“时代新人”的生动景象。

（一）政府：发挥导向作用，加强育人政策扶持

政策的连续性、稳定性对于国家、社会、民族的发展具有特殊作用。新中国的成立改变了人们被剥削、被压迫的命运，中国人民翻身做了主人。中国共产党沿着理想目标昂首向前，不断维护、满足广大中国人民群众的根本利益。执政党的稳定带来的是党的战略目标与国家政策的相对稳定性和连续性，必将推动整个国家、整个社会、整个民族不断向前发展。培养“新人”是关乎国家前途命运和民族未来发展的战略性问题。新时代，立足于社会发展的新高度培养“时代新人”，是应对国际局势、历史发展和现代化强国战略的关键工程、希望工程和主体工程。中国共产党通过深化教育体制改革，提高“时代新人”的科学文化素养，树立“时代新人”的精神支柱，健全、落实“立德树人”机制，使“时代新人”坚定理想信念，在社会主义现代化的建设实践中锻炼成长。通过实施素质教育、分享教育资源、创设教育环境，使人人都能享有公平的教育资源，推动社会成员的全面发展与共同进步。与此同时，新时代中国共产党提出“五育并举”的育人体系，为其提供了鲜明的方向引导和坚实的政策支撑。从教育体系的角度，不仅注重学前教育和义务教育的全面覆盖性，还针对高等教育出台了一系列政策。同时，针对有专业技能的人才，十分注重职业教育等个性化的教育培养，为“时代新人”的全面发展提供了多角度、多维度的有利环境。

（二）家庭：发挥奠基作用，筑牢育人基础平台

家庭是社会的基本细胞。历史证明，一个国家的前途命运是与每一个小家的发展密不可分的。国家好，民族好，家庭才能好，中国共产党一再呼吁“广大家庭都要把爱家和爱国统一起来”[10]，不管社会如何发展、历史如何变迁，“我们都要重视家庭建设，注重家庭、注重家教、注重家风”[11]。父母作为家庭学校的施教者，一要做到因材施教，因实施教，给孩子讲好“人生的第一课”。要时刻重视自身修养，把握教育时机，注重教育方法，用良好的家风浸润孩子的心灵，使其有品德、有修养，懂礼貌、重礼教，传承中华民族传统美德。二要做到言教为轻，身教为重，帮助孩子迈好人生的第一步，为人父母要能言行寻规矩以表率之，子女则能自相劝而化。因此，

要做到以身示教，就需要在孩子面前身体力行做好每一件事，为孩子树立可亲可敬的榜样。三要做到有威有慈，严慈相济，帮助孩子扣好“人生的第一粒扣子”。要合理把握“威”和“严”的尺度，当严则严，当慈则慈，严爱殷责，有错必纠。引导孩子认真学习科学文化知识，与孩子同学习、共成长；引导孩子树立崇高理想和远大志向，尊重其兴趣爱好，挖掘学习潜能，用良好家风涵养孩子心性，脚踏实地，为梦想努力奋斗。

（三）学校：注重教育养成，提供育人队伍保障

“立德树人”是教育的根本任务，也是每一位教育工作者和教师不可推卸的责任和使命。2022 年 4 月，习近平总书记在中国人民大学考察时强调“思想政治理论课能否在立德树人中发挥应有作用，关键看重视不重视、适应不适应、做得好不好”[8]，强调“老师要用心教，学生要用心悟”[8]，引导广大教师爱岗敬业，不断在实践中提高教学质量和育人水平。一方面，作为“立者”，要先立德，成为有德之人，修炼崇高德行，有至善大美的操守。要落实师德师风建设机制，引导教师做好教书育人的实践者、师道尊严的捍卫者以及大学精神的守护者，坚定马克思主义信仰，以德立身立学、施教育德；要完善教师的发展与补充机制，通过深化人事制度改革、完善教师培训体系等科学有效的体制来构建坚实的育人队伍保障；要营造和谐的软环境，坚持引进和培养并重，激发教师活力，使其以更加饱满的热情、健康的身心状态投入教育事业。另一方面，作为“树者”，要先有树人的本领和能力，才能培养、造就、锻炼所树之人。新时代，中国共产党十分重视学校在育人方面的作用，通过打造专业本领精湛、思想道德崇高的师资队伍，统筹抓好各类人才队伍建设，提高人才队伍质量；通过开展教师培训学习开拓教师视野、增长教师才干；通过营造有利于教师发展的政策环境、文化环境和物质环境，建立教师激励约束机制为广大教师提供事业保障，不断为培育和激励“新人”奋发有为、开拓进取。

（四）社会：着力风气塑造，强化育人环境保障

为最大范围的凝聚思想共识，中国共产党在培育“新人”方面十分注重将教育内容的积极引导性与教育方法的多样性特征相结合，在教育培养目标上融入“人人都需要发展”的教育理念。理念是行动的先导，坚持全面发展的教育培养理念，着眼于促进“新人”素质的提高，不断挖掘“新人”各方面的潜力，提高其生存和发展的能力，增强“新人”认识自身、改造

自身以及改造世界的能力，使其成为适应时代要求的、全面且协调发展的“新人”。中国共产党领导人民长期实践表明，要取得伟大的胜利，离不开宣传思想工作。新时代，中国共产党从多角度、多维度采取一系列宣传措施融入“新人”培养，为“新人”提供了鲜明的方向引导和坚实的政策支撑。因此，要重视宣传机制，注重宣传方式方法上的创新，发挥新闻媒体的舆论引导作用，调动多种手段营造舆论氛围；应重视榜样人物的宣传与激励，在全社会形成崇德向善、见贤思齐的良好风尚；应注重宣传话语体系，走近大众日常话语，使理论内容常识化，增强人们对教育内容的理解力，在全社会凝聚思想共识，使人们都能受到正能量的感染与熏陶。因此，身处伟大时代，立足中华民族伟大复兴战略全局和世界百年未有之大变局，中国共产党需要从政府、家庭、学校和社会各个方面为“时代新人”提供建功立业的广阔舞台，让“时代新人”在实现中华民族伟大复兴的时代洪流中勇毅前行、砥砺奋斗，奋力书写无愧于党、无愧于人民、无愧于时代的光辉篇章！

[原文发表于《西北民族大学学报（哲学社会科学版）》2022 年第 4 期。略有修改]

参考文献：

[1] 中共中央关于党的百年奋斗重大成就和历史经验的决议［M］. 北京：人民出版社，2021：74.

[2] 习近平. 在庆祝中国共产主义青年团成立 100 周年大会上的讲话［M］. 北京：人民出版社，2022：9.

[3] 马国英，姜洁，杨昊. 在民族复兴征程中激扬青春——总书记这样指引新时代青年工作［N］. 人民日报，2022-05-10[2022-12-11]. http://182.150.59.104:8888/http/77726476706e69737468656 265737421f4f6559d69206d5f6e048ce29b5a2e7b74a4/rmrb/20220510/1.

[4] 中共中央文献研究室. 习近平关于实现中华民族伟大复兴的中国梦论述摘编［M］. 北京：中央文献出版社，2013：67.

[5] 中共中央文献研究室. 毛泽东文集：第 8 卷［M］. 北京：人民出版社，1999：133.

[6] 邓小平. 邓小平文选：第 3 卷［M］. 北京：人民出版社，1993：28.

[7] 习近平. 习近平谈治国理政：第 3 卷［M］. 北京：外文出版社，2020：328.

[8] 鞠鹏，谢环驰．习近平在中国人民大学考察时强调　坚持党的领导传承红色基因扎根中国大地　走出一条建设中国特色世界一流大学新路[N/OL]．人民日报,2022-04-26[2022-12-11]．http://182.150.59.104：　8888/http/77726476706e69737468656265737421f4f6559d69206d5f6e048ce29b5a2e7b74a4/rmrb/20220426/1.
[9] 中共中央文献研究室．毛泽东文集：第6卷［M］．北京：人民出版社，1999：278.
[10] 习近平．习近平谈治国理政：第2卷［M］．北京：外文出版社，2017：354.
[11] 中共中央文献研究室．习近平关于社会主义文化建设论述摘编［M］．北京：中央文献出版社，2017：126.

中国共产党人精神谱系的生成逻辑及其价值意蕴

陈　仪　王良滨①
（北京中医药大学马克思主义学院　北京　100029）

［**摘　要**］中国共产党人的精神谱系，是无数共产党人和人民群众在革命与斗争中积累起来的精神财富，其生成具有四重内在逻辑性。理论逻辑在于坚持马克思主义真理的指导，实践逻辑在于中国共产党领导人民的不懈奋斗，价值逻辑在于坚持以人民为中心的初心使命，文化逻辑在于对中华优秀传统文化的继承与发展。在新时期，中国共产党人精神谱系是中国共产党兴党强党的重要保障，是发挥红色传统、增强文化自信的重要依据，是中国特色社会主义奋斗新征程的价值导向。在百年党史中，具有独特的现实价值。

［**关键词**］中国共产党；百年；党的精神谱系；生成逻辑；现实价值

文化是民族的脊髓，精神是政党的灵魂。中国共产党人的精神谱系，是无数共产党人和人民群众在革命与斗争中获得的精神宝库。伟大精神是党团结各民族人民进行解放革命、追求美好生活的精神旗帜，是中国共产党人继承优秀传统文化、铭记初心使命的精神见证，更是推进新时期党和国家前行的精神养分，为党带领人民奋进新征程作了坚实的精神保障。可以说，建党百年以来，伟大精神一直伴随着中国革命、建设和发展的历史不断生成演进。在新时期，探究党的精神谱系内在生成的逻辑，进一步挖掘其对党和国家发展的现实价值，具有现实意义。

---

① 陈仪，北京中医药大学马克思主义学院硕士研究生；王良滨，北京中医药大学马克思主义学院教授，共青团中央中国特色社会主义理论体系研究中心特约研究员。

一、中国共产党人精神谱系的内涵

2021年2月，在党史学习教育动员大会上，习近平总书记指出："井冈山精神、长征精神、遵义会议精神、延安精神、西柏坡精神、红岩精神、抗美援朝精神、'两弹一星'精神、特区精神、抗洪精神、抗震救灾精神、抗疫精神等伟大精神，构筑起了中国共产党人的精神谱系。"[1]19 自在嘉兴南湖红船上顺利召开党的一大以来，中国共产党的理论经验不断凝练、沉淀，在伟大实践中接续奋斗，逐渐形成层次分明的精神体系。从时间纵向划分，将伟大精神贯穿的百年历史分为四个阶段——不惧牺牲、勇于斗争的新民主主义革命时期，自力更生、艰苦奋斗的社会主义探索时期，开拓进取、务实拼搏的改革开放时期，赓续发展、命运与共的发展新时期；从影响因素横向划分，按照伟大精神产生的途径分为五个方面——重大事件历程中孕育、特殊地域背景里产生、先进模范人物的典型彰显、科技创新的动力激荡、重大灾难的不断磨砺[2]；从总体上看，中国共产党人精神谱系的逻辑生成绝不是偶然的，它来源于人民的创造和历史的必然，呈现出系统性与连续性的鲜明特征。在新时期党的发展进程中，伟大精神谱系的构成发挥着保驾护航的历史作用。

中国共产党人精神谱系的主要内容，包括以下五方面：一是坚持对客观真理和理想信念的追求。这是党的精神谱系形成的灵魂所在，也是中国共产党时刻坚守马克思主义真理，并在中国社会主义现代化建设的过程中对伟大精神的彰显。二是坚持革命信念、不畏牺牲的奋斗。这是党的精神谱系形成的优良传统，也是中国共产党人无惧一切困难挑战，始终一往无前地带领人民奔向美好生活过程中伟大精神构建的表达。三是坚持站在人民的立场上、"以人民为中心"的初心使命。这是党的精神谱系形成的价值旨在，也是中国共产党根本宗旨的体现。新时期，群众工作的重要方法与伟大精神实践均落脚于人民。四是坚持对人民忠诚的党性人格。这是党的精神谱系形成的品格风范，也是中国共产党人无论在怎样的社会历史中都对党矢志不渝、无私奉献表达。五是坚持实事求是、在尊重科学基础上的继承与创新。这是党的精神谱系形成的动力之源，也是中国共产党人在一次又一次的伟大实践中汲取经验、总结规律，在现实问题的科学分析上对伟大精神的及时创造与拓展。

可见，中国共产党人精神谱系始终与中国的伟大实践紧密联系，形成包括理想信念、价值风范、政治品格、文化传统、时代精髓等在内的一系列伟大精神，其生成过程具有分类型、有层次、成体系的鲜明特征，体现了理论逻辑与历史逻辑的统一、主观理性的选择与客观现实的需求的一致。

二、中国共产党人精神谱系生成的四重逻辑

（一）理论逻辑：坚持马克思主义真理的指导

“中国共产党是用马克思主义武装起来的政党，马克思主义是中国共产党人理想信念的灵魂。”[3]74中国共产党不懈奋斗，在艰难苦难中全党坚定地保持着统一的思想指引，始终把马克思主义真理放在指导思想的首位。马克思主义从诞生开始，汲取了丰富的优秀理论成果，并通过实践的方式，不断得到检验和完善。它所阐述的内容包括社会历史更替的规律；坚持在人民实践的基础上，探究人民对社会历史的首创精神等。这些理论至今仍是普遍的真理。中国共产党人精神谱系的鲜明理论特质就体现在马克思主义历史观、人民观、唯物论和辩证法等科学的世界观和方法论中，它们与中国革命历程、建设征程、改革进程等伟大实践有机地融合，共同成就我党在新时期治国理政中的伟大事业、伟大梦想。

一方面，在精神谱系中，无论是革命的背景下体现人民不惧牺牲、英勇爱国的红船精神、苏区精神、井冈山精神等，还是社会主义建设的历史里彰显自力更生、艰苦奋斗的“两弹一星”精神、焦裕禄精神、特区精神等，抑或是进入新时期体现民族团结、共克时艰的抗洪精神、抗震救灾精神、抗疫精神等，都深刻地包含着对人民幸福、民族复兴历史使命的坚守。这种革命性和人民性也是马克思主义理论本质的鲜明表达，展现了党将科学客观的理论思想融入中国实践生活，把理论付诸实际。另一方面，在建党百年的历程中，党始终致力于将马克思主义普遍真理同中国具体实践结合，生成了一系列的重要理论思想。思想凝聚精神，可以说在党的精神谱系中，缺少不了马克思主义的科学性、发展性与实践性等重要元素。也正是因为马克思主义理论正确地反映了客观物质的本质和社会历史发展的规律的真理，并具有彻底批判精神和唯物主义方法论。这些都在党的精神谱系中凝结为内在的严密逻辑性和客观科学性，为党的永续发展提供生机和活力。

（二）实践逻辑：中国共产党领导人民的不懈奋斗

百年党史也是精神生成发展的重要历史，伟大精神就是伟大实践的凝练和缩影。无论党是从艰难的革命时期走来、经过现代化的长期建设时期，还是如今进入新时期的发展，都在不停地积累有效的经验，孕育了伟大精神。

在新民主主义革命时期，中国共产党在领导人民解放、争取民族独立的历程中形成红船精神（建党精神）。“随着革命实践的艰难展开，在党和红军生死存亡之际，在革命向何处去的重大关头，毛泽东发挥革命首创精神，把马克思主义基本原理与中国革命实际相结合，进行百折不挠的斗争，开辟了井冈山革命根据地，培育、铸就了伟大的井冈山精神。”[4]。这个典型范例也体现了马克思主义中国化在中国革命中是具有成效的，铸就了伟大的井冈山精神。至此，党的革命犹如归港的夜船被点亮了指引的明灯。而后与苏区军民一心、艰苦奋斗共同谱写了苏区精神，在两万五千里长征中汇聚了坚定理想信念、患难与共的长征精神，在对入侵敌人顽强抵抗、万众一心过程中展现了抗战精神，以及在革命胜利后，中国共产党在各地区通过各种不同的方式，切合当地实际开展人民解放运动，形成了顾全大局、勇往直前地谋求人民民主的大别山精神。

在社会主义建设时期，党带领着人民完成了伟大的社会变革，进入社会主义初级阶段。这个过程中，民族工业中最先发扬了独立自主、自力更生的铁人精神和大庆精神，为我国工业文明和独立发展立下重要里程碑。在面对十几亿人口的生存与发展的难题时，尽管国家处于贫困落后的时期，北大荒精神、红旗渠精神等像是牢固的力量“牵引绳”，通过雷锋、焦裕禄等英雄人物的“牵引”，全国上下目标一致、齐心团结，形成了一系列为中华民族由衰转盛、扭转命运的精神谱系。

在改革开放时期，我国首先在农村进行了对应的改革，其次扩展到沿海城市的依次开放。从心怀梦想、付诸实践的小岗村精神的形成，可以看到中国对内改革的部分成功，再到家庭联产承包责任制的逐渐落实，体现出这一时期开拓进取的巨大勇气。为顺应世界经济形势的发展，1979 年党中央、国务院在对外经济活动中，特批经济发展特区可以减税免税、制度兼容地发展。经济特区精神不仅有大胆、冒险的改革精神，而且有拼搏的开拓精神。这犹如为我国现代化发展的“船只”挂上了顺风而动、顺势而行的“船帆”。

进入新时代以来，随着“四个全面”战略布局的推进和“五位一体”

总体布局的实现，我国逐渐走向了世界舞台的中心。中国在国际事务处理中形成负责任的大国形象，坚持共同富裕、合作共赢的丝绸之路精神应运而生。在科技事业中积极探索，凝聚探月精神、载人深潜精神、科学家精神等，与世界各国交流分享，勇攀科学高峰。此外，在面临灾难与危机时，中国人民万众一心，共同走过抗震救灾的艰难日子，共同应对新冠肺炎疫情的反复与防疫难关。中国共产党始终带领着人民坚定地奔向美好生活，在“站起来、富起来、强起来”的中国特色社会主义实践中，伟大精神有了实践动力，逐渐形成有中国逻辑的精神谱系。

（三）价值逻辑：坚持以人民为中心的初心使命

中国共产党人精神谱系在历史变迁中，不仅在理论内容和实践经验上得到丰富，发展样态和表现形式也呈现多样化，但其最根本的价值体现在一切为了人民。2019 年，习近平总书记在“不忘初心、牢记使命”主题教育工作会议上强调：“人民是我们党执政的最大底气，是我们共和国的坚实根基，是我们强党兴国的根本所在。”[3]137 可以说，“民心是最大的政治”[3]137，人民的意志就是最深刻的精神。

从党的精神谱系看，其生成的主体力量就在于人民群众的积极参与，人民也是精神谱系能系统化和逻辑化的重要主观因素。一是因为中国人民是具有伟大的创造精神和奋斗精神的。无论国家处在怎样的自然条件和社会环境中，中国人民都能尊重科学规律和客观事实，主动发挥能动性，利用好国家的资源，进行美好生活的建设，而不是坐享其成。在这个奋斗过程中，事件、人物、背景逐渐相融，形成庞大而具逻辑的精神体系。二是因为中国人民是具有伟大的团结精神和梦想精神的。面对各种挑战和困难，举国上下同舟共济、团结一心，各族人民勠力同心、患难与共。中华民族几千年来延绵不断，始终心怀理想而不懈追求。近代以来，为实现伟大中国梦，无数中国人民有为革命牺牲的决心，有为建设拼搏的勇气。而党成立百年以来，也将伟大梦想的实现作为自己的重要使命，在一次次的考验中不断地被证实。

（四）文化逻辑：中华优秀传统文化的继承与发展

“中国优秀传统文化是中华民族的文化根脉，其蕴含的思想观念、人文精神、道德模范，不仅是我们中国人思想和精神的内核，对解决人类问题也有重要价值。”[3]314 中国优秀传统文化是中华民族几千年来的经验结晶，对凝结伟大精神和增强国家的文化自信具有无可取代的作用。同时，中国是历史文化辉煌的文明古国，悠久的史学文化、儒家文化、礼仪文化等中华优秀传统文化代代相传，早已成为中华民族不可剥离的基因精髓，这也是其作为百年精神谱系中文化逻辑来源的主要原因。例如，顾炎武“天下兴亡，匹夫有责”、戴叔伦《塞上曲二首》中“愿得此身长报国，何须生入玉门关”、曹植《白马篇》中“捐躯赴国难，视死忽如归”等，这些浓烈忠贞报国的诗句与中国共产党人精神谱系中爱国精神是一以贯之的；《周易》中“天行健，君子以自强不息”、《墨子》中“志不强者智不达”、诸葛亮《诫外甥书》中“志当存高远”、屈原《离骚》中“路曼曼其修远兮，吾将上下而求索”等，这些对理想信念坚守的表达与中国共产党人精神谱系中梦想精神是一脉相承的；《周易》中“日新之谓盛德”、梁启超《少年中国说》中“惟进取也，故日新”、谭嗣同《仁学》中“变法则民富”等，这些积极进取、崇尚创新和改革的警句与中国共产党人精神谱系中创新精神是同根同源的。可见，优秀传统文化是独具中国特色的，也是重要的精神标识。其当代价值和世界意义对党的精神谱系中文化逻辑的构成具有深刻的内在意义。

三、中国共产党人精神谱系的价值意蕴

（一）中国共产党人精神谱系是新时代中国共产党兴党强党的重要保障

在党史学习教育动员大会上，习近平总书记提及宝贵精神财富，为“立党兴党强党提供了丰厚滋养”[1]9，这些伟大精神也深深融入党的作风和品格中。立党兴党强党是要从制度、体系、作风、思想等多方面进行努力，把人民放在一切工作的首位，始终同人民站在一起。学习党史、关注人民，不仅是精神谱系构成的影响因素，也是立党兴党强党的必然要求。

首先，伟大精神谱系离不开党的领导，深深根植于党的历史中。中国共产党历经百年的风雨，其精神品格、文化内涵、红色底蕴都深深融入党的灵魂血脉中，在奋斗进程中形成以革命精神、建设精神、创业精神、爱国精神等为核心的伟大精神谱系。这都离不开一代代具有奉献、牺牲意识的共产党人和一次次披荆斩棘、顽强拼搏的人民群众。在党的领导下，中国人民艰苦创业、努力奋进，这一段段党带领人民群众的奋斗史，就是精神谱系的“枝干”，在百年的历史中茁壮成长。其次，党的精神谱系是党百年来仍风华正茂的精神养分。精神的孕育一直伴随着党的出生和成长。建党初期的红船精神的凝结，给予无数共产党人敢为人先的鼓励、追求理想的支持。随着

中国发展的进程加快，不同层面、不同时空下的精神进一步坚定了党的初心使命，党回顾历史、不忘征程，在新时期中继续奋斗、夯实理想信念。故而，精神谱系是党面临一切困难挑战时的支柱，是党进行自我革命时的精神动力，更是督促党的成长时的精神准则。最后，党的精神谱系赓续共产党人的精神血脉，促进了新时期中国共产党改革与发展。中国共产党走过百年路，更明白未来赓续发展的任务和困难。精神谱系像是一条红色的精神“指引绳”，给新时期党的前行道路指明了方向。同时，这条“指引绳”也是“一条红线”，时刻提醒党在奋进向前的道路上，不忘回顾和反思，牢记“安不忘危，盛必虑衰”的道理。精神谱系中浓厚的爱国情怀、优良的品格作风、科学的信仰立场等，都积极地促进新时期党的发展。

（二）中国共产党人精神谱系是新时期发挥红色传统、增强文化自信的重要依据

红色文化传统是共产主义革命者的基因血脉，标识着中国共产党永保本色、坚守党性。习近平总书记曾指出，红色基因传统的继承与发扬是十分必要的。一是因为通过对党史等的学习，能够深刻地意识到红色政权的来之不易，警醒共产党人牢记披荆斩棘、枪林弹雨的来时路，在新时期为国家的发展积蓄力量，为民族的复兴奋力拼搏。二是因为对红色传统、红色资源的充分利用，能进一步加强爱国主义教育，提升共产党人的忠诚感和使命感。国家红色基因库的完备，是为了更好地讲好党的故事、革命的故事，弘扬红色文化。三是因为红色基因能增强党的精神谱系的底蕴，促进对时代新人的培育。国家的发展需要青年的力量，在新时期对有理想、有道德、有文化、有纪律的“四有”青年的思想道德教育更为重视。不仅仅在传统教材上丰厚了红色历史文化底蕴，还探索红色革命故事、红色博物馆、红色主题课堂等多种形式的教育模式，使党的精神教育潜移默化，教育时代新人为我国接续发展培养能担大任的时代新人、为实现伟大中国梦而努力。

2016 年，习近平总书记在纪念红军长征胜利 80 周年大会上指出：“人无精神则不立，国无精神则不强。”[5] 中华民族是世界唯一一个文明未被任何因素影响而中断的民族，靠的就是中华民族精神在几千年来不断积累和丰富。这些精神蕴含着民族文化、气节、操守、旨趣、性格、信仰等多重结构的内容，成为支撑中华民族延绵发展的庞大精神体系。同时，中华传统文化在时代发展中也革除了糟粕，吸纳了其他优秀的文明成果，成为人类文明的文化瑰宝。这样的民族精神和传统文化，给予了中国人民文化自信，在党的

精神谱系的生成过程中更是核心和根本性的组成部分。

（三）中国共产党人精神谱系是中国特色社会主义奋斗新征程的价值导向

党的精神谱系集中诠释了党的信仰、使命，党政作风、执政要求，奋斗的目标、实现的梦想等多方面内容，是新时期中国共产党永续发展的强劲精神动力。在新征程的奋斗道路上，我们要明确党的精神谱系是党奋进的重要定力。因为中国共产党具有明确的政治方向和政治目标，即为最终实现共产主义理想和人民幸福美好生活而奋斗。无论是党章中严格规定我党没有“特殊利益”，还是党的性质和宗旨，都体现出党的最大政治就是一心为民。党的精神谱系中井冈山精神、长征精神、特区精神、抗疫精神等，都明确表明过党的政治色彩和政治方向。党精神谱系的凝结将思想定力落实到具体的实践上，愈发坚定了共产党人的理想信念和人民群众对党执政的信心。同时，在继承和发扬伟大精神的过程中还强化了党奋进新征程的能力。在党的百年奋斗中，各种军事、政治、理论上的斗争经验，沉淀为体系化的、不断更新的庞大精神谱系。无论是新中国成立初期艰难的战争环境，还是建设时贫苦的发展条件，党在一次次的经历中吸取经验和教训，不断成长为一个成熟的革命政党，其执政能力、政治底气都发生了根本的改变。如今，党不仅具有对内改革的决心，也有与境外势力对抗的实力，在伟大斗争中坚定地迈进新征程。可以说，建党一百年来的历程虽然艰苦，但为伟大精神的生成和发展做了铺垫，同时也要积极展望百年后党的新征程，凝聚和传承好党的精神谱系。

参考文献：

［1］习近平．在党史学习教育动员大会上的讲话［M］．北京：人民出版社，2021．
［2］李梦云．中国共产党精神谱系的科学内涵［J］．中国高校社会科学，2021（4）：95．
［3］习近平．习近平谈治国理政：第3卷［M］．北京：外文出版社，2020．
［4］朱永刚．中国共产党革命精神谱系演化逻辑、共生特质与传承创新研究［J］．学习论坛，2019（8）：43．
［5］习近平．习近平谈治国理政：第2卷［M］．北京：外文出版社，2017：47．

高校建党纪念活动主体的主体性研究

周　翔①
（电子科技大学马克思主义学院　成都　611731）

［摘　要］高校建党纪念活动的主体是活动的策划者、组织实施者和宣传者，具有实现主体认知结构与情感图式重构、坚定政治立场与促进价值观念认同、展现主体思想情感与挖掘活动历史价值等主要特征。在实际活动的开展中，高校建党纪念活动存在着制度化、理性化的活动策划不能满足情感与体验的需要，流程化、形式化的活动实施不能产生归属与内化的共鸣，空泛化、边缘化的活动结尾不能产生号召与价值的传递等现实困境。在高校建党纪念活动中，要充分利用峰终定律，通过突出主体仪式感、打造极致印象和强化完美结局三方面举措，提升高校建党纪念活动主体的自主性、能动性和创造性。

［关键词］高校建党纪念活动；主体；主体性；峰终定律

建党纪念活动作为一种政治仪式和政治象征，蕴含着丰富的思想政治教育资源，具有独特的思想政治教育功能[1]。党的十八大以来，习近平总书记多次强调，党的纪念庆典活动能“传播主流价值，增强人们的认同感和归属感”[2]，坚定人们“用党的实践创造和历史经验启迪智慧、砥砺品格”[3]的信念，激发人们的澎湃热情和强大正能量，为实现中华民族伟大复兴的中国梦积攒磅礴伟力。为进一步挖掘建党纪念活动所蕴藏的丰富思想政治教育资源，深化党史学习教育，全国各高校纷纷开展了形式多样、内容丰富的高校建党纪念活动。与此同时，怎样明确和突出高校建党纪念活动主体在活动中的主体地位，发挥其主体作用，进而激发其自主性、能动性、创造性等主体意识，是当前学术界务必要深思的重要现实问题。

---

① 周翔，电子科技大学马克思主义学院硕士研究生。

一、理论视域：高校建党纪念活动主体及其主体性的基本内涵

准确把握“高校建党纪念活动主体”与“高校建党纪念活动主体的主体性”内涵，厘清其理论渊源与发展脉络，是完整、准确、全面地认识高校建党纪念活动主体之主体性的逻辑前提和关键一步。

（一）高校建党纪念活动主体的概念界定

“主体”问题一直是学术史上莫衷一是、人言人殊的难题。近年来，学术界对哲学主体、教育主体、阶级主体、思想政治教育主体等方面的问题，进行了深入研究和探讨，取得了丰硕的成果。

首先，学者贺来认为在哲学视域中，“主体”是近代哲学的理论基点和逻辑起点，并以此为基础，建构起近代“主体形而上学”的大厦[4]。这一看法一方面与马克思主义辩证法的基本观点和思维模式相一致，反映了主体与客体相互影响的辩证关系；另一方面，未能恰当地确认和安顿好受教育者的自主性和主动性，从而引起了一系列的争议。其次，学者王宁认为在教育视域中，国家、政党、非政治组织、家庭和个人等构成了教育的主体，它们的利益诉求和价值期望构成了教育政策的主体性价值，具有多样性和复杂性[5]。这种认识，一方面反映了现代社会教育的基本规律和认识，具有一定的现实性和学理性；另一方面却背离了思想政治教育的价值初衷，即实现对主体理想信念的教育与引导。再次，学者曾枝盛批判了拉克劳和墨菲等人将阶级身份的变动，归因于生态、生活格调、女性等各种不同的新型社会问题，以此解构原有马克思主义将经济地位作为阶级划分的标准，背离了传统阶级主体的根基是经济基础这一理论[6]。从阶级的视角来看，阶级主体不但体现出思想政治教育主体自身的阶级性质，而且有助于确立自身对其身份的认同和认知。最后，在思想政治教育视域中，学界围绕主体、客体、介体和环体等内容，从制度确定主体、客体确定主体、实效确定主体、主体确定主体、价值衔接确定主体、精准映射确定主体等视角，对主体进行了深入的研究与探讨，形成了丰硕的研究成果。

综上所述，笔者认为，可以从思想政治教育活动的视角入手，探讨高校建党纪念活动主体的概念，即高校建党纪念活动的主体是指高校建党纪念活动的策划者、组织实施者和宣传者，具体包括党委、党支部等基层党组织的

各级党干，策划、组织、宣传和参与高校建党纪念活动的全体师生。

（二）高校建党纪念活动主体的主体性及主要特征

主体性既是思想政治教育中一个十分重大的课题，也是高校建党纪念活动主体研究不可或缺的理论内容。从思想政治教育视域来看，主体性体现在主体对客体的对象性实践活动中，是行为对象性活动的发起者、组织者的本质特性，即能动性、创造性和自主性[7]。基于此，笔者认为，高校建党纪念活动主体的主体性是高校建党纪念活动主体的本质属性，是高校建党纪念活动主体自主、能动与创造的表现，也是高校建党纪念活动取得有效成果的关键因素。

在思想政治教育活动的视角下，高校建党纪念活动主体具有特殊的主体性特征，主要表现为以下三个方面：首先，在目的和计划层面，高校建党纪念活动主体的主体性表现为实现主体认知结构和情感图式重构。同其他实践活动一样，高校建党纪念活动具有目的性、组织性和计划性，是组织者精心策划与实施、活动主体与客体共同参与的活动。高校建党纪念活动丰富多样的活动形式将引导参与者认同、接受主流价值，进一步激活参与者的认知结构和情感体验，使其知识和情感得到内化和升华。其次，在内容和结果层面，高校建党纪念活动主体的主体性表现为实现主体政治立场和价值观念认同。高校建党纪念活动通过大学生综合文艺展演、理论宣讲、集邮展览、纪念会等多种形式呈现，使参与者积极参加活动，促使参与者沉浸到历史背景中，与伟大历史人物同呼吸共命运，在历史激流中感受到人民群众选择马克思主义和中国共产党的必然性，从而培育参与者的思想和价值观念，使其认同党的政治立场和价值观念。最后，在情感和价值层面，高校建党纪念活动主体的主体性表现为展现主体思想情感和挖掘活动历史价值。高校建党纪念活动主体通过对历史事件、历史人物和某一历史时期某种精神潮流的考察，把自身的思想情感与活动的历史价值，以鲜活的活动形式加以呈现，使参与者对纪念内容不断地进行强化记忆，并最终演化为自身的内在信仰。

二、问题审视：高校建党纪念活动主体的主体性困境

（一）制度化、理性化的活动策划不能满足情感与体验的需要

高校建党纪念活动的出发点和落脚点，是通过情感的熏陶，引导参与者

实现感性认识到理性认识的转变，将党史理论知识的重要价值内化于心、外化于行，指引参与者的言行。然而，当前部分高校建党纪念活动的策划设计更像是一种制度安排，它以组织者的价值倾向为原则，遵循“老套式”的活动模式与思路，注重“填鸭式”的灌输引导，导致活动参与者不能充分满足自身的情感与体验需要。具体表现为，一是从策划模式与思路来看，部分高校建党纪念活动的组织者注重传统、单一、老套的建党纪念活动模式和思路，如党史电影展演、党史主题实践活动、党史图片展、党史征文评选等，缺乏适当创新和变革，忽视了参与群体的情感和意志。大学生是知、情、意的统一体，追求的是更多感性的想象与直觉的冲击，追求情感和体验上的共鸣，追求主动性和自由个性，传统、单一、老套的活动模式和思路显然不能满足其内在需求。二是从主体性发挥来看，部分高校建党纪念活动的组织者注重“填鸭式”的灌输引导，如党史专题讲座、党史演讲比赛等。这些活动策划对参与群体来说是一种“笨重”的被动性学习，缺乏自主性和创造力，不但不能充分调动参与者自觉主动接受建党纪念活动所传递的情感及其蕴含的价值观，反而让他们在繁重的课业压力下疲于遵守这些活动的繁文缛节，加重了参与者的抗拒情绪。

（二）流程化、形式化的活动实施不能产生归属与内化的共鸣

高校积极开展建党纪念活动，能够增强参与者的民族自尊心和自豪感，引导参与者树立马克思主义信仰，坚定共产主义和中国特色社会主义信念，不断提高党的伟大事业后备军的整体素质。然而，当前部分高校建党纪念活动的实施缺乏精心的组织和指导，内容刻板、流于形式，导致活动参与者不能产生归属与内化的共鸣。一方面，从活动组织者角度来看，高校建党纪念活动的主要组织单位是各级党委、党支部等基层党组织，其中，高校或学院的党委书记是主要领导和策划组织者。由于高校建党纪念活动的评价缺乏客观的评判标准，如果组织者专业能力和事业心缺失，容易致使他们对活动的思想引领工作缺少更为深入的思考与设计，使得活动内容刻板、流于形式。在高校建党纪念活动的组织实践中，有的活动组织者往往只提供形式简单、覆盖面广、容易组织的党史竞赛、征文评选、理论探讨等活动，同时在实践中又缺乏精心指导，导致了一定规模的高校建党纪念活动“为活动而活动”，难以体现其真正价值。另一方面，从活动参与者角度来看，大学生参加高校建党纪念活动具有积极的行为预期，其主要目标是增长知识、获得启发。但是，当前部分高校建党纪念活动的活动执行有的仍处于流程化、形式

化的阶段，从最初活动的策划与筹备、宣传与报名，到活动的开展与实施，最后到活动的结束，都是参考或借鉴已往的活动策划、流程和形式。这不仅不能给参与者带来更多的知识，也不能给他们带来更多的启迪，更不能让他们从内心深处感受到这些活动所传递的价值与意涵。

（三）空泛化、边缘化的活动结尾不能产生号召与价值的传递

一场主题鲜明、内容丰富的高校建党纪念活动，不仅要有独具匠心的开场仪式、精巧绝伦的整体构思、跌宕起伏的活动环节，还要有一个启人深思的活动结尾，与参与者建立感情纽带，让他们对活动所传达的信息有所触动和思考，从而采取实际行动。虽然让高校建党纪念活动自然、完美收尾并非一件难事，但现实问题是部分高校建党纪念活动的组织者对此缺乏足够重视，他们往往更愿意将时间与精力放在活动开场和主体部分，结尾部分显得较为随意，使活动效果大打折扣。首先，活动结尾平淡，未能实现情感的升华。高校建党纪念活动的组织者在结尾处精心设计情节，能使本来趋于平淡的结束部分再次掀起波澜，使参与者的内心再次被打动。但是，由于部分活动组织者在前期的设计和活动现场的组织失利，往往在活动尚未结束时，就有大量的活动参与者早早离开，提前结束活动。其次，活动结尾未能实现发人深省、引人深思的目标。对于高校建党纪念活动，参与者能记住的往往是发人深省的、坚强有力的活动结尾。精彩的活动结尾往往标志着一个全新的开篇，参与者能够通过活动结尾理解抽象党建理论蕴含的多面向的、鲜活的历史思想和真谛。毕竟，高校建党纪念活动不仅仅是简单再现一定历史时期某些重要历史史实，而是促使参与者跨越时空与伟大革命先烈进行思想交流。最后，活动结尾未能实现价值的延续。结尾是高校建党纪念活动的延续与发展，好的活动结尾既能够对活动的内容起到概括总结、凝练升华的作用，又能起到延伸拓展的作用，进一步加强参与者参加高校建党纪念活动的浓厚兴趣，强化其美好的活动记忆，为下一次高校建党纪念活动的开展奠定良好基础。

三、应对策略：高校建党纪念活动主体之主体性的实现进路

行为经济学家丹尼尔·卡尼曼（Daniel Kahneman）在其著作《思考，快与慢》（*Thinking Fast and Slow*）中认为，人类对活动体验的记忆由两个因素决定：高峰时（无论是正向的还是负向的）与结束时的感觉。这就是

峰终定律（Peak－End Rule）[8]。峰终定律指出，我们对一场活动的记忆仅限于高峰和结尾，而活动过程对记忆几乎没有影响。如果在一场高校建党纪念活动体验的高峰和结尾时，人是感到愉悦的，那么对整个活动体验的感受就是愉悦的；如果在一场高校建党纪念活动体验的高峰和结尾时，人是感到糟糕的，那么对整个活动体验的感受就是糟糕的。利用“峰终定律”找到影响参与者参与高校建党纪念活动体验感的“关键时刻”，创造愉悦的“高潮体验”，从而激发参与者参与高校建党纪念活动的积极性和主动性，形成良性循环，是高校思想政治教育工作者要思考的重要课题。

（一）强势开场：突出主体仪式感

仪式感是集标志性、审美感和形式化等多种元素于一身的特殊情境，促使参与者与情境中的事物建立特殊的情感联结，从而有效改善参与者的工作或学习体验，使参与者的行为符合内心预期，尽快调整自身状态以适应环境变化。高校建党纪念活动是一个集党史、新中国史和改革开放史等思想政治教育内涵于一体的能量场，可以辐射出爱国主义、集体主义和社会主义教育的巨大能量。这个能量场不但能够释放出巨大的能量，而且能够对参与者形成强大的吸引力和凝聚力，进而影响到国家主流意识形态、党史理论知识的内化进程。高校建党纪念活动的组织者可以在特定的场景、特定的时刻设计一些主体性仪式，强调某一历史时刻、某一历史人物、某一历史事件的重要性，形成仪式感从而为参与者制造“高潮体验”，在他们心中形成强烈的活动印象。具体而言，在增强活动的主体仪式感方面，需要充分吸收借鉴伟大历史人物这一建党纪念活动的有效资源。中国近代历史是一部反对外来侵略，追求民族独立、人民解放和国家富强的宏大史诗，在这些历史史诗中，伟大历史人物将自己的家国情怀和国家的前途命运相结合，使历史带有鲜明的个人“烙印”。而这些“个人特色”本身就是一种有效资源，将其充分利用可以增强高校建党纪念活动的生动性和感染力，让生涩枯燥的党史理论真正在活动中“润物细无声”地影响参与者。

（二）精巧构思：打造活动极致印象

丹尼尔·卡尼曼认为，糖要在活动体验“冲向巅峰”和“即将结束”的时候给参与者吃。峰终定律揭示出，既然无法做到面面俱到，就要摒弃平均化的思维，把主要精力放在创造“高潮的体验”和“美好的结尾”上。高校建党纪念活动的组织者要把主要资源与精力用于为参与者打造对某一个点的极致印象，形成参与建党纪念活动的“高潮体验”，让参与者对高校建党纪念活动印象深刻。具体而言，就是要在高校建党纪念活动中充分挖掘中国历史中的伟大历史人物、著名历史事件，增强高校建党纪念活动参与者的归属感和认同感。以鲜活形象示人的伟大历史人物，不仅本身具有独特的人格魅力，而且在后人的一次次缅怀中形象更加丰满高大，被后人争相传颂效仿，最终内化为后人的精神支柱。高校建党纪念活动的策划者，可以采用参与者喜爱的话语风格，以参与者感兴趣的方式加以呈现，辅助先进的科学技术手段，如 AI、VR、AR 等技术，让参与者与伟大的革命先烈进行跨越时空的对话，增强沉浸感和体验感，赋予高校建党纪念活动以新时代的活力和生命力。可见，对于高校建党纪念活动的设计而言，高校建党纪念活动的策划者不能只追求面面俱到，更要集中主要精力，突出最鲜明特点，致力于推动参与者体验高校建党纪念活动高潮，引发情感共鸣，留下极致印象。

（三）结尾点金：强化活动完美结局

恩格斯曾指出：“我们当中的每一个人都或多或少地受着我们主要在其中活动的精神环境的影响。”[9] 完美结局是我们对某一活动或体验产生的独特精神感受。完美结局的直接作用就是强化峰终定律，通过极具震撼力和影响力的形式，有效调动参与者的激情，进而强化参与者对整个高校建党纪念活动体验的感受，提升激励效应和带动效应。具体来说，就是实现个体心灵的感化，引发高校建党纪念活动参与者对活动传递价值观念的认同感。在滚滚而逝的历史长河中，一件件家喻户晓的历史事件被涤荡得更加鲜明突出，历史事件中的伟大历史人物的历史抉择同样被当今世人所接受。高校建党纪念活动能有效将厚重的历史底蕴与鲜明靓丽的当代价值完美融合，引发高校建党纪念活动参与者对革命精神和革命文化的心灵共鸣和认同。所以，一个完美的结局是打造某一活动良好口碑的关键。高校建党纪念活动要想达到预期目标，进行情感传递、价值传播，就要增加互动，响应活动参与者的情感需求、引发情感共鸣，从而增强活动参与者粘性。在活动结束时，高校建党纪念活动的组织者不妨主动提供一些个性化的纪念品，如参与者参与活动的电子相册等，并提供额外的服务、热情微笑的人文关怀，给参与者留下美好的印象，让参与者愿意再次参与活动，并主动进行口碑传播。

结　语

高校建党纪念活动是高校开展思想政治教育的契机。一方面，高校应该把握住这一凝心聚力、统一思想的机会，积极作为，主动参与，利用“峰终定律”找到影响参与者参与高校建党纪念活动体验的“关键时刻”，创造峰值体验并实现其主体性，实现最广大青年学生对党和国家事业发展的信任和认同。另一方面，高校建党纪念活动需要将党史、新中国史和改革开放史的理论知识融入思想政治教育中，通过活动的设计和实施，实现国家意识形态、政治秩序和核心价值的内化于心、外化于行，进而激发和提升参与者的自主性、能动性和创造性。

参考文献：

[1] 陈金龙. 纪念活动与思想政治教育——以改革开放三十年以来的纪念活动为视角［J］. 思想教育研究，2008（8）：3.

[2] 习近平. 习近平谈治国理政：第 1 卷［M］. 北京：外文出版社，2018：165.

[3] 习近平. 在党史学习教育动员大会上的讲话［M］. 北京：人民出版社，2021：2.

[4] 贺来. “主体性”的当代哲学视域［M］. 北京：北京师范大学出版社，2013：4－5.

[5] 王宁. 教育政策：主体性价值分析理论与应用［M］. 北京：中国社会科学出版社，2015：117.

[6] 曾枝盛. 后马克思主义：解构还是僭越？［M］. 北京：北京师范大学出版社，2015：96－97.

[7] 何飞龙. 思想政治教育主体性缺失探析［J］. 求索，2003（4）：96.

[8] 卡尼曼. 思考，快与慢［M］. 胡晓姣，李爱民，何梦莹，译. 北京：中信出版社，2012：370.

[9] 中共中央马克思恩格斯列宁斯大林著作编译局. 马克思恩格斯选集：第 4 卷［M］. 北京：人民出版社，1995：622.

后　记

本书系研究阐释党的十九届四中全会“推动青年理想信念教育常态化制度化研究”（20ZDA054）的阶段性成果。

2019 年 3 月 18 日，习近平总书记亲自主持召开学校思想政治理论课教师座谈会，对思想政治理论课的地位和作用进行充分肯定，对推动思想政治理论课改革创新做了系统阐释，提出“八个相统一”的重要论断。这次重要会议为不断增强思政课的思想性、理论性和亲和力、针对性，指明方向与路径，对于提高广大思想政治理论课教师的学科自信心和职业荣誉感具有里程碑意义。

为了学习贯彻习近平总书记重要讲话精神，2019 年 9 月 28 日，由《思想理论教育导刊》编辑部和四川大学马克思主义学院联合主办了“庆祝新中国成立 70 周年暨思想政治教育前沿问题研究高峰论坛”。该活动由《四川大学学报（哲学社会科学版）》编辑部、《思想教育研究》编辑部、《思想政治教育研究》编辑部以及《学校党建与思想教育》编辑部协办，邀请了众多知名专家讲学交流，会后我们将参会论文编辑出版，书名为《新时代思想政治教育前沿问题研究（第一辑）》（由四川大学出版社于 2020 年出版）。

根据学科建设规划，原计划每年召开一次此类学术会议，但是 2020 年新冠肺炎疫情的突然暴发影响了该年度的活动举办，直到 2021 年 3 月 19 日，才由《思想理论教育导刊》编辑部、《社会主义核心价值观研究》编辑部、四川大学马克思主义学院以及国家社科基金重大项目“推动青年理想信念教育常态化制度化研究”课题组联合举办了“庆祝中国共产党成立 100 周年暨百年巨变中的青年使命”学术研讨会。该活动以线上线下相结合的方式进行，邀请了国内众多知名专家学者莅临指导。会后我们将参会论文编辑出版，书名为《思想政治教育前沿问题研究（第二辑）》（四川大学出版社 2022 年版）。

2022 年 3 月 19 日，由《社会主义核心价值观研究》编辑部、《思想政治教育研究》编辑部和四川大学马克思主义学院共同主办了“学习贯彻党的十九届六中全会精神暨思想政治教育前沿问题研究”高峰论坛，该活动以线上线下相结合的方式进行，邀请了国内众多知名专家学者以及《社会主义核心价值观研究》《思想政治教育研究》期刊主编莅临指导。此次会议的创新之处在于，首次对参会论文进行评奖，并邀请获奖作者在会上发言。会后我们将部分优秀参会论文编辑出版，书名为《思想政治教育前沿问题研究（第三辑）》。

以上活动受到四川省委宣传部、四川省教育厅、四川大学党委宣传部和社会科学研究处等单位和部门的高度重视，也得到了全国众多高校专家、教师和学生热情支持，在此一并表示感谢！几年来，在学校领导和学院领导、教师的关心指导以及教师的共同努力下，四川大学马克思主义理论学科的思想政治教育学科方向有了显著发展，取得了一些重要成果。其中，一年一度举办的“思想政治教育前沿问题研究”学术会议，逐步产生全国性的影响力，已经成为四川大学思想政治教育学科建设的品牌活动。这些会议成果记录着广大思想政治教育学科的研究者不断发扬历史主动精神、积极探索的前进脚步！

在本书编辑出版过程中，四川大学党委常务副书记、马克思主义学院院长曹萍教授，四川大学马克思主义学院党委书记李栓久教授，四川大学社会科学研究处常务副处长张洪松教授等提出了中肯的修改意见。硕士研究生雷凤仪、杨旭静、朱媛沅、缪小晶和陈蕊等为本书的编辑整理和文稿校对做了大量工作。同时，本书的出版得到了四川大学出版社梁平老师和陈克坚老师的大力支持，在此谨表谢意。

在学科建设的后续工作中，我们将继续推出系列成果。由于时间仓促，水平有限，书中难免存在不妥之处，恳请广大专家学者和读者批评指正。

编　者

2023 年 2 月